LA NURSE ANGLAISE

DU MÊME AUTEUR

CHEZ POCKET

L'histoire de France vue par San-Antonio
Le standinge selon Bérurier
Béru et ces dames
Les vacances de Bérurier
Béru-béru
La sexualié
Les con, tome I
Les con, tome II
Les confessions de l'ange noir
Un tueur (kaput)
Y a-t-il un Français dans la salle?
Les clés du pouvoir sont
dans la boîte à gants
Faut-il tuer les petits garçons qui
ont les mains sur les hanches
La vieille qui marchait dans la mer
Le mari de Léon
Les soupers du prince
Ces dames du palais Rizzi

SAN-ANTONIO

LA NURSE ANGLAISE

FLEUVE NOIR

ISBN 2-266-08132-2

A Georges CHASSOT qui, de coups de tampons en coups de tampons, a fini par devenir l'un de mes amis les plus chers.

Un autre natif du 29 juin.

SAN-A.

« Que de nains couronnés paraissent des géants ! »

VOLTAIRE

AVERTISSEMENT

Tous les personnages de ce livre sont hélas fictifs. Les membres de la famille royale britannique impliqués dans ces pages sont sans rapport avec la famille royale britannique et ne relèvent que de la fantaisie exacerbée de l'auteur.

QUELQUES GRANDS MEURTRIERS ANGLAIS
EN GUISE DE HORS-D'ŒUVRE :

Jack l'EVENTREUR
Tua 5 prostituées à Londres en 1888, les mutila et préleva certains organes sur ses victimes.

John Reginald Halliday CHRISTIE (1898-1953)
Né dans le Yorkshire. Tua sa femme et probablement sa fille.
Il a aussi étranglé 5 autres femmes.
Fut pendu.

George SMITH (1872-1915)
Né à Londres. Noya ses trois femmes dans sa baignoire en 1912, 1913 et 1915.
Exécuté.

John George HAIGH (1909-1949)
Né à Stamford. Tua par balle une veuve, puis la jeta dans un bain d'acide sulfurique pour réduire son corps.
Probablement 5 autres victimes.
Peut-être buvait-il le sang de ses victimes.
Exécuté.

Neville George HEATH (1917-1946)
Né à Ilford. 2 meurtres sexuels brutaux en 1946.

Donald NEILSON (1936-)

Né près de Bradford, surnommé « La panthère noire » en raison de la cagoule noire qu'il portait.
3 meurtres et 1 enlèvement.
Tua probablement davantage.

Ian BRADY (1938-)
Myra HINDLEY (1942-)

« Les tueurs de la Lande. »
Au début des années 60, ce couple a torturé puis tué deux enfants, peut-être plus, et un adolescent de dix-sept ans.
Ils enterraient les corps dans la lande du Yorkshire.
Tous les deux sont en prison à vie.

Peter SUTCLIFFE (1946-)

Né à Bingley, près de Bradford.
« L'éventreur du Yorkshire. »
Tortura et assassina 13 femmes dont beaucoup étaient des prostituées, entre 1975 et son arrestation en janvier 1981.
Fut aussi inculpé de 7 intentions de meurtre.
Emprisonné à vie pour chacun de ses meurtres.

Dennis NILSEN

En 1983, âgé de 37 ans, il admit avoir commis 15 meurtres.
Ex-policier londonien.
Rencontrait des touristes étrangers, des clochards et des jeunes sans attaches, dans les pubs. Les invitait chez lui, les étranglait, les coupait en morceaux (faisait bouillir les têtes, etc.). C'est le pire criminel du siècle.
Condamné à perpétuité plusieurs fois.

Fred WEST et Rosemary WEST

de Gloucester. Ensemble abusèrent sexuellement de jeunes filles, ainsi que de leur fille aînée et les tuèrent. Les enterraient dans la cave, dans le jardin ou dans la campagne environnante. Abusèrent aussi de leurs autres enfants.
Avant le procès, Fred WEST se suicida dans sa cellule.
Rosemary WEST fut inculpée de dix meurtres, mais les corps n'ont pas été retrouvés, non plus que celui de la première femme de Fred.
Les crimes se sont produits sur une durée de 20 ans, sans être découverts.

James HANRATTY (1936-1962)

Assassina un homme et viola puis fusilla sa petite amie Valery STORIE sur une aire de stationnement de la A6.
Valery survécut et l'identifia.
Fut pendu en 1962.
Après son exécution, des témoins confirmèrent son alibi. Beaucoup pensent encore qu'il était innocent.

Roy FONTAINE

Archibald HALL, alias Roy FONTAINE, usant de ses goûts bisexuels assassina cinq personnes à Londres.
Arrêté en 1978.

Sir David BENTHAM

Le héros de ce livre, dont les meurtres n'ont pas été dénombrés.

1

Assis en tailleur sous l'immense table de la salle à manger, sir David contemplait l'entrejambe de la princesse de Galles.

Lady Diana portait une jupe écossaise aux carreaux beige et bleu. Ses bas couleur chair révélaient ses moindres muscles et l'on devinait d'imperceptibles veines aux chevilles. Sir David jugea ses longues jambes un peu trop minces pour son goût. Il appréciait les femmes « confortables-sans-excès », beaucoup moins les personnes du sexe guettées par l'anorexie. Cependant, que lady Diana ne mît pas de collants, mais de véritables bas soutenus par un porte-jarretelles, compensait à ses yeux ses mollets trop filiformes.

Il attendait, obstiné guetteur de sensations, qu'elle ouvre les cuisses, mais l'aimable personne avait trop de maintien pour découvrir son slip, fût-ce sous une table. Elle demeurait résolument close, telle une huître en bonne santé, genoux serrés, ce qui finit par irriter profondément le fils cadet de lord Bentham, célèbre par ses caprices et les exigences que ceux-ci généraient.

Au-dessus de lui, la conversation s'animait sans que, toutefois, le ton ne monte. Dîner de dames. La duchesse, sa mère, avait convié les femmes les plus en vue de Londres. Quelques-unes d'entre elles étaient jolies, deux ou trois spirituelles, mais toutes jouissaient d'une influence indiscutable sur la vie artistique du pays.

Lady Muguette, peintre animalier de talent, préparait une exposition ayant pour thème le basset hound : vingt-cinq toiles grand format consacrées à ce pittoresque canin aux oreilles traînantes. Elle avait pour habitude de les présenter en son logis, avant de les confier à la galerie. Elle invitait pour la circonstance des personnes de la « jet » qui appréciaient qu'on leur propose la primeur de ses créations.

Avant de passer à table, presque toutes « ces dames » avaient élu comme clou de la proche exposition un tableau intitulé *Maternité*, représentant une chienne sur le point de mettre bas. L'expression de l'animal dégageait quelque chose de pathétique. On était conquis par son regard de navrance et ses mamelles à ras du sol.

L'œuvre continuait de défrayer la conversation pendant le repas. A cause de la lourde nappe de brocart tombante, sir David ne percevait pas très bien les propos échangés, ce qui le laissait de marbre. Il se montrait résolument misogyne et les bavardages féminins le faisaient bâiller.

A un moment donné, il nourrit l'espoir d'en apprendre davantage sur l'entrejambe de la princesse de Galles ; mais lady Di se contenta d'incliner ses cuisses dans l'autre sens, sans pour autant les désunir. Mentalement, sir David la traita de « pétasse borgne », de « cul pourri », de « pompeuse de singes », de « sale crevure » et autres qualificatifs malsonnants. Il aurait aimé sortir de sa poche son rasoir à manche pour tailler dans les mollets de la jeune femme.

Au moment où sa rage le faisait trembler, il se produisit un événement qu'il n'attendait pas : lady Diana ôta, du pied droit, son escarpin gauche qui la blessait. Elle détestait acheter ses chaussures à Londres, préférant les bottiers italiens, ou français. Le soulier britannique n'est que masculin, par sa robustesse.

Sir David n'hésita pas un instant : il s'en empara dès que le pied de sa propriétaire l'eut quitté et actionna la commande sans fil chargée d'alerter Tom, son valet personnel, un Noir aux cheveux défrisés et à l'œil de velours dont les services lui coûtaient une fortune.

Peu après, les lumières s'éteignirent dans la salle à manger. Il y eut un murmure de surprise.

– Je vous prie de nous excuser, fit paisiblement lady Muguette, on procède à des travaux dans le secteur.

Sir David sortit sans encombre de sous la table et, à quatre pattes, quitta la pièce, l'escarpin entre ses dents. Il en aima l'odeur de femme et de cuir et décida que miss Victoria, sa nurse, le masturberait au-dessus du soulier, ce qui constituerait une manière délicate, quoique indirecte, de copuler avec la jolie princesse.

Il traversa la bibliothèque où son père, lord Jeremy Bentham [1] rédigeait ses mémoires à un pupitre d'acajou marqueté de nacre. Il avait entrepris cette œuvre une vingtaine d'années auparavant et la conduisait cahin-caha, au gré de son gâtisme précoce, biffant et raturant presque davantage qu'il n'écrivait. L'âge semblait l'avoir pris de vitesse, avec son cortège de tracasseries physiques et de marottes séniles. Bien qu'il n'eût pas soixante-quinze ans, il en paraissait dix de plus. Siégeant parfois à la Chambre des lords, il était une aubaine pour les autres pairs moins diminués que lui car il avait le don du quiproquo et des colères injustifiées.

Sa surdité contribuait à son isolement. Lorsqu'il atteignit la quarantaine, et malgré le vœu de célibat prononcé au chevet de sa mère mourante, il épousa Muguette Lenormand, rencontrée à Paris, rue des Saints-Pères, dans une galerie de peinture où la pluie l'avait incité à entrer. On y exposait de l'hyperréalisme d'inspiration américaine. Muguette travaillait là en qualité de gérante. Elle aimait l'art, l'en entretint de manière décisive. Elle était plutôt jolie, mais il lui trouva surtout du charme. Le soir même il la convia à dîner au *Ritz* où on lui gardait son rond de serviette. Elle acheva la conquête du noble personnage qui ne tarda pas à l'épouser. Cela

1. Rien de commun avec Jeremy Bentham, le réformateur du XVIIIe.

l'amusa de devenir lady. Depuis sa quatrième au lycée, elle n'était jamais retournée à Londres et fut éblouie par cette ville hors du temps, altière et pudique, où les gens ne se parlaient pas dans l'autobus et s'arrêtaient de vivre l'après-midi pour boire du thé en grignotant des biscuits friables. Son goût pour l'art la poussa à peindre, au grand contentement de son époux qui entreprit tout ce qui était en son pouvoir pour la lancer.

Peu porté sur les ébats amoureux, lord Jeremy n'en eut pas moins deux enfants avec sa petite artiste française. Le premier, sir John, devait devenir un juriste réputé, contracter un mariage en rapport avec son rang, et se déterminer comme un élément de qualité pour le parti conservateur. Il était plutôt bel homme, mais son air sérieux, voire rogue, décourageait les femmes qui auraient pu être sensibles à ses attraits.

Le second enfant du couple, sir David, de cinq ans son cadet, devait compter parmi les individus les plus petits du Royaume-Uni, puisqu'à vingt-huit ans il mesurait 104 centimètres.

Son nanisme, joint à son titre et à la richesse familiale, le dispensait d'exercer une profession.

Alors, comme il détestait l'oisiveté, pour passer le temps il tuait les gens.

2

Les Bentham habitaient Charles Street, dans Mayfair, non loin de l'immeuble situé au 22, où vécut le *duke* de Clarence avant de devenir roi sous le nom de William IV. Cet oncle de la future reine Victoria demeurait avec sa maîtresse à laquelle, par amour et inadvertance, il fit dix enfants. La dame étant comédienne, elle passa une partie de sa carrière à exhiber son gros ventre sous les feux de la rampe qui lui servirent de couveuse.

La maison de lord Jeremy, d'une architecture parfaitement maîtrisée, était d'un brun foncé dans lequel s'inscrivait une porte d'un blanc crayeux. Elle s'entourait d'une grille noire flanquée à l'entrée d'éteignoirs de cierges coniques utilisés jadis par les gens d'escorte pour leurs torches. Parallèlement à la rue, une impasse proposait un alignement d'adorables maisonnettes issues des écuries qu'on avait transformées.

Sir David, le nain, s'était fait aménager l'une de ces constructions en garçonnière de luxe. L'habitation comportait au rez-de-chaussée un salon que n'eût pas désavoué une cocotte début de siècle et, au premier étage, une chambre de même style ainsi qu'une salle de bains beaucoup plus vaste où se trouvaient rassemblés, avec les éléments réservés à l'hygiène, d'étranges instruments dont l'usage échappait aux personnes non averties.

Grâce aux appuis de son père, sir David avait pu obtenir le

percement d'un bref tunnel sous la rue, qui permettait d'aller de son pied-à-terre à la demeure familiale sans mettre le nez dehors.

Serrant maintenant l'escarpin de la princesse sur son cœur, il franchit le passage souterrain pour gagner son gîte où l'attendait Victoria Hunt.

Il s'agissait d'une authentique nurse, récemment sortie d'une des meilleures écoles professionnelles du Royaume.

Il avait fait sa connaissance sur un banc de Hyde Park. Son nanisme semblait fasciner la jeune femme, laquelle était en charge d'un affreux nourrisson aux cheveux carotte, dont les innombrables taches de rousseur ressemblaient à une maladie incurable.

Il s'aperçut vite, au fil de la discussion, de la vive intelligence de cette personne pleine de grâce. Elle le séduisit immédiatement, au point qu'il en eut une érection de force 5.

Sir David bandait beaucoup et à tout propos. La rumeur publique crédite les nains d'un sexe particulièrement fort, son anatomie ne démentait pas cette croyance populaire. Le pénis de ce bref gentleman offrait aux dames un périmètre d'à peu près vingt centimètres, ce qui lui créait fréquemment des problèmes d'intromission.

Après une conversation qu'il serait superflu de rapporter, la délicieuse nurse constata la protubérance frappant le petit homme et cessa de parler, tant fut grande sa médusance. S'apercevant de son effarement, sir David lui décocha un sourire indulgent.

« Mais oui, fit-il, il ne s'agit pas d'une tricherie. »

Il prit la main de son interlocutrice avec la prudente délicatesse que l'on met à cueillir une rose et la porta au point congestionné de son individu. Miss Victoria crut toucher une ligne à haute tension et faillit s'évanouir. Cet appendice brutal, énorme, ardent lui causa un émoi dont elle fut littéralement meurtrie.

Elle connaissait, pour les avoir pratiqués, quelques phallus non négligeables, mais aucun n'approchait le membre phénoménal soumis à son sens tactile. Il semblait vivre indépendamment de son propriétaire. Qu'il appartînt à un nain renforçait cette impression. Elle ne se lassait pas de le pétrir et ne tarda pas à forcer le pantalon de sir David pour lier connaissance de manière plus complète.

L'énorme « chose » se dilatait, vibrait, paraissait « respirer » entre ses doigts fuselés. Elle s'animait de soubresauts inconsidérés, déployait une telle furia qu'on pouvait craindre qu'elle se sépare du bas-ventre qui la portait.

Miss Victoria Hunt vécut, sur ce banc, l'instant culminant de son existence. Elle ne parvenait pas à se rassasier. Des sanglots la secouaient et elle émettait des sortes de râles, évocateurs d'une agonie difficile. Ils attirèrent l'attention de différents promeneurs qui, bien qu'ils fussent britanniques, jugèrent charitable de lui porter secours. Mais constatant que les mains de la jolie nurse s'engouffraient dans une braguette de nain, ils passèrent leur chemin, terriblement choqués de ces privautés qu'ils estimèrent « contre nature ».

Il s'ensuivit entre sir David et miss Hunt des relations surprenantes que ce livre se propose de raconter.

***

Elle l'attendait dans le studio, sobrement vêtue de bas résille et d'un porte-jarretelles de dentelle noire brodée de fleurettes bleu pâle. Une chaleur de serre lui permettait cette tenue. Un amour inextinguible de la lecture faisait qu'elle ne s'ennuyait jamais. Victoria dévorait de gros volumes consacrés à la littérature sentimentale, la seule qui la ravît, bien qu'elle fût passablement cultivée. Son tempérament romanesque la poussait à transformer sa liaison avec le fils de lord Jeremy en conte de fées.

Malgré son nanisme, elle le trouvait superbe. Son regard

couleur ardoise la mettait en moiteur et son sexe démesuré la rendait hystérique. Elle éprouvait, depuis son plus jeune âge, un besoin de soumission qui s'accomplissait pleinement avec David. Beaucoup de femmes se rêvent esclaves. Il la subjuguait si complètement qu'elle voyait sa propre personnalité lui échapper progressivement. Sa conversation l'éblouissait et le plus sombre de ses caprices, le plus cruel de ses actes prolongeaient la félicité qu'elle ressentait en sa compagnie.

Elle vit tout de suite son expression triomphante et fut comblée.

Sans mot dire, il jeta l'escarpin sur le canapé, avec le geste blasé du chasseur exhibant un gibier rare.

Victoria avança timidement ses doigts vers le trophée.

– C'est à « elle » ?

Le sourire orgueilleux du nain le lui confirma.

– Mais que va-t-elle penser en ne le retrouvant pas ?

Sir David haussa les épaules, la question le laissait indifférent. Sa « nurse » ne put retenir un rire espiègle en évoquant la princesse en train de quitter l'hôtel particulier des Bentham privée de l'une de ses chaussures.

– Vous êtes un homme étourdissant ! assura-t-elle.

3

Il s'allongea sur le grand canapé, au côté de Victoria, caressant la chaussure de lady Di comme s'il se fût agi d'un animal familier.

Ce n'était pas la première fois qu'il se dissimulait sous la grande table pour contempler les cuisses des invitées de sa mère. Sir David possédait un Nikon très sophistiqué avec lequel il lui arrivait de prendre des photographies de leur intimité. Généralement, sa moisson d'images n'offrait pas grand intérêt à cause de ces satanés collants que, jeunes ou vieilles, elles s'obstinaient à porter. Il se consolait de ses échecs en se livrant à des farces pendables. Ainsi, ayant trouvé des préservatifs dans l'un des réticules qu'elles posaient à leurs pieds, il en avait saupoudré l'intérieur de piment, et procédé de même avec des tampons périodiques ou des Kleenex, avec le regret que ces innocentes niches fussent peu gratifiantes pour lui, puisque le résultat lui en échappait.

Le nain considérait la malfaisance comme un art noble ; il aimait nuire avec passion. Doté d'un esprit inventif, il renouvelait inlassablement ses trouvailles. Il agissait moins par vice, peut-être, que par goût du risque. Il possédait un tempérament espiègle. Parfois, il s'habillait comme un garçonnet, jouait au demeuré, pour aborder une femme et l'implorer de lui faire faire pipi en l'appelant « mamy ». Il choisissait généralement des femmes au visage avenant qu'il présumait compatissantes. La plupart du temps, ses victimes, embarrassées, acceptaient de le conduire dans un lieu propice à cette libération. Il les laissait s'affairer sur ses brailles, se repaissait de leur effarement quand elles en dégageaient un sexe de cheval, roide et vibrant comme la corde d'un arc. Sir David en profitait pour glisser la main sous leurs jupes et palper violemment leur toison pubienne à travers les étoffes chargées de la défendre. Affolées, n'osant crier, les charitables personnes se débattaient silencieusement ; l'une d'elles, trouvant probablement l'aventure cocasse, se laissa tripoter sans regimber et y prit un plaisir dont le fils de lord Bentham conserva durant plus de vingt-quatre heures le souvenir au bout des doigts.

Lorsque Victoria Hunt survint dans son existence, qu'il l'eut « initiée », puis « formée », il connut la confortante sensation que doit éprouver un joueur de football accédant à la Ligue professionnelle. Le champ de ses expériences s'élargit et il se sentit invincible. Par son enthousiasme, elle cautionnait ses « frasques ». Elle adhérait à toutes ses entreprises, principalement aux pires, les peaufinait quand elle le pouvait. Ce qu'elle lui apportait allait bien au-delà de la complicité : elle devint sa muse.

Le père de la jeune femme avait, pendant vingt ans, travaillé pour la brigade de répression des jeux à Scotland Yard. On l'en avait brutalement radié après qu'eut disparu une très importante somme d'argent dans une salle clandestine tenue par le gratin de la pègre londonienne. A la suite de ce sombre licenciement, Jack Hunt ouvrit un bar plutôt équivoque dans la périphérie de Wapping, près des docks. Il divorça et prit pour concubine une virago à la rousseur de clown.

La mère de Victoria, Lisbeth, qui adorait son époux, faillit mourir de chagrin. Pour réagir contre la neurasthénie, elle se mit à boire et devint assez rapidement la plus considérable alcoolique de son quartier, au point qu'elle interrompit toute activité (elle était caissière dans un drugstore) et passa désormais sa vie installée dans un fauteuil, consommant une folle quantité de liqueurs étranges dont les couleurs soulevaient l'estomac.

La fille de ce couple à la dérive termina son école de nurses contre vents et marées et, courageusement, assura la vie matérielle de sa mère.

Sa profession, contrairement à ce qu'elle pensait au départ, ne lui apporta pas les satisfactions qu'elle en escomptait. Se vouer à des bébés de riches, porteurs des gènes de leurs parents, lui parut rapidement une occupation ingrate. Elle trouva « ses nourrissons » antipathiques. Leurs cris féroces la déprimèrent davantage que les récriminations de leurs procréateurs. Au cours des nuits blanches qu'elle passait près de leurs berceaux, elle exerçait sur eux d'innocents sévices, tels que leur proposer des biberons brûlants, leur tordre les testicules (quand il s'agissait de petits mâles), enduire leurs sucettes de moutarde extra-forte, ou même leur faire absorber des barbituriques.

Sa rencontre passionnelle avec le fils de lord Bentham lui permit d'échanger cette existence de galère contre une vie étourdissante où le luxe, le crime et la jouissance venaient remplacer ses rêves étiolés de jadis.

Etre la partenaire de ce nain machiavélique devait constituer l'époque la plus enthousiasmante de son étrange destin.

En compagnie de sir David, toutes les conventions, toutes les contraintes tombaient ; riche, puissant, il ignorait la notion du mal, ce qui le rendait *totalement* libre.

Elle le devint également ; avec lui et pour lui.

***

Sir David caressait la chaussure princière, dans l'espoir d'un trouble qui tardait à se manifester. Comme à peu près tous les hommes du Royaume-Uni, lady Di le faisait délirer. Il souhaitait lui pratiquer de perverses intromissions et fixer ces instants rares sur des clichés artistiques, afin d'en conserver la plaisante image. Victoria, qui connaissait son dessein, ne cherchait pas à l'en détourner, sachant combien il était imperméable à la discussion. Elle jugeait préférable de lui prêcher la patience.

Il s'empara de l'escarpin et le passa au pied de sa nurse lequel se montra plus court d'une ou deux pointures. La jeune fille en conçut un légitime orgueil.

Puis il s'agenouilla sur le tapis et se mit à couvrir le soulier de baisers éperdus. Il comptait sur une violente érection qui ne se produisit point. Cette carence inhabituelle le surprit car, généralement, il fantasmait violemment sur les éléments vestimentaires féminins.

Avec dépit, il arracha la chaussure et la lança loin de lui.

– Nous devrions mettre un peu de musique, suggéra Victoria.

Il acquiesça. Elle s'en fut enclencher l'appareil chargé d'une sélection de morceaux qu'il aimait. Les premières mesures de *Lohengrin* s'élevèrent.

Le nain sentit aussitôt la paix descendre en son âme bouillonnante. Il ferma les yeux, croisa ses brèves mains sur son ventre et se laissa glisser dans une espèce de tendre chagrin inexplicable qui lui amena des larmes.

4

Plus tard, dans la soirée, sir David quitta sa coquette maison de poupée pour, dit-il, prendre l'air du quartier. Il refusa que Victoria l'accompagne et elle s'inclina devant cette lubie. Le nain n'était vêtu que d'un blouson de daim, de chez Welsh et Jefferies, les fournisseurs du prince de Galles. Il portait un béret écossais de highlander, dans les teintes vert et rouge qui, vu sa taille, lui donnait un aspect de petit garçon mal poussé.

Les rues, presque désertes à cette heure, commençaient à sentir l'automne, et la bise nocturne se montrait coupante. Sir David gagna Berkeley Square, à deux pas de son domicile, et marcha jusqu'au *Clermont*, le club le plus aristocratique et donc le plus fermé de la capitale. Malgré ses quartiers de noblesse, on ne l'y avait pas admis, à cause de son nanisme, évidemment.

Il en avait éprouvé une humiliation que rien ne pouvait tempérer. Il savait qu'un jour il incendierait ce lieu inaccessible, aussi, dans ses périodes de grande agitation, venait-il en étudier les abords afin de supputer la manière dont il s'y prendrait.

L'immeuble du 44 comportait une porte bleu vif. Par les fenêtres du premier étage, on parvenait à discerner les plafonds à caissons à travers les lourds rideaux de soie claire. Nul bruit se sourdait de l'endroit que le nain supposait gourmé et ennuyeux. Le sous-sol abritait une discothèque aussi huppée que le club. On y accédait par un très laid sas noir plaqué contre l'immeuble, à gauche du perron.

La boîte s'appelait *Annabelle*.

Un soir, lady Di et sa belle-sœur y débarquèrent, travesties en *policewomen*, espérant faire croire à une descente de police. Elles furent aussitôt reconnues et fêtées. Cet épisode a profondément marqué les mémoires londoniennes et permet de mesurer quelle frustration serait infligée au Royaume-Uni si ses tribulations sentimentales devaient empêcher un jour la princesse de régner.

Des Rolls, des Bentley ainsi que de misérables Mercedes 600 stationnaient aux abords du *Clermont*. Sir David se demanda un instant s'il convenait ou non de crever les pneus de ces nobles véhicules. Cette innocente plaisanterie lui demeurait habituelle depuis son plus jeune âge. Jadis, il se dissimulait sur les lieux de ses déprédations pour en savourer les conséquences. Il aimait voir la mine embarrassée des graves gentlemen quand ils découvraient leur voiture sottement inclinée.

Sans doute se serait-il offert quelques pneumatiques majestueux, si un élément extérieur n'avait mobilisé son attention. Une Daimler bordeaux, flambant neuve, survenait dans un ralenti somptueux et manœuvrait pour s'insérer entre deux Rolls-Royce. Elle y parvint sans encombre et sir John, l'aîné de David, sortit de l'auto en tenue de soirée, un camélia blanc à la boutonnière. Le nain le jugea particulièrement beau et racé, ce qui attisa la haine paisible qu'il lui vouait.

Son frère gravit le perron du club d'une démarche souveraine et sonna. On lui ouvrit presque instantanément. Il fut accueilli avec déférence par un réceptionniste grisonnant. On sentait que John se comportait en habitué des lieux. La porte bleue se referma. Le cadet des Bentham éprouva une sensation de froid ; chaque fois qu'une bouffée de rage le saisissait, il se mettait à grelotter.

Il resta un long moment dans l'ombre, à claquer des dents convulsivement. Des sentiments violents mais confus l'agitaient. Il croyait ressentir des prémonitions. N'était-ce pas l'une d'elles qui l'avait induit à cette sortie nocturne ?

Sir David s'approcha de la Daimler et la compissa à en essorer sa vessie. Sa rancœur glacée continuait de l'étreindre au point que les battements de son cœur s'accéléraient. Quand il se fut rajusté, il tenta d'ouvrir une portière, las ! ce salaud avait verrouillé son carrosse, naturellement. Une belle idée lui vint, qui lui apporta un certain réconfort. David s'éloigna, courant presque, et gagna la demeure des Bentham dont il possédait la clé.

L'immeuble de brique baignait dans la savante pénombre de la rue. Seul, l'appartement de lady Muguette restait encore éclairé, car sa mère se couchait fort tard. Elle compensait la brièveté de ses nuits par une sieste après le lunch, qu'elle assurait réparatrice.

Son fils cadet entra et coupa le signal d'alarme que Mrs. Macheprow, l'intendante, branchait avant de gagner les étages.

Après quoi, il se rendit à l'office et pénétra dans un vaste réduit réfrigéré où l'on entreposait les denrées alimentaires. Il s'empara de deux harengs saurs (le lord en consommait presque quotidiennement), les enveloppa d'une feuille de papier d'étain, puis repartit dans la nuit humide qui formait un halo autour des réverbères.

De retour à la voiture de John, il enfonça les poissons dans chacun des deux pots d'échappement. Cette manœuvre accomplie, il sentit que sa sérénité le réintégrait. Ce n'était pas la première fois qu'il se livrait à ce genre de facétie. Il sourit en songeant à l'effroyable odeur que répandrait la luxueuse automobile. L'avocat mettrait plusieurs jours à en découvrir l'origine. Mais était-ce là une « punition » suffisante ?

Le petit homme estima que non.

***

La lumière d'une cabine téléphonique rouge éclairait un coin de rue déserte. Sir David conservait sur soi plusieurs cartes afin de n'être jamais pris au dépourvu. Il pénétra dans le local vitré et se mit à réfléchir avant de décrocher l'appareil. Il savait sa voix trop singulière pour être travestie. A plusieurs reprises il s'y était risqué, mais aucune de ses tentatives n'avait réussi. De guerre lasse, il composa le numéro de son frère ; lady Mary devait dormir profondément car elle fut longue à répondre et encore le fit-elle d'une voix brumeuse.

Le nain plaqua sa main sur l'émetteur et écouta les questions de plus en plus lucides et donc inquiètes de sa belle-sœur. Quand il sentit que, faute de réponses, elle allait raccrocher, il dégagea le combiné téléphonique et, de toutes ses forces, émit un hurlement de loup-garou qui arracha un cri à la jeune femme.

Satisfait, il rentra chez lui.

5

Miss Victoria l'attendait en lisant l'un de ces affreux gros romans imprimés sur du méchant papier pour latrines de caserne. Elle portait de grosses lunettes rondes à monture de bois qui lui faisaient l'air étonné.

Elle ne l'interrogea pas à propos de sa sortie nocturne, sachant combien la chose eût été inutile.

– Lady Mary vient de téléphoner à l'instant, annonça-t-elle. Elle souhaitait vous parler.

Le petit homme resta impassible.

– Que lui avez-vous dit ?

– Que vous dormiez depuis longtemps déjà.

Il accueillit l'annonce de cet appel nocturne avec maussaderie. Ainsi donc, la donzelle l'avait, sinon reconnu, du moins soupçonné d'être l'auteur de la mauvaise farce. Il décida de la punir de sa perspicacité.

Elle le haïssait depuis toujours, l'avait en répulsion profonde ; cela se sentait à la manière dont elle lui retirait sa main qu'il s'apprêtait à baiser. Il rêvait du jour où il parviendrait à la violer avec une betterave terreuse. Ce projet s'inscrivait dans de plaisantes perspectives, difficiles à réaliser, certes, mais qui lui semblaient inéluctables.

Mary était une personne hautaine, rigide, à qui il avait joué quelques années auparavant un bien vilain tour. Cela remontait à la naissance de l'enfant (provisoirement unique) qu'elle avait eu avec John. Le couple avait décidé de lui donner un prénom français pour honorer lady Muguette. Consultée, l'heureuse grand-mère avait choisi d'appeler l'enfant Robert-Pierre. Sir John avait prié son frère nabot de l'accompagner à l'état civil pour la transcription, celui-ci parlant mieux le français que lui. A l'instar de beaucoup d'Anglais, et bien que de mère francophone, l'avocat développait une farouche allergie à la langue de Molière. Ce fut donc à David qu'il confia la mission de remplir le formulaire. Par espièglerie, celui-ci, à la rubrique « prénom usuel » écrivit « Robespierre » en caractères d'imprimerie incontestables au lieu de « Robert-Pierre ». L'énormité ne fut découverte que beaucoup plus tard, donc trop tard. C'est ainsi que le gotha britannique compte un petit-fils de lord portant le nom du plus sanguinaire des révolutionnaires d'outre-Channel.

Mais l'existence ne s'arrête pas à de si petites misères et rien ne dit que le jeune noble affublé de cet étrange prénom n'en retirera pas quelque avantage un jour.

Miss Victoria demanda à son amant s'il souhaitait faire l'amour avec l'escarpin. A sa grande surprise, il déclina l'offre. De même il refusa la fellation qu'elle suggérait. Il était mortifié à l'idée que les soupçons de sa belle-sœur se fussent immédiatement portés sur lui. Son amour-propre se trouvait cruellement blessé. Il eut la certitude de ne pouvoir différer des représailles.

Il se dévêtit et se coucha dans une posture qui lui était familière : à plat ventre, les fesses relevées, comme un adepte de la sodomie passive. Il tenait ses petites mains potelées croisées sur sa nuque et produisait, en respirant, un grognement animal.

La nurse s'étendit sur la natte molletonnée lui tenant lieu de lit. Elle ne partageait celui de David que lorsqu'il le lui ordonnait, généralement quand il ressentait du vague à l'âme à cause de sa dérisoire condition.

Elle se dit qu'il n'avait tué personne depuis bientôt quinze jours et qu'il commençait à être « en manque ».

***

Ses parents avaient marqué une certaine surprise quand il exigea d'engager une nurse.

« – Une infirmière, voulez-vous dire, David ? » crut bon de rectifier lady Bentham.

Son regard la dissuada de protester plus avant.

« – Ce sera une nurse, mère. Elle me promènera dans un vrai landau à Hyde Parke, Saint James Park, Green Park, Regents Park ou Ranelagh Gardens. Elle me fera prendre des biberons dosés moitié lait moitié punch. Et aussi me donnera le sein, si mon désir m'y porte. »

Lord Jeremy, qui traversait chaque matin une période de lucidité, demanda :

« – Mais où diantre voulez-vous que nous dénichions une personne acceptant de jouer un tel rôle avec un adulte ? »

« – Je l'ai trouvée ! » coupa le cadet de la famille.

« – Où donc, grand Dieu ? »

« – Là où l'on rencontre généralement les nurses, père : dans un jardin public. »

« – Vous l'avez entretenue de ce caprice ? »

« – Elle n'a pas eu l'air de considérer que cela en était un. »

Le vieil homme eut un ricanement déplaisant.

« – Je vois. Elle vous a parlé de ses gages ? »

« – Elle ne réclame que les émoluments pratiqués dans sa profession. »

Comme il ne s'agissait pas de la première « folie » de leur fils, les Bentham n'insistèrent pas. Le nain eut carte blanche pour acheter un landau approprié à ses desseins. Il se mit en contact avec un fabricant réputé qui assurait le confort des rejetons illustres. Il expliqua ce qu'il souhaitait. L'homme aimait son métier. Il lui plut de concevoir un véhicule qui convînt au bourgeon atrophié d'une famille fameuse. Il travailla sur les plans en compagnie de son futur utilisateur.

Le landau se devait d'être haut sur roues et profond de nacelle car David projetait de s'y tenir assis confortablement. La capote se manœuvrait électriquement de l'intérieur. De nombreux vide-poches, faciles d'accès (pour le « bébé »), servaient au rangement d'accessoires peu en rapport avec la pédiatrie. Une cibi incorporée permettait au « passager » de rester en contact avec les émetteurs de la police londonienne ; cet élément fut posé après la livraison de la voiture, de même que le pistolet-mitrailleur dissimulé dans le capiton de celle-ci. Raffinement suprême : l'engin comportait un ustensile qu'il est rare de mettre à la disposition des bébés, à savoir un cendrier conjugué allume-cigare. Ce chef-d'œuvre, peint en blanc et bleu, fut réalisé en un temps record ; tout porte à croire qu'il sera exposé un jour dans quelque musée du crime.

***

Assez tôt, le lendemain, lady Muguette se présenta chez son second fils, l'air maussade. Cette artiste avait admirablement su négocier son changement de condition et rien dans ses gestes ni ses paroles ne trahissait ses origines plébéiennes. Bien des personnes de la noblesse anglaise s'inspiraient même de ses manières exquises.

L'âge venant ajoutait à son charme discret. Sa chevelure grise aux reflets bleutés s'harmonisait avec son regard céleste. Ses rides restaient encore inoffensives et un régime léger, mais assidu, lui gardait un tour de taille d'adolescente. Une gentillesse indifférente travestissait quelque peu son manque d'intérêt pour autrui, lui donnait l'expression amène. Depuis son mariage avec lord Jeremy, elle tenait son rang avec une constance irréprochable. Ses deux maternités représentaient l'exécution d'un contrat. Son mari voulait une descendance, elle la lui avait fournie. Certes, la venue d'un nain gâtait sensiblement sa satisfaction ; elle l'acceptait cependant avec philosophie, convaincue depuis toujours que les misères de ce monde n'arrivent pas qu'aux autres.

Quand elle pénétra chez sir David, ce dernier accomplissait sa séance de culture physique quotidienne, attelé à un extenseur sophistiqué chargé de développer sa musculature. Le petit homme possédait des biceps de déménageur de pianos dont il se montrait fier. Il détenait une force antérieure peu commune chez un individu d'un mètre zéro quatre.

Il mettait, pour ce travail physique, un slip en similipeau de tigre et une ceinture de cuir abdominale qui renforçaient la dérision provoquée par sa petite taille.

En voyant surgir sa mère, il sut aussitôt ce qui, exceptionnellement, l'amenait.

Arrêtant d'actionner les poignées de son appareil, il adopta une attitude déférente :

– Bonjour, mère. Qu'est-ce qui me vaut le plaisir de votre visite ?

Elle l'accabla de ses yeux pâles :

– La chaussure qui gît dans votre salon, mon cher. Hier, quand la princesse s'est mise à la chercher, j'ai aussitôt compris que vous étiez l'auteur de ce mauvais tour. J'ai prétendu que nous avions un chiot turbulent et nous avons feint d'explorer la maison ; mais cette *blague* [1] a gâché ma réception. Il a fallu que nous trouvions des escarpins pour lady Diana afin qu'elle puisse repartir décemment. Mais cette grande *bringue* [1] chausse du je-ne-sais-combien et, seuls les souliers de Rosemary, la cuisinière, lui allaient. Comment voulez-vous que la chère princesse chante les mérites de mes œuvres en ayant subi chez moi pareille humiliation ?

On devinait sa profonde rancœur au tremblement de sa voix et de ses mains.

1. En français dans le texte.

Le nain baissa la tête.

Plus pour cacher son hilarité que sa confusion.

– Ce n'était, dans mon esprit, qu'une innocente malice, mère, plaida-t-il.

Muguette le considéra d'un œil apitoyé. Elle comprenait qu'un être à ce point disgracié dût connaître certaines compensations.

Elle soupira :

– Je vais faire porter le soulier de Sa Grâce chez elle en y joignant l'un de mes tableaux.

– La réparation serait supérieure au préjudice, assura-t-il, flatteur.

– Le pensez-vous ?

– Des fleurs seront suffisantes.

Il ajouta aussitôt :

– Permettez-moi de m'en charger, mère. Il est juste que je répare ma faute.

Mais lady Muguette secoua la tête.

– Non, laissez, David : vous seriez capable de placer un rat crevé dans la gerbe ! Et je tiens à lui offrir la meilleure de mes toiles.

6

Après un passage nuageux qui pouvait faire craindre le déluge, le ciel s'était rasséréné et le soleil jaunissait les dernières feuilles de Hyde Park. Miss Victoria poussait gaillardement la monumentale voiture. Elle allait d'un pas déterminé, souriant fréquemment à son « baby », pendant qu'il fumait le cigare à l'abri de la capote.

Suivant les indications de ce dernier, elle portait des bas blancs, tenus par des jarretières, une culotte largement fendue sur le devant, une blouse moulante, sans manches, la cape bleue traditionnelle et l'un de ces bandeaux gaufrés susceptibles de donner l'air coquin à la plus stricte des nurses britanniques.

Le jeune Bentham ôta son gros Habanas de ses lèvres et dit simplement :

– Montrez-moi, miss !

Docile, elle s'arrêta, arrondit en cloche les pans de sa pèlerine, déboutonna sa blouse et se cambra légèrement pour qu'il puisse voir sa toison d'un châtain clair, entremêlée de poils roux.

– Mieux que cela, miss, je vous prie !

Elle accentua l'exhibition et s'arqua pour lui laisser admirer ses mignonnes babines roses et brillantes. Cette opération constituait un élément incontournable de leurs sorties. Sir David aimait qu'elle eût lieu au milieu de la circulation, parmi des gens inconscients de ce qu'ils perdaient, qui continuaient de vaquer à leurs affaires.

Il contempla sa nurse avec un sentiment d'orgueil très ardent. Elle lui « appartenait » vraiment, et totalement. Sa soumission absolue représentait le plus beau cadeau qu'il eût reçu depuis le jour maudit de sa naissance.

– C'est infiniment délicieux, ma chère ! la complimenta le nain : l'eau m'en vient à la bouche. Il est dommage que je sois le seul à profiter d'un pareil bonheur.

Il se pencha en avant pour ne pas être gêné par la capote et coula un regard aigu sur le parc.

– Conduisez-moi à l'ombre du grand cèdre là-bas, ordonna-t-il. J'aperçois, sous ses branches basses, une dame assise que votre intimité ravira sûrement, car vous êtes à ce point tentante qu'on peut être attiré par votre sexe sans trahir pour autant le sien !

Miss Victoria obtempéra sans opposer d'objection. Ils parcoururent de leur allure mesurée la distance qui les séparait de la femme repérée.

Il s'agissait d'une sexagénaire probablement veuve si l'on en jugeait à sa mise et à son expression dépourvue de passion.

Miss Victoria stoppa après avoir disposé le landau face à elle.

La bonne personne interrompit son ouvrage de broderie pour jeter un regard poli sur la voiture.

– Bel enfant, vraiment ! soupira-t-elle.

Sir David était coiffé d'un bonnet de dentelle qui pouvait le faire passer pour un bébé hydrocéphale. Il ne possédait pas la moindre trace de barbe, même à l'état de duvet.

La brodeuse éprouva quelque surprise en constatant que la nurse ne poursuivait pas sa route mais restait plantée là dans une attitude d'attente.

– Puis-je vous être utile ? s'enquit la supposée veuve, d'un ton laissant entendre qu'elle espérait que non.

Victoria rejeta les pans de sa cape sur ses épaules et redéboutonna sa blouse. Son ventre plat, d'un blanc de porcelaine, apparut. Elle écossa sa délicate culotte suggestive et dégagea sans pudeur son intimité.

– Mon Dieu ! soupira la dame, du ton qui, au théâtre victorien, annonce l'imminence d'un évanouissement.

Contrairement au pronostic du nain, elle semblait davantage effrayée que troublée par le charmant spectacle. Sa stupeur encaissée, elle voulut fuir son siège. Ce fut à cet instant que sir David actionna la sarbacane qui ne quittait jamais son landau. Il visa la chevelure grisonnante de la sexagénaire et souffla. Terrorisée, la brodeuse retomba sur ses fesses.

Elle regardait alternativement le « bébé » et sa nurse, devinant confusément qu'il se tramait quelque chose d'extrêmement grave. Miss Victoria lui souriait en rajustant ses effets. L'enfant tirait sur un fil de nylon invisible et ramenait, comme au lancer léger, une sorte de minuscule fléchette. Après quoi, ils restèrent immobiles, attentifs et aimables. Alors elle eut un spasme qui lui aurait arraché un cri si elle avait eu le temps de l'émettre. Son regard s'emplit d'une indicible stupeur et la respectable femme mourut sans trop savoir pourquoi.

Le couple échangea un sourire plein d'une indulgence réciproque.

Alentour, l'existence se poursuivait, infiniment calme et britannique.

7

Ils prolongèrent la promenade dans les allées que, décidément, le soleil honorait de sa présence. Ils se sentaient légers, comme délivrés d'un obscur fardeau.

Le fils du *duke* Bentham songeait que Victoria était jolie ; il en retirait une confuse et inexplicable fierté. Il n'éprouvait pour elle aucun sentiment particulier, si ce n'était la sympathie découlant de leur connivence. Il n'avait jamais conçu d'amour pour personne ; à ses yeux, les individus se répartissaient en deux groupes : ceux qu'il aurait volontiers supprimés et ceux qui lui étaient indifférents. Il tolérait ces derniers par manque d'animosité, simplement. Victoria jouissait donc d'un statut d'exception puisqu'il prisait sa compagnie. Il lui plaisait de la prendre à tout bout de champ, sans que la moindre passion ne participe à l'affaire. Elle lui apportait un certain réconfort, un délassement plutôt, qui lui devenait peu à peu indispensable.

Tandis qu'elle poussait sa voiture, il admirait son doux visage pâle, sa bouche toujours entrouverte sur des dents éclatantes. Certes, comme beaucoup de Britanniques, elle était légèrement prognathe, ce qui, curieusement, ajoutait à sa joliesse. Sir David aimait la couleur rare de sa peau, le fin duvet d'or couvrant ses joues, son nez mince et droit, ses pommettes un peu hautes et ses cheveux châtain clair auxquels se mêlaient des mèches vraiment rousses.

Davantage que ses qualités physiques, il appréciait l'intelligence frémissante de la jeune femme. L'attachement fanatique qu'elle lui vouait confortait son assurance si chèrement acquise. Ses parents s'étaient employés à le confronter aussi peu que possible aux enfants de son âge, pour que soit moins écrasante sa différence, aussi avait-il eu des précepteurs, puis des professeurs privés. Ce mode d'instruction offrait un avantage qui prévalait sur ses carences ; il permettait au sujet de se consacrer à fond aux matières pour lesquelles il ressentait de l'inclination. Ainsi, il brillait en latin, anglais et langues étrangères, savait à fond l'Histoire britannique, se passionnait pour la géographie, l'électricité, les lettres modernes et faisait des échappées sur la médecine. Son nanisme l'avait conduit à cette matière tout naturellement ; il cherchait à discerner s'il était d'origine génétique, métabolique ou endocrinienne. Il lisait beaucoup, désertait le roman pour des textes plus arides. Ignorant tout du sentiment amoureux, il fuyait les récits consacrés à cette réaction obscure.

Miss Victoria s'aperçut de l'examen soutenu dont elle était l'objet de la part de sir David et se risqua à questionner :

– Pourquoi me fixez-vous ainsi, monseigneur ?

– Je suppose que vous avez fait l'amour avec d'autres hommes, miss ?

Elle perdit contenance, rougit beaucoup et répondit d'une voix pâle :

– Sans doute.

– Avec combien ?

Cet interrogatoire abrupt la mettait au supplice. C'était la première fois que sir David abordait pareil sujet. Comme elle ne répondait rien, il ironisa :

– Il y en a eu tellement que vous ne puissiez les dénombrer ?

La nurse se racla la gorge, fit un effort :

– Disons deux ou trois, sir.

– Deux ou bien trois ? insista-t-il.

– En vérité, il y en a eu trois, s'enhardit Victoria.

Le sourire incertain du nain se précisa.

– Racontez-moi votre premier coït, voulez-vous ?

– Cela me gêne beaucoup, sir.

– Pourquoi ? C'est là une chose tellement naturelle.

Elle poussait le landau avec énergie, mais ce véhicule très spécial se maniait difficilement à cause de son poids.

– L'un de mes condisciples m'avait invitée à dîner chez lui en compagnie d'autres camarades. En réalité, il s'agissait d'un petit complot et je fus seule au rendez-vous. Il me fit boire et je lui cédai. Je ne conserve de cette expérience qu'un souvenir désagréable ; trahison et maladresse n'avaient rien de romantique.

– Le deuxième ? s'informa David.

– Ce fut une femme, sir : mon professeur de puériculture à l'école professionnelle de nurses.

– Intéressant.

– Assez. Ma nature profonde ne me portait pas sur les personnes de mon sexe, mais sa passion et ses initiatives compensèrent largement mes réticences envers l'homosexualité.

Il allait en exiger davantage, mais elle secoua la tête.

– Je vous saurais gré d'interrompre cet interrogatoire, sir, il n'est pas facile à une femme de répondre à ce genre de questions quand elles lui sont posées par l'homme qui la fascine.

Cet aveu lâché spontanément dérouta le petit être. Jamais encore le couple n'avait qualifié leurs rapports.

Il prit une pose détendue et cessa de s'intéresser à sa nurse.

8

De retour chez lui, sir David appela Tom Lacase, son valet de couleur, par le téléphone intérieur.

– Venez tout de suite, et apportez votre livre de comptes, lui ordonna-t-il.

Il se sentait détendu, comme après une après-midi de sieste. Il se dévêtit partiellement et passa sa veste d'intérieur bleu nuit, à col châle, décorée de motifs Hermès consacrés à l'équitation.

Un trop-plein d'énergie le déconcentrait. Le nain éprouvait, par instants, l'irrésistible besoin de se défouler.

Le domestique survint, un cahier à couverture entoilée sous le bras. Il le présenta à son maître.

Le cadet des Bentham s'en saisit et tira sur le marque-page de soie noire. Il consulta le registre avec attention, comptant à mi-voix.

– Il m'en reste neuf, conclut-il.

– Milord, vous devez commettre une légère erreur, déclara le valet, je pense que vous en oubliez un.

– C'est juste, approuva le nain après avoir recompté.

Il gagna sa vaste salle de bains, suivi du serviteur qui entreprit de se mettre torse nu. C'était un garçon de trente-deux ans, assez grand, musclé comme un haltérophile. Il jouissait d'une physionomie avenante où se lisaient la franchise et la gentillesse.

Pendant qu'il étendait une serviette de bain sur la table de massage, David choisissait son fouet. Il en avait une demi-douzaine, accrochés au mur. Le petit homme mettait chaque fois du temps à se décider, aimant à les faire claquer alternativement.

Tous ne produisaient pas le même bruit. Certains miaulaient comme des félins, d'autres paraissaient acides et coupants, il en existait un « à la voix » sourde, mais qui commettait des dégâts à cause de sa lanière râpeuse. Le gnome préférait le moins grand d'entre eux, dont l'emploi lui était plus aisé.

Ce jour-là, il opta pour le plus « artistique » : un objet d'origine russe, au manche sculpté dans une dent de cachalot, dont le pommeau représentait une tête de molosse.

Tom suivait ces préparatifs d'un œil blasé, avec l'attitude de quelqu'un qu'ils ne concernent pas.

– Milord, pensez-vous utiliser les dix coups aujourd'hui ? s'enquit-il d'un ton neutre.

– C'est possible, répondit le « maître », car je me sens en grande forme.

Il sourit à Victoria qui se tenait dans l'encadrement de la porte et n'osait entrer tout à fait sans y être conviée.

– Venez, ma chère ! lui lança-t-il.

Elle ne se le fit pas répéter et s'approcha de la table.

Le Noir dégageait une odeur forte qui la troublait tout en l'écœurant un peu.

Elle appréciait cette cérémonie du fouet, trop rare à son gré, aurait aimé participer à la flagellation, par pure curiosité. Imprimer des marques pourpres dans cette chair noire la tentait.

– Vous compterez les coups ! lui enjoignit David.

Un jour, lors d'une de ces scènes, elle s'était risquée à demander la permission d'en appliquer un elle-même. David lui avait expliqué que la chose était impossible : le contrat passé avec l'Uncle Tom's Agency le désignait comme unique « exécuteur » et l'intervention d'une tierce personne l'aurait rendu caduc.

Elle s'était gardée d'insister, mais ne perdit rien de la flagellation.

Tom Lacase appartenait à cette discrète association chargée de fournir à la gentry, non pas du « matériel humain », mais des ancillaires acceptant la cravache contre rétribution. Le barême fixé par des autorités compétentes était de cent livres sterling le coup, étant bien stipulé que l'abonné ne pouvait en appliquer que cinquante par mois au maximum. Les frappes non utilisées pendant cette période n'étaient ni reprises ni échangées.

En outre, le « patient » avait le droit d'exiger l'arrêt immédiat de la séance s'il montrait quelque difficulté à la supporter.

Il était précisé qu'un coup malencontreux entraînait la rupture du contrat. D'une manière générale, jamais celui-ci ne fut la cause de poursuites, les choses s'opérant entre personnes dont la probité n'éveillait pas la moindre suspicion.

***

Sir David frappait lentement, en espaçant les coups. Etudiait les conséquences de chacun d'eux, non par compassion ou crainte qu'il fût excessif, mais pour observer le résultat des ecchymoses.

Il aimait quand la zébrure violette se parait de fines gouttelettes serrées. Sur la peau couleur bronze de Tom (tous les employés de l'agence portaient ce prénom), le sang prenait un aspect lubrique.

A la troisième application donnée avec une rare violence, le nain eut mal à l'épaule. Après la quatrième morsure de la lanière, il jeta le fouet ouvragé et massa son bras endolori.

– Ce sera tout ! fit-il, mécontent de soi.

Le serviteur-esclave se releva sans un mot. Des filets rouges se formaient sur ses reins.

– Vous permettez ? demanda miss Victoria à « son nourrisson ».

Elle se saisit d'une serviette et l'appliqua sur le dos ensanglanté du Noir. Tom en fut touché :

– Ce n'est pas la peine, miss.

– Vous risquez de mettre du sang partout, répondit-elle.

***

Cette séance de flagellation écourtée venait de gâcher l'euphorie de l'honorable David. Il se sentait tenaillé par un obscur tourment dont il ne parvenait à découvrir la cause. Ce léger mystère le préoccupait car c'était un mal-être nouveau pour lui.

En attendant l'heure du dîner, il pria sa nurse de passer quelques coups de téléphone anonymes auprès de relations familiales auxquelles elle annonça que leur conjoint les trompait, ou que leur fille entretenait des relations sexuelles avec un Indien, ou bien encore (cela était valable pour celles qui étaient malades) que leurs derniers tests de laboratoire montraient la présence d'un cancer.

Miss Victoria excellait dans ce genre d'exercice. Elle s'exprimait avec sang-froid et autorité. Certes, son langage restait irréprochable, son vocabulaire choisi, pourtant un aristocrate décelait des inflexions « peuple » dans ses propos, ce qui plaisait à sir David.

Lorsqu'ils eurent jeté le trouble dans le cœur d'une

demi-douzaine de personnes, ils abandonnèrent ce jeu et se préparèrent pour le dîner.

Le cadet des Bentham avait souhaité que sa nurse prît son repas du soir avec eux les jours où l'on ne recevait pas. D'origine modeste, sa mère ne s'y était pas opposée. Quant au lord, les fins de journée feutraient son esprit d'une grisaille lui rendant le quotidien improbable.

Cependant, contre toute habitude, les siens, ce soir-là, le trouvèrent opérationnel. Il parlait avec un certain brio des nouvelles dont il avait pris connaissance à la télévision et fit même compliment à la nurse à propos de sa robe de taffetas flambé de couleur bleu royal.

Cet entrain inusité surprit David qui interrogea sa mère du regard. Elle eut une expression amusée.

– Votre père a visité un gérontologue dont on dit le plus grand bien et qui lui prescrit des remèdes miracles.

– C'est un Italien, bougonna le *duke*, dont le nationalisme exacerbé s'exerçait en toutes circonstances.

– Si l'on devait dresser la liste des Transalpins de génie, le Bottin n'y suffirait pas, cher Jeremy, riposta sa femme.

Elle le considérait avec une bienveillance attendrie qui déconcerta leur fils. Il eut une brusque révélation des sentiments profonds qui les unissaient. Jusqu'alors, il n'avait jamais pensé un seul instant que lady Muguette pût aimer son mari. D'ailleurs, il ne comprenait pas ce que signifiait au juste ce verbe. Selon lui, « aimer » représentait une sorte de statu quo entre deux individus.

Il observa ses parents avec une perplexité troublante. Voilà qu'ils se mettaient à exister autrement pour lui. Il les découvrait, se sentait dérangé et inquiet.

– Etes-vous triste, mon fils ? lui demanda son père.

Cette question désarçonna sir David.

– Je ne crois pas, répondit-il après un léger temps de réflexion.

Le vieillard le fixa un moment, de manière insistante.

– Peut-être n'êtes-vous pas suffisamment occupé, déclara-t-il. Un individu qui atteint votre âge éprouve le besoin de s'atteler à une œuvre.

– Sans doute, admit le nain. Oui, je crois que vous avez raison, père. Je vais réfléchir à la chose.

9

Ce soir-là, il demanda à sa nurse de dormir avec lui dans son lit, ce qu'elle accepta avec reconnaissance.

Sir David appréciait sa présence, pourtant il ne lui proposait pas souvent sa couche car, entre les draps, il était plus qu'ailleurs accablé par sa petitesse. Quand il passait son court bras sur l'épaule de Victoria et que ses pieds atteignaient les genoux de la jeune fille, il réalisait l'aspect dramatique de sa condition.

Fort heureusement, son membre colossal lui procurait quelque réconfort. Il aimait qu'elle le prenne dans ses mains et le pétrisse doucement. Il subsistait toujours en elle un côté effarouché, et cette timidité naturelle perdurerait tant qu'ils vivraient ensemble.

Il n'adopta pas la posture animale habituelle, mais se mit sur le flanc. Elle dégageait une odeur délicate, toutefois très insistante, et il en était grisé.

– Etes-vous bien ? chuchota David.

– Merveilleusement !

Il en conçut une sensation de chaleur.

Il fut comblé de pouvoir dispenser une forme de félicité. Le nain, depuis sa prime jeunesse se trouvait prisonnier de son infirmité. Aucun autre enfant, jamais, n'avait partagé ses jeux. Plus tard, il ignora tout de la camaraderie et donc, a fortiori, de l'amitié. Muré dans son nanisme, il ne communiquait avec personne, sinon la vieille Macheprow, la gouvernante à qui son père l'avait en partie confié. La dame en question possédait un tempérament aigre qui la poussait aux sarcasmes. Visiblement, elle ne tolérait pas cet enfant mal venu dont l'anormalité incommodait tous ceux qui l'approchaient.

L'enfance de sir David fut marquée par différentes tentatives de suicide, et certains éléments de son entourage regrettèrent plus ou moins ouvertement qu'elles n'eussent point abouti.

Sa longue période de non-croissance révolue, son tempérament suicidaire laissa place à une froide cruauté qui dès lors lui tint lieu de support. Le jour où il étrangla le gros chat angora de Mrs. Macheprow en le suspendant par le cou à la cordelière d'un rideau de chintz (qu'on dut changer, l'animal l'ayant lacéré en cours d'agonie), la vieillarde jura à sir David qu'il irait en enfer.

« – Je l'espère bien, repartit ce dernier. Ma seule crainte est de vous y rencontrer. »

Il devait réserver à la digne femme bien d'autres tracasseries dont la liste serait fastidieuse ; l'une des pires étant d'avoir souscrit à son nom un abonnement à des revues pornographiques.

Blotti contre sa nurse, il en savourait la tiédeur. Elle ne bougeait pas ; le sexe du nain devenait énorme contre son ventre. Ces prémices la rendaient folle d'excitation.

– Aimeriez-vous que je tue votre père ? questionna-t-il.

L'extravagance de la chose sidéra Victoria, sans vraiment l'épouvanter.

– Pourquoi me demandez-vous cela, sir ?

– J'ai cru comprendre que vous le détestiez ?

Il coula sa main potelée entre les cuisses de sa compagne de lit, se mit à la caresser savamment, sachant combien elle appréciait cette simple pratique. En effet, elle se cambra instantanément et sa respiration s'accéléra.

– Vous n'avez pas répondu ? insista-t-il.

Elle louvoyait entre son désir, qu'il débridait, et la stupeur consécutive à sa question. Enfin, elle fit un effort.

– Ce serait dangereux ! dit-elle. Supprimer des individus dont vous ne savez rien, que vous n'avez jamais vus auparavant, préserve votre sécurité, à condition évidemment de ne pas être pris en flagrant délit. Mais la mort violente de Hunt amènerait la police à vérifier l'emploi du temps de ses proches, donc le mien, ainsi que celui des gens qui m'environnent.

– Vous auriez un alibi, trancha sir David. Et je vois mal Scotland Yard orienter ses éventuels soupçons sur un membre de cette famille !

Elle se serra contre lui, s'empara de sa main qu'il avait retirée d'entre ses cuisses et l'y replaça.

– Pourquoi m'avez-vous proposé de tuer mon père ? interrogea la nurse.

– Je pensais que ça vous serait agréable, répondit sir David.

***

Ils firent l'amour.

Victoria avec frénésie, David distraitement.

Elle s'endormit aussitôt après, en chien de fusil, le menton sur son poing fermé. Lui, laissa briller la veilleuse comme il le faisait la plupart du temps car il avait un sommeil tourmenté de tsar.

Ses mains croisées au plus juste sur sa poitrine développée par les exercices de musculation, il se remémorait les paroles de son géniteur relatives à son inactivité. Habituellement, les rabâchages du vieil homme le laissaient de marbre. Pourquoi, ce soir, les recevait-il avec autant de violence ? Ils le meurtrissaient parce qu'il en réalisait la justesse.

Effectivement, un désarroi endémique stagnait en lui, le

mettait en porte-à-faux avec les autres. Hormis sa position de fils de lord, rien n'apportait une quelconque assise à sa vie. Son père se consacrait à l'écriture cahotique de ses mémoires, sa mère vivait pour sa peinture, son frère pour ses affaires ; mais lui ? Lui, l'infirme malfaisant, l'inoccupé aux farces monstrueuses, sur quels fondements reposait son existence ? Il enchaînait un jour à celui qui le précédait, sans rien attendre. Il trichait, il truquait, et s'efforçait de connaître, grâce au crime, des sensations fortes susceptibles de l'arracher à la torpeur de son triste destin.

A un moment donné, Victoria respira un peu plus fort et il la regarda. Il fut frappé par sa beauté. Elle détenait un charme particulier, dont il était parfaitement conscient. Peut-être parviendrait-il à l'aimer un jour ? A coup sûr, elle représentait son unique « chance ». Jamais une autre femme ne pourrait le chérir de cette manière fanatique, calquer à un tel point sa vie sur la sienne. Il possédait suffisamment d'autocritique pour comprendre qu'avec Victoria, il tenait le seul être capable de lui vouer une véritable passion.

Une grisante exaltation lui insufflait, pour la première fois, un réel bonheur de vivre.

10

Il s'éveilla tard. Quand sa lucidité l'eut réintégré, il avisa la nurse, assise en tailleur au pied du lit, qui le contemplait.

Voyant qu'il était réveillé, elle dit :

– Vous dormiez merveilleusement bien.

Elle eut envie d'ajouter : « comme un enfant », mais craignit qu'il le prît mal.

– Savez-vous qu'il est plus de midi, sir ?

– J'aurais cru davantage. Vous voulez bien commander le breakfast ? Lait et porridge, toasts et marmelade. Vous préviendrez l'office que nous ne dînerons pas ici ce soir.

Elle répercuta docilement ces instructions par le téléphone interne. S'abstint de lui demander où il comptait prendre le repas du soir. Généralement il appréciait peu les lieux publics car on le regardait comme une attraction de baraque foraine. Chaque fois qu'il entrait dans un restaurant ou un magasin, il repensait au film *Elephant Man*. Sa personne inspirait beaucoup de curiosité et peu de compassion.

Il avait lu dans un livre des « records » que l'un des plus petits nains homologués affichait une taille de soixante-huit centimètres. Soit une quarantaine de moins que lui. Or, sir David figurait, avec son mètre zéro quatre, parmi les plus petits individus du Royaume-Uni.

Il chassa ses pensées désagréables et déclara :

– Je vous emmène passer la soirée au *Red Lion*.

Elle connaissait ce pub ancien de Charles Street à la façade vénérable ; l'établissement datait de 1752 et, bien que d'aspect accueillant, imposait le respect. Miss Victoria le savait fréquenté par la gentry de Mayfair qui, en tenue du soir, venait y côtoyer des hommes du peuple à boucles d'oreilles et jeans déchirés. Qu'il la conduisît dans ce lieu si particulier éblouissait la jeune fille.

– Je suis confuse, murmura-t-elle, ne trouvant rien de mieux pour exprimer sa satisfaction.

Sir David eut plaisir à la vue de sa joie.

***

Planté, nu, devant la psyché de son dressing-room, le nain s'abandonnait à la délectation morose. Ce qui le désespérait par-dessus tout, c'étaient ses jambes brèves et torses, caractéristique première de sa difformité. Par contre, il se réjouissait de rompre avec les lois du nanisme grâce à une tête de dimension normale. Il se félicitait de veiller à la musculation de son corps. Ses pectoraux se présentaient comme ceux d'un athlète, modèle réduit. Il faisait saillir et rouler ses muscles complaisamment, par des sollicitations répétées. Plusieurs années auparavant, il avait tenté de se grandir grâce à l'ingéniosité de son bottier ; résultat négatif. A cause des quelque huit centimètres acquis, il donnait l'impression de s'être juché sur un socle, ce qui rendait son infirmité plus pitoyable.

Lorsqu'il se livrait à cet autoexamen, il étudiait consciencieusement son individu, passant des points les plus affligeants à ceux qui lui donnaient quelque sujet de réconfort. Il achevait régulièrement son inspection intime par son formidable sexe et, chaque fois, en retirait une certaine euphorie. Ce membre surcalibré le rassurait car il savait que peu d'hommes étaient aussi puissamment pourvus. L'extrémité de ce beau cadeau de la nature atteignait ses genoux. Même au repos, il était d'un volume confondant.

Sir David appela sa nurse. Après chacun de ses examens intimes, il requérait ses services. Elle le savait et attendait son bon vouloir avec une impatience qui la préparait heureusement à sa prestation. Elle portait déjà la « tenue adéquate », à savoir la partie supérieure d'une baby-doll ayant eu son heure de gloire avant qu'elle fût née.

Victoria s'asseyait en tailleur devant la glace et accomplissait avec ravissement les différentes pratiques que le nain lui ordonnait. A leur vue, sir David acquérait un phallus impressionnant. Une sorte d'hystérie saisissait alors la nurse, que son amant mettait à profit. Ses initiatives l'emportaient vers des sommets.

Après l'amour, le nain ne se sentait pas triste, mais profondément désœuvré. Une envie de nuisance s'emparait de lui, comme une obligation de faire payer à quelqu'un d'autre le bonheur qu'il venait d'accorder à sa partenaire.

Il tournait en rond, shootait dans les coussins en marmonnant des invectives qui ne s'adressaient à personne.

De guerre lasse, il alluma un de ses cigares préférés, dont la bague portait les armes des Bentham.

Devant cet énervement croissant, la nurse s'informa de ce qui le motivait.

– Croyez-vous qu'il serait déraisonnable de supprimer lady Mary, ma belle-sœur ? lui demanda-t-il brusquement.

– Rien ne serait plus fâcheux ! assura la pertinente jeune fille, car vous êtes de ses intimes. Je vous l'ai déjà dit : les soupçons se porteraient sur vous, comme sur tous ses familiers.

– Je hais cette garce aux grands airs !

– Elle aussi vous hait, sir, n'en doutez pas. Ce genre de sentiment entraîne automatiquement la réciproque.

– Alors quoi ? demanda-t-il, hébété.

Il lui saisit les mains et les pressa frénétiquement.

– Victoria, mon cher ange gardien, je dois absolument trouver un châtiment somptueux, mais de tout repos pour moi. Votre qualité de femme devrait vous permettre de me guider.

– Je vais y réfléchir, sir.

11

Le soir, ils s'habillèrent pour se rendre au *Red Lion*. Dans son smoking noir, sir David évoquait un artiste de music-hall. On s'attendait à le voir jaillir d'une malle dûment ficelée ou exécuter un numéro de dresseur de chiens. Il portait un gardénia blanc à la boutonnière et avait le cheveu plaqué par du gel. Ses épais sourcils ombrageaient un regard toujours ténébreux qui considérait la vie comme une bête à dépecer.

Il demanda à sa nurse de virevolter pour que se soulève sa jupe de soie moirée ; après quoi il voulut qu'elle vienne à lui et palpa son intimité. Son mécontentement fut instantané quand il constata qu'elle portait un collant. Il sortit de son gousset un canif d'or gris et dégagea les petits ciseaux incorporés pour le fendre sur une vingtaine de centimètres.

Rouge de confusion, consciente d'avoir fauté, Victoria lui expliqua que sa paire de bas était filée.

Il lui assura que ce n'était pas grave, mais qu'à compter du lendemain elle devrait se débarrasser de tous les collants qu'elle possédait et les remplacer par des bas. Elle promit.

Ils s'en furent à pied au pub distant de quelques centaines de mètres. Chemin faisant, la nurse demanda à sir David s'il croyait sa belle-sœur sérieuse. Il lui répondit spontanément que cela ne faisait pas de doute. Il existait chez cette femme une sorte d'austérité naturelle qui est le propre des épouses fidèles. Lady Mary n'était pas mal du tout de sa personne, mais le sexe ne semblait pas la préoccuper. Elle répartissait son temps entre son époux, son fils, la bonne marche de la maison et, accessoirement, quelques-unes de ces œuvres charitables auxquelles les dames de la bonne société accordent leur patronage.

– Elle arrive à un âge où cet état de choses peut changer, fit la jeune fille. Supposez qu'elle fasse la connaissance d'un être beau et séduisant qui feindrait de s'éprendre d'elle ? Supposez que cet homme parvienne à la séduire ? Supposez encore qu'il l'amène à lui céder ? Supposez enfin que soient réalisées des preuves photographiques de cet adultère ?

Le gnome interrompit sa marche. Planté au milieu du trottoir, son écharpe de soie blanche agitée par le léger vent du soir, il regardait sa compagne avec admiration.

– Chère, chère Victoria, déclara-t-il, vous êtes proprement géniale et vous m'éblouissez.

C'est alors qu'il exécuta un geste qu'il n'avait encore jamais eu avec elle : il lui prit la main et lécha le creux de sa paume.

Elle gloussa car cela la chatouillait.

***

La rue du *Red Lion* formait une équerre ; le bâtiment se situait dans l'angle de cette figure géométrique. La porte poussée, on pénétrait dans un pub classique : une sorte de bar-vaisseau hérissé de pompes à bière trônait au centre, vaste, verni, patiné par le temps et la fumée. Des hommes en chemise bleue et gilet composaient l'équipage de ce singulier navire.

Entre ce bar et la devanture, quelques tables flanquées de banquettes et de chaises accueillaient les clients.

Lorsqu'on contournait le grand comptoir, sur la droite, l'établissement se poursuivait par une salle à manger. Ce lieu correspondait au côté traditionnel. On le réservait principalement aux rares touristes fourvoyés et aux Anglais moyens désireux de s'alimenter dans le calme. Des serveuses, jeunes et en majorité rousses, opéraient un service classique, efficace et enjoué.

La gentry fréquentant là, loin de se cacher, occupait les premières tables ; le spectacle formé par ces gens en tenue de soirée, festoyant tout près d'un bar où les buveurs populaciers vidaient d'énormes chopes, était insolite.

L'irruption de sir David et de sa compagne interrompit les conversations ; mais les Britanniques ont le don de surmonter leur surprise et en très peu de temps l'ambiance se rétablit et chacun oublia l'arrivée du couple bizarre.

Le nain avait fait retenir deux couverts par son valet. Le domestique avait averti qu'il convenait de placer un épais coussin sur l'un des sièges ; comme les enfants n'étaient pas admis en ce lieu, le propriétaire qui connaissait les Bentham comprit qu'il serait destiné au fils cadet de l'illustre famille, aussi avait-on préparé une chaise rehaussée en provenance de chez un coiffeur.

Miss Victoria et son maître s'installèrent. David se trouvait d'une humeur exquise depuis la belle idée proposée par la nurse à propos de sa belle-sœur. Il échafaudait tout un complot à épisodes pour réduire l'altière Mary. Cependant, ce « département vengeance » lui mobilisait moins l'esprit que la mission sacrée dont il venait de s'investir et qui s'était imposée avec force, peu après que son père lui avait suggéré de se consacrer à une grande entreprise.

Mais il attendit le début du dîner avant de s'en ouvrir à Victoria. Il la trouvait rayonnante et se sentait fier d'elle comme un artiste l'est de son œuvre. Bien des regards d'hommes s'attardaient sur la jeune fille et la convoitaient. Un groupe de gens « habillés » parmi lesquels David reconnut des alliés ou amis de sa famille menait grand tapage. Le scotch, la bière et le vin coulaient à flots. Le nain songea que, dans ce vacarme, ils seraient isolés et s'en félicita.

Ils choisirent du pâté de saumon et des truites car l'un et l'autre adoraient le poisson. La carte des vins proposait un *burgundy* blanc du nom de Meursault dont il commanda une bouteille.

Généralement, le petit homme s'alcoolisait fort peu, la boisson lui occasionnant de fortes migraines. Il n'en décida pas moins de s'enivrer, quitte, ensuite, à se gaver d'aspirine, car ce jour, il le savait déjà, était à marquer d'une pierre blanche.

Ils vidèrent coup sur coup deux verres de vin frais et fruité. Aussitôt, les oreilles de Victoria rougirent, ce qui amusa le cadet des Bentham.

– L'autre après-midi, vous avez commencé de me confier vos expériences sexuelles, j'aimerais que, ce soir, vous en complétiez la liste.

La voyant se rembrunir, il ajouta :

– Dites-moi tout avec sincérité, ma chère, ce n'est pas une laide curiosité qui me pousse, mais un besoin de faire place nette. Ensuite, vous le verrez, il sortira de votre confession des éléments extrêmement positifs.

Au ton grave qu'il employait, elle sut qu'elle devait lui donner satisfaction.

– Le premier était un étudiant, la seconde votre professeur de l'école des nurses. Passons au troisième, si vous le voulez bien ?

Elle avala avec peine sa bouchée de saumon et, le regardant bien fixement :

– Mon dentiste, sir. Un monsieur d'un certain âge.

– Sa sexualité ?

– Il compensait une certaine carence par un excès de prévenances, me choyant et me gâtant énormément.

David eut un sourire lointain. Elle ne sut s'il ressentait une quelconque jalousie. Il se révélait si éloigné des sentiments qu'éprouve un être normal.

– En fûtes-vous amoureuse ?

– Beaucoup, sir.

– L'êtes-vous encore ?

– Absolument plus.

Elle ajouta dans un murmure :

– Je ne suis pas femme à pouvoir aimer plusieurs hommes en même temps.

Le nain sourit.

– Alors tout ira bien, promit-il.

Il se mit à manger.

Les desserts manquant d'imagination, ils optèrent pour des ananas arrosés de brandy. Sir David avala le sien sans y penser. Il négligea le sirop alcoolisé et murmura :

– Nous allons reprendre notre conversation, ma chère. Auparavant, je vous serais reconnaissant d'aller glisser cette petite bombe incendiaire dans la poche du manteau de chinchilla accroché à la patère. Agissez discrètement, en feignant de vous rendre aux lavabos.

Il avança vers sa compagne un petit objet de métal en forme de cocon.

Avant de le placer dans la main de Victoria, il en actionna le minuscule détonateur.

– Prenez votre temps ! la rassura-t-il. Elle ne sera activée que dans une vingtaine de minutes.

Elle obéit avec sa docilité accoutumée. Toutes les initiatives de son « bébé » la ravissaient.

Quand elle revint, sa mission accomplie, il caressa le dos de sa main dans un geste presque tendre auquel elle se montra sensible.

– C'est parfait : personne en dehors de moi n'a pu vous voir agir.

Il acheva son verre sans grand plaisir.

– Répondez-moi très franchement, reprit-il. Avez-vous toujours des sentiments d'amour pour l'une ou plusieurs des trois personnes dont nous avons dressé la liste ?

– Soyez assuré que non, sir.

– Très bien ! En ce cas, nous allons supprimer.

Elle ouvrit grands les yeux.

– Je n'ose comprendre ce qui motive ce projet, chuchota l'exquise nurse.

– Eh bien, si, admit David : la jalousie, ma chère. Tout simplement.

Des larmes vinrent à Victoria, qu'elle oublia d'essuyer et qui tracèrent deux émouvants sillons dans son maquillage.

– Merci, murmura-t-elle. Comment vous exprimer le bonheur que je ressens ?

– Attendez, ce n'est pas tout, fit le petit homme.

Il voulait obtenir un effet et prenait son temps. Elle attendait, prise de palpitations, le souffle court.

Sir David savourait l'excitation de sa compagne ; s'il n'avait été imperméable à tout attendrissement, lui aussi aurait eu le regard embué.

– Miss Victoria, poursuivit-il, quand nous aurons fait table rase de votre passé, je vous épouserai.

– Au feu ! cria quelqu'un.

Le nain détourna la tête et vit le manteau de fourrure qui flambait. Il apprécia le spectacle mais constata que, malgré sa valeur considérable, le précieux vêtement dégageait en brûlant une odeur abominable.

12

Ils mirent un mois à trouver « l'oiseau rare ». Pour cela, ils explorèrent les cours d'art dramatique, les bars proches des théâtres, les écoles de peinture, les modélistes spécialisés dans le vêtement masculin et jusqu'à des *body-building centers.*

En fin de compte, ils découvrirent « leur homme » alors qu'ils ne le cherchaient pas : sur la rive de la Tamise non loin de Waterloo Bridge. Il se tenait au bord du fleuve, assis en tailleur dans un peu de soleil, à réciter des vers de Joseph Brodsky :

La Tamise en aval gonfle comme une veine.
Les steamers de Chelsea hululent gravement.

Le nain et sa nurse furent brusquement saisis par la réelle beauté de ce garçon blond. Il portait un jean agrémenté d'une fausse ceinture de cow-boy provenant d'un magasin de surplus américains, un pull ras du cou d'un noir usé, un blouson de cuir râpé et les inévitables baskets crasseuses et mal lacées sans lesquelles la jeunesse actuelle ne saurait marcher.

Miss Victoria poussait son landau, vaillamment. Elle vit le récitant et ressentit une déconcertante émotion.

– Intéressant, n'est-ce pas ? fit le nain.

Il tirait sur son cigare des goulées rapides dont il rejetait aussitôt la fumée sans la laisser transiter par ses poumons.

La nurse balbutia :

– Je me demandais si...

– Moi également, ma chère. Vous voulez bien repasser devant lui ?

Après quelques pas, elle fit demi-tour, puis ralentit en se rapprochant du « sujet » pour le détailler. Celui-ci devait être grand, à en juger par ses longues jambes repliées. Une barbe de quelques jours (entretenue à la tondeuse) donnait à son visage une fausse maturité.

En apercevant le surprenant équipage, il s'arrêta de déclamer et sourit à la nurse.

– On promène bébé ?

Elle acquiesça, tout de suite effarouchée.

Le jeune type questionna :

– C'est un prince du sang que vous véhiculez dans ce petit carrosse ?

– Presque, répondit-elle.

Il s'exprimait avec un léger accent qu'elle n'arrivait pas à localiser.

– Et vous n'avez pas d'escorte ?

– A quoi bon ?

Elle subit ses yeux intenses, très noirs, qui contrastaient avec la pâleur des cheveux et de la barbe.

– Par les temps actuels, est-il prudent de balader un héritier sur les bords de la Tamise ?

– S'il est capable d'assurer sa sécurité, pourquoi pas ? demanda sir David.

Cette voix masculine provenant du landau fit tressaillir le garçon blond. Il se releva d'un bond et, curieux, s'approcha de la voiture. En découvrant le visage d'homme sous la bonnette empesée, il ne cacha pas son ahurissement. Son incompréhension était si cocasse que la nurse se prit à rire.

– Ça signifie quoi ? dit-il.

– Que je suis un nain, mon cher, commenta son interlocuteur. Un mètre zéro quatre, qui dit mieux ?

L'étranger hocha la tête.

– Du diable si je m'attendais à une chose pareille, marmonna-t-il, mi-enjoué, mi-vexé.

– De quel pays êtes-vous ? fit Bentham. Je ne parviens pas à situer votre accent.

– Je suis norvégien, d'Oslo, étudiant en architecture. Mes examens passés et réussis, j'ai pris une année sabbatique avant de plonger dans la vie active. Je viens de visiter tour à tour l'Italie et la France.

– Vous voyagez seul ?

– C'est la meilleure façon d'acquérir des langues et des idées, répondit-il.

– Vous pensez séjourner longtemps en Grande-Bretagne ?

– Environ trois mois si mes subsides me le permettent.

D'instinct, David et Victoria se sourirent. Ce qu'ils entendaient les comblait : il était beau, intelligent semblait-il, et sans grandes ressources.

– Où demeurez-vous ?

– J'ai une chambre dans un foyer d'étudiants.

Le gentil Norvégien pouffa :

– Il n'y a pas d'autres mots pour qualifier le réduit qui m'a été dévolu et dont l'ameublement se compose d'un lit de fer et d'un portemanteau.

Il revint tout à coup au sens des convenances :

– Mon nom est Olav Hamsun.

– David Bentham, fit ce dernier en écho.

Il tendit sa main courte et potelée à l'étranger qui la prit à contrecœur.

Leurs regards se mêlèrent un instant.

Un remorqueur poussif remontait le fleuve dans un halètement exténué. Des oiseaux cendrés virevoltaient au-dessus de son sillage en piaillant désespérément.

– Est-il exact que vous soyez prince ? demanda Hamsun.

– Fils de *duke* seulement.

Le jeune Norvégien éclata de rire :

– Ce n'est déjà pas si mal. Comment dois-je vous appeler ?

– David, tout bonnement, repartit le nain.

Il consulta sa montre.

– Etes-vous libre pour dîner ?

– La liberté est ma plus grande richesse.

– En ce cas, je vous invite.

– Je crains que ce ne soit possible, fit le garçon, car je n'ai aucun vêtement qui me permette d'accepter une invitation dans votre milieu, David. Les hardes qui m'attendent au foyer ne valent pas mieux que celles-ci.

Le « bébé » eut un geste désinvolte qui fit briller les diamants ornant le boîtier de sa montre.

– La belle affaire, nous prendrons notre repas dans ma garçonnière qui communique avec notre résidence de famille.

Son interlocuteur retrouva le beau sourire mis en valeur par un bronzage ramené probablement de son périple italien.

– L'existence est une aventure, assura-t-il.

Ils se mirent en route. Au bout d'un instant, leur nouvelle relation demanda la permission de pousser le landau sur ce sol plus ou moins défoncé ; mais la nurse refusa et fut presque vexée par cette proposition.

13

Tom Lacase leur servit un excellent dîner improvisé par Rosemary, la cuisinière. Il arrivait fréquemment que sir David refuse de partager la table familiale. Les siens, habitués à ses foucades, ne s'en formalisaient pas. Il jouissait d'un statut particulier. Le malheureux rejeton de cette branche illustre bénéficiait d'une totale indulgence.

Ils eurent, au repas, des huîtres en gelée, un chapon aux truffes et un gâteau bourratif accompagné de confiture d'airelles. Ils burent (en assez forte quantité) du bourgogne blanc, très sec, et du bordeaux vieux de vingt ans.

L'alcool libéra Olav Hamsun qui se raconta complaisamment. Il était fils de pasteur, avait six frères et sœurs et consacrait ses loisirs à une petite troupe de théâtre d'amateurs.

Quand son hôte le questionna sur ses relations amoureuses, il lui apprit ce qu'il devinait déjà, à savoir qu'il avait des penchants homosexuels, sans toutefois que ceux-ci fussent définitivement acquis. Le Norvégien se dévoilait en évitant les détours et les faux-fuyants avec une grande fraîcheur d'âme. On le devinait équilibré et passionné par la vie.

Sir David hésitait à proposer à leur ami de rencontre le rôle qu'il lui destinait. Il existait une sorte de candeur chez le Nordique qui devait le rendre inapte aux magouilles et coups tordus. Pourtant, à le contempler, gracieux et d'une réelle beauté, le nain se disait qu'il ne rencontrerait jamais personnage plus apte à séduire une femme de trente-huit ans, imbue de sa caste et confite dans les principes.

A la fin du dîner, comme Tom préparait le café, l'invité demanda les toilettes. Le fils de lord Bentham profita de son absence pour interroger sa nurse.

– Votre avis, ma chère ?

– C'est l'idéal, assura la jeune fille.

– Ne le trouvez-vous pas trop ingénu pour accepter notre proposition ?

– Non, si vous la formulez joyeusement. Il doit s'agir d'une plaisanterie, comprenez-vous ? Taisez le projet de photo final.

Une fois encore, le nain saisit la main de Victoria et la porta à ses lèvres.

***

Ce fut d'une facilité exemplaire. Le futur architecte, passablement éméché, mordit presque goulûment à l'hameçon. La nurse se chargea de proposer l'affaire. Elle présenta Mary comme étant une sorte de pimbêche guindée qui écrasait tout le monde de sa morgue. Un vent de fronde soufflait sur la famille, désireuse de donner une leçon à cette dinde. Si un jeune séducteur parvenait à se faire aimer d'elle, cela rabaisserait son caquet et ses grands airs. David expliqua à quel point elle le méprisait pour son infirmité et dévoila une partie de son ressentiment. Juste ce qu'il convenait d'avouer pour donner une structure à cette vengeance en forme de farce.

Olav exultait. Pour cet amoureux de théâtre, un tel rôle comblait ses vœux. La chose le ravit d'autant plus que sir Bentham lui annonça qu'il lui louerait une garçonnière de classe et lui offrirait des vêtements conformes à sa position de riche étudiant.

Hamsun se dit que la vieille Angleterre était l'ultime pays de Cocagne de la planète.

***

En une seule journée, ils lui constituèrent une garde-robe de qualité et louèrent un appartement dans un immeuble destiné aux hommes d'affaires ayant besoin d'un gîte de quelques semaines dans la capitale britannique. Tous trois prirent à ces préparatifs un plaisir juvénile. Ils éprouvaient un sentiment de liberté et l'impression de faire l'école buissonnière. Sir David poussa le raffinement jusqu'à commander du champagne millésimé chez un traiteur fameux du quartier. Persuadé, dès lors, qu'Olav pouvait se montrer opérationnel, il décida d'organiser une rencontre.

Les choses lui furent facilitées par un voyage que lady Muguette fit à Paris afin de préparer une exposition de ses œuvres. L'absence de cette femme avisée le rendait plus « confortable » pour mettre au point une réception. Il argua de l'anniversaire de son frère qui, ému par cette attention exceptionnelle du nain, accepta de grand cœur l'invitation.

La brave Rosemary Labbite proposa un menu qui eut l'agrément de lord Jeremy. Le *duke* continuait de récupérer cérébralement. Il retournait à son club, s'adonnait à ses gourmandises de table, retrouvait sa dilection pour les portos vintage d'exception. Il lui arrivait même d'allumer un havane qu'il laissait se consumer entre ses doigts pour n'en savourer que le parfum.

Miss Victoria prit des initiatives de maîtresse de maison. Elle choisit le nappage, remplaça dans les chandeliers les bougies affaissées sur leurs bobèches, prévit des fleurs et guida sir David dans le choix d'un cadeau (une montre Cartier, modèle Tank chronoreflex, au dos de laquelle ils firent graver la couronne de marquis, qui était le titre provisoire de l'aîné).

Lady Mary vint à ce repas en rechignant intérieurement mais en véritable personne de la jet, ne laissa rien voir (ou très peu) de son manque d'enthousiasme.

Selon le plan préétabli, le jeune homme se présenta après tout le monde. Le nain avait annoncé sa venue. Il prétendit que Hamsun préparait une thèse sur les vieilles demeures anglaises et s'intéressait à celles de leur rue. Il composa la table de manière à ce que l'étranger se trouve face à sa belle-sœur, assuré, à juste titre, qu'une stratégie de séduction se développe plus harmonieusement lorsqu'on se trouve vis-à-vis de la femme à conquérir plutôt qu'à son côté.

L'entrée d'Olav constitua le temps fort de la soirée. Il portait un smoking bleu nuit qui renforçait sa blondeur, une chemise blanche, un nœud papillon aux larges ailes. Ses cheveux d'or rejoignaient son collier de barbe, ce qui nimbait sa figure romantique. Il avait le charme irrésistible de Shelley, au destin bref et tragique. Il se dégageait de son personnage une poésie qui, tout de suite, captait l'attention.

Victoria fit les présentations en commençant par le *duke*, puis le conduisit à Mary. Elle eut aussitôt la joie de constater que celle-ci rougit lorsqu'il s'inclina sur sa main.

***

Le dîner fut plein d'entrain. Sir John parla d'abondance. Cet homme eût été tout à fait brillant sans l'air éternellement affecté qui laissait présager ce que serait un jour son portrait dans la galerie des ancêtres.

La fête organisée en son honneur par son malheureux cadet, le présent qu'il venait de recevoir, la bonne chère ingénieuse et les grands crus l'accompagnant le rendaient euphorique. Son frère demeurait effacé. Le peu qu'il proférait était à la gloire de son aîné. Quant à lord Bentham, il baignait lui aussi dans un bien-être réjouissant. Il célébrait les « capacités » de sir John, sa réussite professionnelle, le merveilleux foyer qu'il avait su fonder en épousant une femme d'exception.

Rarement pareille ambiance avait régné en ces lieux plus ou moins compassés.

Victoria surveillait sans y paraître le comportement d'Olav et le trouvait en tout point parfait. L'intérêt qu'il marquait à lady Mary restait discret, mais constant.

Assez fréquemment leurs regards se rencontraient et chaque fois l'arrogante jeune femme piquait un fard.

Ce trouble seyait à la marquise car il l'humanisait, lui donnait une sorte de fragilité qu'on ne lui connaissait pas.

Assis sur son coussin « grandisseur », ses jambes ballantes, le nain se délectait de voir leurs affaires en si bonne voie. Tout lui parut facile. Pas un instant il ne douta de parvenir à ses fins dans un délai record. Il se sentait d'une si belle humeur qu'il résolut, après la soirée, d'aller exercer quelque nuisance sur un noctambule solitaire ; peut-être plus simplement de causer des déprédations à une maison ou un véhicule. La malfaisance constituait sa panacée. Tantôt elle le soulageait, tantôt l'amusait comme si elle eût été un sport. Sa soif de nuire demeurait toujours aussi ardente.

En garçon plein de savoir-vivre, le Norvégien prit congé le premier et remercia ostensiblement sir David de l'avoir convié à une réception si intime.

Il s'inclina sur la main tendue de lady Mary, lui offrant un regard de chérubin qui émut l'épouse de sir John. Il dit à son mari qu'il serait plus qu'honoré de les traiter prochainement dans un restaurant « convenable » et partit en ne laissant derrière soi que louanges et soupirs.

14

Comme il l'avait décidé, cette nuit-là, histoire de fêter dignement ce qu'ils considéraient déjà comme une victoire, il tua un chauffeur de taxi après l'avoir hélé.

La rue était déserte et silencieuse. Lorsque le bonhomme vint ranger son véhicule devant eux, sir David grimpa sur la plate-forme servant à l'arrimage des bagages, et planta dans l'une des veines jugulaires du conducteur une seringue contenant une solution à base de curare. Cet acte purement gratuit mit fin séance tenante à l'existence plutôt morne d'un sujet de Sa Majesté. Son meurtre perpétré, le nain fut pris de sanglots convulsifs. C'étaient ses premières larmes d'adulte. Affolée, miss Victoria l'entraîna le plus rapidement possible loin de son forfait, l'exhortant au sang-froid ; mais rien ne parvenait à endiguer ses larmes.

Quand ils se furent éloignés du crime, elle s'assit sur un banc de square et étreignit farouchement le petit monstre. Elle le cajola, le berça tendrement en lui chuchotant des phrases de maman. Il fut long à sécher ses larmes. Les sanglots se succédaient par vagues. Sitôt qu'il parvenait à interrompre ses pleurs, ils revenaient en force, comme sort le sang d'une artère sectionnée.

David prenait soudainement conscience de son malheur. Il comprenait que rien : ni la sexualité, ni l'assassinat ne sauraient l'en guérir. A la période où il essayait de se suicider, c'était cette terrifiante évidence qui le poussait au pire. Ce soir, alors que ses projets machiavéliques adoptaient une bonne tournure, il retrouvait intact son désespoir, amplifié par la certitude qu'il n'attenterait plus à ses jours. Sa vie ressemblait à un effroyable cilice qu'il lui faudrait porter jusqu'au bout.

Victoria ne lui posait aucune question, consciente qu'il n'aurait pu ou su y répondre.

Ils demeurèrent longtemps enlacés. Un couple de noctambules qui passait les considéra, surpris.

– Il a un gros chagrin, ce petit garçon, fit la dame.

Sir David eut un mouvement pour sortir sa sarbacane afin de flécher la sotte, mais sa nurse l'en empêcha avec une ferme douceur.

– Ce serait imprudent ! chuchota-t-elle.

Ce léger incident opéra une diversion et le cadet des Bentham cessa de pleurer, calmé par sa rage.

Ils finirent par rejoindre leur maisonnette à pas lents. Elle lui tenait la main, comme à un enfant.

***

Depuis plusieurs jours, ils faisaient lit commun. Cela prenait force d'habitude. Le soir, elle anticipait sur son invite et se glissait entre les draps prestement. Il l'attendait, allongé sur le côté et, quand elle le rejoignait, l'enlaçait avec ferveur.

Presque tout de suite ils entreprenaient leur manège amoureux. Ce qu'il y avait de frappant dans le couple, c'était son appétit forcené. Ni l'un ni l'autre ne s'expliquait cette frénésie commune. Avant qu'ils se rencontrent, leur sexualité paraissait plutôt cahotique. Le fils du lord devait se contenter de professionnelles, quant à la nurse, elle tentait vaille que vaille d'assumer ses désirs, sans même se demander ce que pouvait être une passion.

Lorsqu'ils rentrèrent, après le décès prématuré du chauffeur de taxi, ils s'étreignirent sans toutefois pousser jusqu'à l'acte. Le remarquable membre du nain trouvait ses dimensions maximales, mais restait assoupi entre les cuisses de la jeune femme.

Alors qu'elle commençait à glisser dans l'engourdissement du sommeil il demanda :

– C'est comment, l'amour ?

La question produisit en elle des vibrations avant de l'amener aux réalités.

– Vous l'ignorez donc ? fit-elle.

Comme elle évitait d'en dire davantage, il soupira d'un ton étrange :

– Voyez-vous, ma chère, je me demande si je ne serais pas terriblement amoureux de vous.

Cet aveu la bouleversa.

– Ce serait un immense bonheur pour moi, sir ; mais songez à tout ce qui nous sépare.

– Soixante-cinq centimètres ! répliqua-t-il avec un douloureux cynisme.

15

Charles Newgate exerçait la profession de kinésithérapeute dans City Road. Il occupait le rez-de-chaussée d'une petite maison d'un étage, peinte en jaune acidulé, dont l'entourage des portes et des fenêtres osait un vert pomme terriblement agressif.

Il s'agissait d'un garçon athlétique à la peau criblée de taches rousses. Ses yeux d'un bleu ingénu donnaient à sa figure poupine une expression de candeur extrême ne correspondant pas à la réalité. Sous l'effort, il dégageait une odeur puissante qui troublait certaines clientes et incommodait les autres.

Marié l'année précédente à une jeune Italienne vendeuse chez Harrod's, il connaissait une grande félicité car elle venait de lui révéler une maternité en cours.

Il massait la nuque d'une personne généreuse que ses cervicales tracassaient, quand la sonnerie du téléphone retentit.

Il s'excusa auprès de sa cliente et alla répondre. Afin de n'avoir pas à se débarrasser sans cesse des embrocations graissant ses mains, il saisissait le combiné à travers une lavette de tissu-éponge.

– Institut Newgate ! annonça-t-il.

Une voix de femme, jeune, fraîche et mélodieuse, demanda :

– Etes-vous mister Charles Newgate ?

– En effet. Pourquoi ?

– Ravie de vous entendre, mister Newgate. Je vous annonce que vous venez d'être désigné par le sort pour inaugurer la série de meurtres que nous projetons de perpétrer dans Londres et sa banlieue ces prochains jours.

Le kinésithérapeute pensa immédiatement à une farce.

– Qui est à l'appareil ? demanda-t-il.

– Il est inenvisageable que nous vous donnions ce genre d'indication, vous le comprendrez ? Surtout, ne croyez pas à une vengeance quelconque ; notre sélection s'opère au hasard. Nous vous prévenons par pure correction, afin que vous puissiez organiser votre « après soi ».

« Adieu, mister Newgate. »

On raccrocha.

L'homme aux mains guérisseuses en fit autant. Cet appel téléphonique le déconcertait sans toutefois l'inquiéter. Qu'il fût l'objet d'un canular morbide lui paraissait évident. Il cherchait dans ses relations qui pouvait se montrer capable de cette sinistre plaisanterie.

Il passait des amis en revue, des confrères podologues rencontrés au cours de congrès, avec lesquels il s'offrait deux ou trois jours « d'officine buissonnière » chaque année ; mais son inventaire rapide ne lui proposait aucun drille susceptible de lui jouer ce tour de mauvais goût.

Bientôt, il fut accaparé par le corps adipeux de sa cliente et la vilaine facétie cessa de le préoccuper.

***

Victoria sortit de la cabine et rejoignit le landau. Sir David s'y était assoupi, bercé par la rumeur grondante de la circulation. Elle sentit son regard s'embuer à la vue d'une telle innocence. Sous le bavolet de dentelle courant autour du bonnet, ses traits revêtaient un abandon angélique.

L'approche de sa nurse lui fit rouvrir les yeux.

– Je crois bien que j'ai dû rêver, fit-il ; nos sommes les plus brefs engendrent souvent des songes aussi intenses que fulgurants.

Il la scruta et reprit :

– Cette communication a dû mobiliser votre énergie car je lis deux petits cernes sous vos yeux, ma très chère. Comment s'est-elle déroulée ?

– Je ne pense pas qu'il ait pris notre avertissement au sérieux.

– L'essentiel est qu'il en parle à ses proches de façon à ce que naisse un début de psychose. Quand nous justifierons notre menace, il y aura bien quelqu'un de son entourage pour en faire mention.

Ils reprirent leur route dans Sloane Street. Quelques gouttes de pluie s'écrasèrent sur la capote.

Pelotonné dans la voiture, le nain admirait cette étrange fille dont le hasard lui avait fait don. Il ne pouvait se rassasier de sa peau, non plus que de son odeur ; cette dernière l'excitait autant que ses formes. Il aurait pu passer des heures, la tête entre ses cuisses, à la humer délicatement.

– Votre idée de neutraliser des gens qui ne nous concernent ni vous ni moi afin de créer la panique est excellente, assura-t-il. De la sorte, lorsque nous nous en prendrons à vos anciens amants, Scotland Yard se sera fait à la certitude que les meurtres n'obéissent à aucune logique. Nous veillerons, pour parachever la chose, à ce que ces disparitions interviennent pendant la pleine lune. Ainsi, une certaine tradition sera-t-elle respectée.

Elle approuva, enchantée. L'un et l'autre se sentaient dopés par la certitude de participer à une grande œuvre.

***

Les jours suivants, ils firent la connaissance de Charles Newgate ; plus exactement, ils l'observèrent depuis la Rolls du lord. Son identité était « sortie au tirage », sous l'index qu'avait pointé Victoria, les yeux fermés après que sir David eut ouvert l'annuaire téléphonique.

– Cet homme est un sanguin musclé, déclara le cadet des Bentham. Je lui devine un Q.I. moins impressionnant que ses pectoraux.

Ils mirent peu de temps à comprendre que le malaxeur de chairs flasques fonctionnait par routine. Tôt levé, il gagnait le parc voisin, en training rouge et bonnet de laine, pour y pratiquer son footing quotidien.

Ils le trouvèrent irrésistible quand il se mit à sautiller sur place en effectuant des mouvements respiratoires. Sir David, le si disgracié, ne perdait pas une occasion de moquer ses contemporains réputés « normaux » ; lorsque ceux-ci lui semblaient ridicules, ce qu'il ressentait à leur endroit relevait de la gratitude.

Ce matin-là, et tandis que leur premier « élu » cultivait son corps d'imbécile heureux, David, engoncé dans la voiture de son père, opérait la check-list des difficultés que son assassinat présentait. Il songeait combien il est plus aisé de supprimer un individu discrètement plutôt qu'en le projetant dans la rubrique des faits divers.

– De quelle manière aurons-nous la peau de ce drôle ? murmura David.

Victoria Hunt savait sa préoccupation. Quand le petit homme se consacrait à une question épineuse, sa figure se modifiait : regard fixe, mâchoires serrées, léger froncement des narines.

Il aimait résoudre, mais détestait chercher.

Comme chaque fois, comme toujours, elle fut submergée par un élan de compassion.

– Le dilemme est le suivant, réfléchit-elle tout haut : il doit périr sans que, bien entendu, nous soyons présents. Voilà qui nous conduit tout droit à un engin explosif, sir.

– Peut-être, admit-il, mal convaincu.

Là-bas, le kinésithérapeute accomplissait des extensions avec rotations du torse.

– Ce que j'aimerais lui casser la tête, soupira le nain.

Elle ne répondit pas car une idée germait dans son esprit. Elle devenait inventive au contact de son « maître ».

– Avez-vous remarqué que notre homme, pour l'exécution de certains exercices, prend appui sur la main courante métallique cernant l'aire de jeux ?

– Et alors ?

– Voyez, sir, la longueur de cette rampe : elle se prolonge jusqu'au jardin botanique que nous apercevons sur la droite.

– Ce qui vous induit à quelle conclusion ?

– Qu'un fort courant électrique passant par cette barre de fer le foudroierait !

Un sourire de contentement égaya enfin la figure jusque-là crispée de David.

– Excellent !

Puis comme c'était un homme de réflexion, il objecta :

– Seulement il faudrait un groupe électrogène bien puissant pour générer ce courant mortel.

– Je ne pense pas, répondit-elle. Regardez cette ligne à haute tension dont on perçoit le bourdonnement au-dessus de nos têtes.

– Rien ne vous échappe, mon cœur, exulta David. Cela dit, il sera délicat de connecter un branchement ligne-rampe.

– Ce n'est pas certain, dit-elle.

Elle lui révéla son plan, et l'admiration qu'il lui portait s'accrût.

***

Quand ils furent de retour dans leur appartement d'amoureux, ils eurent une communication avec lady Muguette, sur la ligne interne. La duchesse prévenait son fils que Mrs. Thatcher, l'ancien Premier ministre de Grande-

Bretagne, venait prendre le thé à la maison et qu'elle manifestait le désir de serrer la petite main de leur cadet. Cette éminente personne, d'assez forte constitution, éprouvait de la sympathie pour les êtres handicapés et entendait la leur témoigner. Peut-être s'agissait-il là d'un réflexe politicien destiné à amadouer l'électorat, en toutes circonstances et en tous lieux ? L'honorable femme s'acquittait de ce pensum (si c'en était un) avec infiniment de charme.

Tout en passant un « bleu croisé » protocolaire, David fulminait car il détestait les mondanités. Victoria tentait de le calmer, lui montrant que sa naissance le contraignait à des corvées de ce genre, mais il rageait de plus belle. Il haïssait les femmes fortes qui, prétendait-il, sentent la choucroute froide et la poudre de riz de méchante qualité.

Quelques années plus tôt, il avait copulé avec une énorme prostituée aux chairs molles ; loin d'en tirer du plaisir, il s'était pris à vomir entre ses seins d'ogresse et avait dû se contenir pour ne pas la tuer.

Qund il fut prêt, avec une brillance oléagineuse dans le cheveu et une touche de parfum parisien sous les oreilles, il téléphona au secrétariat de l'ancien Premier ministre en se faisant passer pour la police et dit qu'on venait de trouver Mr Thatcher (car il en existe bel et bien un) mort de crise cardiaque dans une boîte d'homosexuels de Soho. Il ajouta qu'on devait mander de toute urgence celle que le monde entier connaît sous le sobriquet plaisant de « Dame de fer ».

Lorsqu'il se présenta chez ses parents, après le franchissement du souterrain, l'ancien chef d'Etat en jupon partait précipitamment, à la suite d'un appel de son bureau. La duchesse Muguette, pourtant perspicace, oublia de suspecter son second fils d'être à l'origine de ce thé écourté.

16

La matinée achevait de se débarrasser de ses brumes et le ciel se creusait de trouées lumineuses. Olav Hamsun était en faction depuis plus d'une heure au volant de sa Mini rouge barrée d'une large bande médiane de couleur crème. Il avait froid à bord du petit véhicule, malgré son pardessus de demi-saison.

Il guignait de loin la porte d'une coquette demeure, désespérant de la voir s'ouvrir jamais. Il trouvait le village d'Hampstead ravissant. Situé au nord de Londres, qu'il domine, l'endroit est habité par des intellectuels : artistes, écrivains, gens de cinéma. Il y règne une atmosphère de vacances à laquelle le jeune Norvégien se montrait sensible.

Malgré la longueur de son attente, il restait stoïque. Son pays nordique enseigne avant tout la patience. Le temps n'y a pas la même densité que dans les régions où le soleil est généreux.

Passionné d'architecture, Hamsun scrutait les résidences de cette localité pleine de charme, cherchant à comprendre pourquoi tant d'agrément s'en dégageait. A différentes reprises, il avait tiré un livre de son manteau pour croquer dans les marges les détails d'une façade, d'une porte ou d'un perron ; mais vite il abandonnait son dessin pour revenir à sa surveillance.

La porte s'ouvrit enfin et lady Mary parut, tenant un garçonnet par la main. L'épouse de sir John lui sembla plus belle et plus racée qu'au cours de la soirée chez son beau-père. Dans son manteau vague, brun, garni de fourrure claire, coiffée d'une toque et chaussée de bottes souples, la marquise [1] avait fière allure. Sir Robespierre, par contre, ressemblait à un rejet plus ou moins taré. Ses longues dents de rongeur apparentaient sa mâchoire à celle d'un mulot. D'énormes oreilles décollées et rougeoyantes achevaient de « crétiniser » sa face de bêta vacillant car il tremblait sur ses jambes grêles qu'on aurait cru dessinées par Salvador Dali.

La mère et l'enfant prirent sur la gauche pour remonter la rue. Olav quitta sa Mini et se mit à les suivre. Ils parcoururent quelques centaines de mètres, obliquèrent dans une voie transversale et s'arrêtèrent devant la grille d'une *public school*.

Après qu'elle y eut déposé son fils, lady Mary rebroussa chemin. Hamsun pénétra dans une librairie pour ne pas se trouver nez à nez avec elle. Lorsqu'elle fut passée, il reprit sa filature.

La bru de lord Bentham gagna démocratiquement la tête de ligne du métro. Après une brève hésitation, le Norvégien en fit autant, attentif à ne pas être vu. Il s'y prit de telle sorte qu'il monta dans la même voiture qu'elle, mais par la deuxième porte.

A cette heure de la matinée, la fréquentation chutait et il dut s'asseoir rapidement, en se penchant fortement, comme le font certains vieillards.

Quand, à l'approche de Londres, la rame se peupla, il se leva, s'inséra dans le flot des usagers qui venaient de monter et se dirigea vers le secteur où se tenait lady Bentham.

Il s'assit à quelques places d'elle, faisant mine de lire un traité sur le style victorien. Il parcourut trois ou quatre fois la

1. En Angleterre ce titre est porté par le fils aîné d'un *duke* quand celui-ci possède les deux titres.

même page avant d'en capter le sens. Cette période architecturale avait consisté à surcharger la pureté des immeubles de brique par de la pierre, des colonnes et des balcons pompeux. Une frénésie ostentatoire déferla alors sur l'habitat londonien.

Olav songeait que chaque époque imprime sa marque à la société et que, bonnes ou mauvaises, ses initiatives contribuent au développement des cités.

Il se décida enfin à redresser la tête, et aussitôt « sentit » le regard de lady Mary. Il eut un tressaillement réussi, rougit agréablement et alla s'incliner devant la marquise avec une timidité charmante que la dame apprécia.

Une place se libéra en face d'elle, et il lui demanda la permission de la prendre. Leur conversation fut languissante au début car ils ne savaient rien l'un de l'autre. Enfin, ils s'enhardirent à échanger des considérations sur leurs vies. La beauté un peu féminine du Nordique déroutait la marquise, la troublait aussi. Olav possédait de longs cils dont il jouait de manière irrésistible. Ses yeux avaient d'étranges langueurs qui précipitaient la respiration de sa voisine.

Lorsqu'elle descendit à Oxford Circus, c'est très naturellement qu'il lui emboîta le pas. Une gêne les saisit lorsqu'ils furent sur le trottoir populeux.

– Eh bien, j'ai été ravie de vous revoir, fit-elle.

Il acquiesça ; son visage restait tendu, pensif.

– Permettez, murmura-t-il.

Il prit son stylo, écrivit son numéro de téléphone sur la page de garde de son livre, l'arracha sans vergogne et la lui présentant :

– Peut-être trouverez-vous ma conduite incorrecte, dit Hamsun, et si c'est le cas, il faut me la pardonner : songez que je suis un étranger débarqué d'un pays froid.

Interdite, elle considéra la feuille effrangée où figurait le numéro.

Il eut un mouvement insistant et elle prit le papier.

– Je vais rentrer chez moi pour attendre votre appel, déclara angéliquement le jeune homme.

Il s'inclina sans la quitter du regard. Ses prunelles possédaient une brillance qui la bouleversa. Un mystérieux sourire vint à Olav.

– C'est certainement fou, mais j'ai confiance, assura-t-il. Mon père, le pasteur, affirme que le Seigneur partage nos envies quand elles sont pures et que, si elles sont impures, c'est le démon qui nous assiste. L'essentiel, c'est d'être aidé, n'est-ce pas ?

Il s'éloigna dans la foule. Sa chevelure d'or flotta longtemps sur la masse terne des badauds. Lady Mary finit par froisser le papier et le jeta sur la chaussée.

17

Ils sortirent de leur « nid d'amour » à trois heures du matin et prirent la petite Hilmann de Victoria, stationnée dans la venelle des anciennes écuries.

Ils emportaient un sac de plage lesté de leur « engin ». Il pleuvait : une pluie mouillée dont les grosses gouttes éclataient tels des fruits mûrs.

Les rues ne sont jamais totalement vides dans les métropoles ; la circulation est clairsemée, voire inexistante par instants, sans que cessent complètement les vrombissements de quelque moteur.

Ils mirent près de trente minutes pour accéder à la mélancolique banlieue où demeurait Charles Newgate, le kinési condamné à mort. De charmante humeur, sir David fredonnait un air des Beatle's nouvelle manière. Ayant pleinement réalisé la nature de son sentiment pour la nurse, il lui semblait que son existence s'en trouvait totalement modifiée.

Son nanisme devenait davantage supportable.

Lorsqu'ils atteignirent le parc où le masseur entretenait ses muscles, l'averse avait cessé. L'endroit était désert et, dans l'obscurité, prenait un aspect sinistre.

Ils remisèrent leur voiture derrière un atelier désaffecté, se munirent du sac et marchèrent jusqu'au pylône dont les fils à haute tension produisaient un craquettement de cigales.

– Etes-vous bien certain de votre fait, sir ? s'inquiéta Victoria en le voyant déballer lc matériel qu'il avait préparé.

– N'ayez aucune inquiétude, ma chère, je suis particulièrement doué en électricité.

Il déroulait une bobine de fil métallique très mince terminé par un grappin. Lorsqu'il l'eut développé, il prit de forts gants de caoutchouc, les enfila calmement et recommanda à sa compagne de s'éloigner par mesure de sécurité.

Elle suivait ses gestes passionnément. Il émanait de la concentration du nain une énergie impressionnante. On le sentait plein d'une intense détermination que rien n'aurait pu détourner de son cours.

Il avait lesté la base du crochet à trois branches d'une grosse olive de plomb afin de pouvoir assurer son jet. Il exécuta quelques moulinets en visant le câble le plus bas et lança le grappin. L'objet produisit une sorte de froissement sifflant. Sir David le perdit de vue, à cause de l'obscurité. Il tira sur le fil d'acier. Pendant quelques instants, celui-ci se laissa haler, puis opposa une résistance. Malgré l'insistance de sir David, le grappin demeura bloqué. Satisfait, le nain s'approcha de la barre de fer bordant le terrain et y attacha l'autre extrémité de son filin. Il entortilla le fil excédentaire sur la rampe métallique pour qu'il ne tombe pas sur le sol où il aurait formé une prise de terre. Ses gestes semblaient gourds, à cause de ses gants.

Quand il eut achevé sa besognc, il rejoignit Victoria.

– Formidable ! se réjouit la jeune femme.

Elle alla chercher le sac et examina soigneusement le sol, pour le cas où ils auraient laissé des traces.

Ils retournèrent à la voiture, regardèrent longuement autour d'eux avant d'y prendre place. Mais l'endroit paraissait définitivement déserté par le genre humain. Partout, ce n'était que désolation, vide cosmique, désespoir d'une nature qui avait eu la malédiction de ne pas intéresser les promoteurs immobiliers.

Ils regagnèrent leur home après avoir remisé l'auto à la place homologuée par les services municipaux.

Comme ils n'avaient pas eu leur compte de repos, ils se recouchèrent et firent l'amour avant de s'engloutir dans un sommeil qui confinait à l'enchantement.

18

Ce fut le téléphone intérieur qui les éveilla. Sir David enclencha la touche du petit clavier fixé sur sa table de chevet. Aussitôt, la voix ferme de sa mère acheva de le ramener aux réalités.

– Pouvez-vous venir immédiatement ?

– Je suis encore au lit, mère.

– Et il vous faudra combien de temps pour en sortir ? Elle raccrocha sans attendre la réponse.

Le nain avait toujours senti peser sur sa chétive existence la férule de la duchesse. Ce qu'il respectait chez elle, c'étaient son intelligence et sa vivacité d'esprit. Il lui portait une obscure tendresse qui le gênait quelquefois.

Il se leva rapidement, passa une robe de chambre, se vaporisa le visage de son eau de toilette, se coiffa à la brosse et s'en fut prendre le souterrain.

Lady Muguette se trouvait dans son atelier, vernissant l'une de ses dernières toiles jugées suffisamment sèches.

– En pyjama à quatre heures de l'après-midi ! fit-elle froidement. Je pense que votre oisiveté vous fait perdre contact avec la vie.

Elle-même portait une salopette verdâtre, maculée de peinture, tandis qu'un bandeau d'écaille blonde enserrait sa chevelure. Elle lui fit songer à une pompiste de station-service.

– Le « temps » imparti aux nains n'est pas celui de tout le monde, mère, répondit David.

– C'est là une considération oiseuse, mon cher enfant ! La taille ne doit pas influer sur le comportement d'un homme. Vous êtes intelligent, vous possédez une certaine culture et vos relations sexuelles avec miss Victoria me semblent plutôt normalisées. Votre père, vous le savez, se tourmente autant que moi à votre sujet : nous craignons beaucoup de votre inaction, d'autant que vous n'avez pas un caractère de tout repos ; mais laissons cela pour le moment. Je voulais vous entretenir de votre ami norvégien que je n'ai pas l'heur de connaître puisque je me trouvais en France lorsque vous l'avez convié à dîner.

Le petit être sourcilla.

– Eh bien, mère ?

– Ce Scandinave désœuvré s'intéresse à lady Mary, votre belle-sœur !

– Qu'entendez-vous par là, mère ?

Ses yeux étaient devenus fixes et durs, comme à chaque contrariété.

– Il la suit quand elle fait des courses et lui donne son numéro de téléphone en la suppliant de l'appeler. Ce sont là des manières qu'une épouse loyale ne saurait tolérer.

Elle ajouta, poussée par quelque chauvinisme :

– Un Français s'y serait pris de manière moins brutale, il me semble.

Presque aussitôt, elle regretta cette réflexion en voyant naître un ricanement sur les lèvres de son « anormal ».

– Est-ce la manière de l'exprimer ou la requête, qui vous indigne ? questionna David.

Sa mère lui coula un regard de pitié mêlée de colère.

– Persiflez, mon garçon, persiflez tant que vous le voudrez, mais dites à votre Scandinave de cesser de jouer les soupirants avec notre belle-fille. Expliquez-lui que cette femme est une épouse honnête car, Dieu merci, il en existe encore.

Elle reprit son pinceau à vernir, large et plat et continua d'enduire la toile, signifiant à David que leur entretien devait s'arrêter là.

Le nain eut une brève inclination du buste et repartit de sa démarche ridicule qui évoquait quelque coquelet outragé.

En gagnant son logis, il traversa le salon de lecture où le duc regardait la télévision. David espéra le franchir sans attirer l'attention paternelle, mais le programme qu'on diffusait le fit sursauter et il se rapprocha du poste. On y passait des images sur lesquelles il reconnut le lieu de ses agencements nocturnes.

Une téléreporter blonde, vêtue d'un long manteau de daim fourré, montrait la ligne à haute tension de laquelle pendait un fil pratiquement invisible mais que le zoom rendit présent.

« – C'est ce filin qui a tué six personnes ce matin ! » déclarait la commentatrice.

La stupeur paralysa sir David.

La fille poursuivait, d'un ton dépassionné qui donnait davantage d'intensité à ses propos. Elle racontait que des terroristes, de l'I.R.A. probablement, avaient utilisé ce système pour mettre à mort d'innocentes personnes dont on passa les portraits au fur et à mesure de leur évocation. Le montage avait été exécuté avec soin. On projetait chaque lieu d'électrocution et un cadavre en silhouette noire se dessinait aux places mentionnées, tandis que la photo de la victime s'incrustait au-dessus de l'image.

David vit ainsi défiler la figure de ganache de Thimoty Brown, un cantonnier, celle des enfants Steelwatch, trois frères, foudroyés alors qu'ils se saisissaient de la main courante pour sauter par-dessus, celle du révérend Matthew Borges, électrocuté en compissant l'infernale rampe (ses testicules avaient éclaté lorsque sa miction avait rencontré le métal) et celle enfin de Dolores del Dongo, femme de ménage qui mourut pour avoir voulu couper au plus court en passant sous la rambarde, malgré son fibrome volumineux.

La fille assurant le reportage laissa l'antenne aux studios où un monsieur grave, portant lunettes, avec une plaque d'un pelage écœurant sur le cou, fit les commentaires inhérents au drame. Il assura que toute l'Angleterre se trouvait « sous le choc » après une action d'une telle perfidie. Scotland Yard se montrait convaincu qu'une organisation irlandaise avait perpétré « ce lâche attentat ». On lançait un appel à témoins : toute personne susceptible de fournir des renseignements était invitée à appeler la Police sur un numéro de téléphone dont l'inscription resta sur l'écran pendant la durée des informations.

Lord Bentham fulminait, réclamait l'état de siège, prônait la guerre à outrance contre ces terroristes aveugles qui tuaient sans vergogne des femmes, des enfants, et même des ecclésiastiques. Il convenait de découvrir au plus vite cette racaille irlandaise et de l'anéantir au lance-flammes.

Sir David le laissa à ses rêves génocides et s'en fut rejoindre Victoria.

***

Curieusement, elle qui utilisait fort peu la télévision, avait branché *Channel two* pendant l'absence de son « bébé ».

– Ah ! bien : vous avez donc appris la chose ? fit-il en refermant la porte du living.

Elle acquiesça.

– Notre erreur a été de penser que seul ce crétin de masseur empoignait la barre métallique ! confessa sir David.

Il se montrait déconfit. Le moindre échec l'indisposait.

La jeune femme portait une blouse blanche « professionnelle », mal boutonnée. Lorsqu'elle se déplaçait, le vêtement s'ouvrait, découvrant son duvet frisé. Cela excitait le fils de lord Jeremy. Souvent, il se coulait dans un fauteuil et lui adressait un geste qu'elle connaissait bien ; elle venait alors s'agenouiller au-dessus de lui, encadrant sa tête de ses cuisses à la peau si douce. Elle écartait les lèvres de son sexe à deux mains et le rapprochait insensiblement du visage de David. Il sentait errer sur sa figure comme un souffle embrasé. Il retardait le plus possible le moment de joindre sa bouche au pubis. Doux supplice infligé de manière perverse avec, toutefois, une sorte d'innocence forcenée. Cela appartenait au rituel. Il existait une foule de détails auxquels tenait le nain. Bien qu'il n'eût pas « le cœur à ça », il se laissa entraîner dans l'enchantement sexuel qu'elle lui offrait.

Elle prit un plaisir aigu qui la fit glapir. Il se contenta du bonheur donné et de la saveur fabuleuse envahissant son palais.

Ils restèrent un moment immobiles, lui toujours allongé dans le fauteuil, elle, lovée entre ses jambes. Chaque fois, il leur fallait cette période de récupération qui les maintenait hors du temps et des réalités.

Ils laissèrent se calmer leurs respirations. Ensuite elle parla, d'un ton serein.

– Vous rendez-vous compte, sir, de la chance que nous avons ?

Il crut qu'elle risquait une mauvaise plaisanterie et s'en formalisa :

– Quelle idée !

Alors elle se plaça à genoux, face à lui pour bien le regarder en face.

– Le hasard est un grand maître qui nous fournit la marche à suivre dorénavant : ce trop-plein de morts est providentiel puisqu'il fait croire à une action terroriste. Il ne s'agit plus d'un assassinat, mais d'un massacre aveugle ! Qu'importe que Newgate, le kiné, soit sain et sauf ; après tout, nous l'avions choisi par pure tactique. Le sort modifie harmonieusement nos plans, sir. Maintenant, il faudra que les gens dont nous souhaitons le trépas périssent dans des actions collectives. C'est bien plus efficace que ce que nous avions échafaudé !

Il bondit.

– Mais oui ! Mais bien entendu ! Ah ! géniale Victoria, que ferais-je sans vous ?

Il se pencha, la prit dans ses bras et écrasa ses lèvres encore tout imprégnées de son intimité sur celles de la nurse.

Leur baiser fut délirant. Ils s'aimaient à en perdre le souffle, la raison et la vie.

Afin de fêter ce qu'ils considéraient comme un événement capital, ils burent la moitié d'une bouteille de porto.

Le nain qui supportait modérément l'alcool passa vite de l'euphorie à l'angoisse. Les paroles de sa mère lui revinrent alors à l'esprit et il s'en ouvrit à Victoria.

– Lady Bentham a reçu les doléances de sa bru à propos de notre ami norvégien. Elle s'est plainte qu'il lui fasse la cour ; pensez-vous qu'il faille nous en séparer ?

– Gardez-vous-en bien ! s'écria Victoria, la réaction de lady Mary prouve qu'elle a été sensible à l'hommage de ce beau garçon ; elle réagit en honnête femme, c'est-à-dire en dénonçant le mal pour tenter de s'en protéger. Qu'il continue son travail de conquérant et son obstination aura raison des pruderies de cette hypocrite.

Là encore, David rendit grâce à la psychologie de celle qui, progressivement, investissait son existence.

Elle devenait son ange gardien.

19

Les Bentham possédaient un médecin de famille, plus âgé que le lord, qui s'obstinait à ne pas prendre sa retraite. Comme il avait doublé le cap des quatre-vingts ans et que des rhumatismes articulaires accentuaient les méfaits du temps, il partageait sa clientèle avec son fils, Harry, un homme blafard et pieux dont l'haleine incommodait ses malades. Ce praticien de quarante-cinq ans avait été marié à une doctoresse spécialisée dans la pédiatrie, qui le quitta peu de temps après leur mariage pour le directeur du dispensaire où elle exerçait.

Ce fut lui qui reçut sir David.

D'une taille élevée, il méprisait les nains. Le fait que David fût fils de lord compensait peu la répulsion qu'il lui causait.

Il l'écouta cependant avec une attention scrupuleuse. Son patient se plaignit de violents maux de tête accompagnés de vertiges. Ses douleurs siégeaient sous la voûte crânienne. Le Dr Kirkpatrick junior lui posa une série de questions d'une voix languide, puis le confia à une assistante brune vêtue d'une blouse verte qui lui atteignait tout juste les rotules. Cette personne dirigeait la partie radiologique du cabinet.

Nantie des instructions du praticien, elle effectua une série de radios et se retira pour les développer.

Pendant son absence, le nain dévissa prestement la carène de l'appareil et intervertit deux câbles d'acier tressé, dans l'espoir qu'à la prochaine mise en marche, il se produirait un court-circuit. Il allait jusqu'à souhaiter une avarie plus grave qui priverait l'infect Kirkpatrick de son monumental instrument pour une durée prolongée.

Lorsque l'opératrice revint, elle dit au nain que les radios étaient réussies et qu'il n'y avait pas besoin de les recommencer. David s'en réjouit.

La fille en blouse courte le reconduisit au cabinet où l'homme de l'art examinait les clichés sur une plaque de verre lumineuse. Il restait compassé, raide et hostile. A la lumière laiteuse du lecteur de radios, son visage évoquait celui d'un individu momifié dans les catacombes de Palerme : faciès d'inquisiteur, nez crochu, denture mal contenue par une bouche sans lèvres.

Lorsqu'il eut terminé son examen, il éteignit son écran de verre et vint se rasseoir en face de son client, l'air indécis.

– Cela fait combien de temps que vous souffrez de la tête, m'avez-vous dit ?

– Dix jours.

Son vis-à-vis haussa les épaules.

– Difficile de porter un diagnostic clair. Je vais vous prescrire des antalgiques. Si vos douleurs persistaient nous vous ferions passer au scanner.

La visite s'acheva sur cette perspective...

Victoria l'attendait dans l'antichambre, l'air anxieux ; il la rassura d'un sourire.

Tom Lacase lisait au volant de la Rolls. Son maître utilisait de plus en plus ce solennel véhicule qui le soustrayait aux yeux de la rue. Les autres constituaient son cauchemar. Il aurait voulu anéantir ces regards curieux ou pleins de pitié qui s'attachaient à lui.

Il s'engouffra dans la grosse voiture et sauta comme un chien sur la banquette arrière. Victoria le rejoignit d'un mouvement plus lent, plus étudié.

« C'est elle qui paraît être de la caste », songea-t-il.

– Que vous a dit le docteur, sir ? demanda la nurse.

Il apprécia son inquiétude. Il existait donc quelqu'un qui s'intéressait à lui !

– Des fadaises médicales, bougonna-t-il. Ces gens sont des perroquets qui récitent leur savoir sans y penser.

Il sortit de son veston une liasse de feuillets à en-tête du médecin.

– J'ai eu l'opportunité de lui dérober quelques ordonnances vierges qui nous permettront d'obtenir certains produits prohibés.

Son larcin le rendait guilleret.

Comme le serviteur noir attendait ses instructions, il demanda à Victoria l'adresse de son premier amant. Elle la lui donna spontanément et il la répercuta à Tom.

***

L'ancien condisciple de la nurse habitait Essex Road où il gérait un magasin de photocopies au matériel sophistiqué : « Copy-Quick ».

David fit stopper la voiture en face de la boutique où deux filles manipulaient les appareils. Il aperçut, au fond du local, un homme jeune, au crâne dégarni, occupé à téléphoner. Il commençait d'acquérir une corpulence encore « mal placée », mais qui aurait dû lui composer une silhouette de bourgeois d'ici quelques lustres si le fils de lord Bentham n'avait décidé d'abréger son existence.

– C'est l'homme au pull-over jaune ? questionna le nain.

– Oui, sir.

– Je rêve pour lui d'une fin particulièrement « sévère ». La manière dont il a abusé de vous est abjecte et mérite un châtiment exemplaire.

Il ne parvenait pas à se détacher de la boutique emplie d'une surprenante lumière bleutée.

Son regard malveillant enregistrait tout, avec une méticulosité mécanique. Doté d'une extraordinaire mémoire visuelle, il serait capable, des années plus tard, de dresser avec exactitude la description des lieux.

Il toqua à la vitre qui les séparait du conducteur et lui fit signe de repartir.

– Où allons-nous, sir? demanda Lacase dans le vieux conduit acoustique auquel le lord tenait autant qu'à sa Rolls-Royce.

– A la maison, répondit le nain.

Pendant qu'ils roulaient en direction de Mayfair, il commença à ourdir des plans de massacre qui, en fin de compte, ne lui plaisaient guère. Il se convainquait que Victoria lui apporterait des solutions satisfaisantes, mais un sot respect humain le retenait de la consulter.

Après tout, n'était-ce pas un ancien amant de la jeune femme qu'il entendait occire?

Il mettait un point d'honneur à trouver tout seul la manière idéale d'en finir avec le directeur de Copy-Quick. Il fallait agir sans qu'un seul instant son intervention fût décelable. Pour obvier à ce risque capital, il devrait se surpasser.

20

Sir John trouva dans son courrier une fort aimable lettre d'Olav Hamsun les conviant à dîner, son épouse et lui, au restaurant chinois du *Dorchester*.

Au cours de leur rencontre chez ses parents, l'avocat d'affaires avait révélé sa prédilection pour la cuisine asiatique, il fut donc touché que le Norvégien s'en soit souvenu. Sans consulter sa femme, il téléphona au jeune homme pour lui donner son accord.

De retour à son domicile, il informa la marquise de cette invitation. Lady Mary devint écarlate, sa surprise fut si vive qu'elle n'eut pas la présence d'esprit de refuser. Le repas étant prévu pour le début de la semaine suivante, elle se promit d'alléguer un ennui typiquement féminin pour le décliner. La digne personne souffrait de règles douloureuses qui la contraignaient à rester couchée pendant un jour ou deux. Las, son argument tomba le soir même. Elle décida alors d'inventer un autre prétexte. Pas un instant l'idée ne lui vint d'avouer la vérité à son époux. John se montrait malcommode dans la vie conjugale. Ployant sous les soucis professionnels, encombré de maîtresses stupides, plus ou moins fatigué aussi par une vie nocturne qu'il croyait indispensable à sa réussite, il témoignait beaucoup de froideur à sa femme et prétextait une jalousie qu'il éprouvait modérément pour la dominer.

La marquise prenait ce sentiment feint pour une preuve d'attachement, ce qui ajoutait à ses scrupules d'honnête femme ; c'est pourquoi la tentative de séduction du jeune Norvégien revêtait à ses yeux les chatoiements et les maléfices du péché.

Elle garda la chambre durant trente-six heures. Cet orage mensuel la laissa, comme chaque fois, dolente et triste. Au cours de cette brève période, elle avait pensé fortement au Scandinave à la chevelure d'archange. Son fin visage la hantait. Des rêveries coupables la harcelaient. Elle se comportait commes les héroïnes de romans du XIXe siècle, mais sans en ressentir vraiment de la honte.

Au fur et à mesure que le jour du dîner chinois approchait, l'angoisse de Mary croissait. Elle se jugeait en péril. Un instant, elle envisagea d'aller avouer ses tourments à sa belle-mère dont elle appréciait le cartésianisme. Ce qui la retint, ce fut la certitude qu'une mère, eût-elle « l'esprit large », ne pouvait rester impartiale dans un cas de conscience dont son fils risquait de pâtir.

Le lundi arriva alors qu'aucune solution n'avait prévalu. Elle était comme déserte, privée de toute émotion. Lorsqu'il fut l'heure de s'habiller, elle le fit mornement, s'appliqua à choisir une tenue assez chagrine d'épouse résignée, dans les tons gris et jaune. En passant la chercher, son mari s'en montra irrité et, assez sèchement, la pria de mettre une toilette moins neutre. La dame qui ne demandait que cela troqua la méchante robe contre un tailleur de soie noire à col fuchsia et sortit du coffre une parure de diamants qui fit étinceler son décolleté.

Quand le couple parvint au *Dorchester*, il accusait vingt bonnes minutes de retard. Hamsun les attendait à une table longeant le mur. Il parut si beau à la marquise qu'elle bredouilla n'importe quoi pour répondre à sa phrase de bienvenue. Il portait un smoking très romantique, à col châle. Il sembla à lady Mary que ses cheveux avaient beaucoup poussé depuis leur dernière rencontre, accentuant son visage séraphique ; on se serait attendu à le trouver nanti de trois paires d'ailes.

Instantanément, leurs regards communièrent dans un élan qui rejoignait la ferveur.

Il fit placer les époux sur la banquette adossée au mur, se réservant la chaise qui leur faisait face. Lorsque le maître d'hôtel présenta le menu, Olav les informa qu'il l'avait préalablement composé, mais que si quelques autres plats les tentaient, il les ferait ajouter.

Le repas fut remarquable et confinait au sublime. Hamsun choisit un champagne rosé de grande marque, il le voulut en magnum parce qu'il tenait d'un ami français que la divine boisson gagne à être servie dans des flacons de forte capacité. Ce perfectionnisme enchanta le marquis. Les plats sucrés ou épicés engageaient à boire, ce qu'ils firent d'abondance.

Vers le milieu du repas, sir John reçut un appel sur son bip qu'il portait derrière sa pochette. Il pria ses compagnons de table de le pardonner et gagna le téléphone.

Il s'agissait de sa maîtresse du moment, une théâtreuse sans talent excessif, qui exigeait de lui parler pendant l'entracte de la comédie musicale où elle se produisait.

Cette absence impromptue arrangeait les affaires d'Olav qui n'en espérait pas tant. S'inclinant sur la table constellée de plats colorés, il déclara, le regard brillant :

– C'est le Seigneur qui nous ménage ce bref tête-à-tête. Sachez que je vous attendrai toute la journée de demain dans mon appartement 128 Bloomsbury Street. Si vous ne m'y rejoignez pas, je crois que j'en mourrai.

Ayant dit, il chercha de l'incrédulité dans les yeux de son invitée.

N'en trouva pas.

21

Sir David qui ne parvenait pas à s'endormir se leva sans éveiller Victoria. Il savait que le sommeil ne viendrait pas ; un tourment lancinant, presque physique, le poignait. Depuis qu'il avait aperçu le premier amant de la nurse, tout son être se trouvait en révolution. Jamais jusqu'alors son besoin de tuer ne l'avait mis dans un pareil état de rébellion générale. Il en voulait à l'homme d'être aussi quelconque. Qu'elle ait eu des amants avant de le rencontrer lui paraissait chose normale, mais que ceux-ci fussent communs blessait son orgueil.

Le nain s'habilla en petit garçon, ce qui était la seule possibilité pour lui de se travestir. Vêtu de culottes courtes, d'un pull de couleur grise, d'une veste à écusson, d'un manteau au col écossais, coiffé de son béret de highlander, il ressemblait à un pensionnaire d'école huppée.

Il se munit de différents accessoires, dont sa sarbacane qui suppléait son pistolet-jouet dans certains cas et sortit sans bruit.

David se déplaçait rarement seul et presque jamais de nuit, mais cette fois, il ressentit une griserie à arpenter les artères de Londres à une heure tardive, point trop avancée cependant. La circulation maîtrisée gardait à l'immense métropole une vie grondante qui le rassurait.

Essex Road se situant loin de chez lui, il prit le métro et s'installa dans une voiture à peu près vide.

Pendant que les stations s'égrenaient, sir David se demandait de quelle façon il allait s'y prendre pour occire le premier amant de Victoria. Il avait réuni quelques renseignements sur ce personnage avec un maximum de discrétion. Savait qu'il habitait au-dessus de sa boutique et qu'il vivait en compagnie d'une de ses auxiliaires. Au cours du trajet, il tentait de se convaincre que son entreprise contrevenait à la prudence. Le meurtre du directeur de Copy-Quick amènerait la Police à soupçonner toutes les personnes qui, au cours de sa vie, avaient été amenées à le haïr.

« Je commets une folie ! se répétait-il. Un seul faux pas peut provoquer une catastrophe ! »

Cependant il allait, poussé par une force aveugle.

Il descendit à la station précédant son point de destination, pour terminer le chemin à pied. Le quartier excentré d'Islington connaissait un calme torpide. Le nain raffolait de ces rues désertes dont la « respiration » ressemble à celle d'un homme endormi.

A mesure qu'il s'approchait de Copy-Quick, une paix bienfaisante l'investissait. Il maîtrisait complètement la situation et jugeait stupides ses alarmes précédentes.

En Angleterre, les nuits sont davantage feutrées que partout ailleurs. Les villes paraissent se pelotonner sur elles-mêmes, avec la farouche détermination de ne rien vouloir connaître d'une vie qui se poursuivrait ailleurs.

Sir David se plaça dans le renfoncement formé par une palissade de planches protégeant un magasin en réfection.

Il prit dans sa poche un bâton incendiaire, le prépara avec minutie, puis, après s'être assuré que la rue demeurait vide, s'en fut délibérément l'introduire par la fente ménagée dans la porte de Copy-Quick à l'intention du courrier. Il retourna ensuite à sa cachette. Des sacs de gravats résultant des travaux demeuraient sur place ; il se réfugia derrière eux.

Du temps s'écoula. Il ne percevait aucune lueur, pas le moindre bruit anormal. Il pensa que son engin avait fait long feu. Pourtant, en homme résolu, décida de patienter encore.

Soudain, dans l'apathie ambiante, il entendit un léger sifflement auquel, très vite, succéda une clarté orangée.

Au bout d'un moment qui lui sembla interminable, la lumière en question diminua d'intensité. Là encore, David crut que son attentat capotait. Aussi fut-il empli d'enthousiasme lorsque la nitescence repartit avec impétuosité. Elle mit rapidement un flamboiement dans la rue.

« Magnifique ! » triompha le nain.

Il attendit dans les transes. Mais ces diables de Londoniens ne s'arrachaient pas à leur sommeil de brutes. Ils paraissaient engloutis au sein de leur quartier.

Enfin, quelqu'un remonta sa fenêtre et une voix éraillée se mit à crier « Au feu ! ». Sir Bentham junior n'avait jamais entendu hurler ces deux mots qu'il trouvait infiniment ridicules. Selon lui, ils appartenaient à un répertoire pour bandes dessinées. Ils n'en firent pas moins leur effet car, aussitôt, d'autres gorges les répercutèrent.

Et puis du monde survint. Il y eut des interjections, des cris de peur.

Le nain guettait l'immeuble ardemment. Des fenêtres se levèrent, des gens se penchèrent à leur tour, poussant les mêmes clameurs que leurs voisins d'en face. David eut la joie sauvage de voir surgir l'homme qu'il haïssait, ses rares cheveux ébouriffés, son pyjama rayé déboutonné sur la poitrine.

La rumeur qui s'élevait maintenant de la rue ne lui permit pas d'entendre ce qu'il disait.

Calmement, sir David s'approcha, tenant sa sarbacane dissimulée le long de son avant-bras.

L'homme était dans un état d'affolement tel qu'il n'accorda aucune attention à ce garçonnet qui avait l'air de fumer. Il prit le dard dans le gras du ventre sans paraître en éprouver la moindre douleur. David le retira d'un mouvement sec et enroula paisiblement le fil de nylon qui le transformait en harpon.

Sa petitesse offrait l'avantage de le rendre pratiquement invisible. Lorsqu'il eut récupéré l'aigrette empoisonnée, il la plaça dans une boîte plate.

On entendait des sirènes de pompiers dans le lointain. Le premier amant de Victoria Hunt avait, dans sa précipitation, omis de se munir des clés de sa boutique. Il regardait avec impuissance se développer le sinistre dans cet univers où le papier était roi, certain qu'il n'aurait plus le temps d'intervenir efficacement. Le timbre déchirant des « soldats du feu » s'amplifiait. L'homme se retourna pour guetter l'arrivée du salut. Il n'acheva pas sa volte et s'abattit, foudroyé.

Le nain qui épiait cet instant eut un soupir de bonheur. Il n'attendit pas davantage et s'éloigna discrètement, rasant les murs. Les fulgurances de l'incendie emplissaient la rue de traînées féeriques. Sir David aima ce moment quelque peu apocalyptique. Jusqu'alors il avait ignoré les joies enivrantes de la pyromanie. Ce qui se passait lui ouvrait des perspectives.

***

Quand il arriva dans sa garçonnière, la nurse l'attendait au salon, les traits tirés par l'inquiétude. En le voyant surgir, elle poussa un cri de délivrance et se précipita sur lui avec une fougue juvénile qui le ravit.

– Mon Dieu, comme j'ai eu peur ! s'exclama-t-elle.

Des larmes coulaient sur son menton, dont elle ne semblait pas consciente. Ebloui par cet élan d'amour spontané, d'amour éperdu, il l'enlaça et se mit à la bercer.

Respectueuse de ses agissements, elle ne se permit aucune question à propos de sa sortie nocturne, mais il la mit au courant de son équipée. Elle lui fut reconnaissante d'avoir supprimé le directeur de Copy-Quick ; malgré tout, elle s'inquiéta :

– N'est-ce pas d'une grande imprudence, sir ?

– Non, assura-t-il, car je vous prends le pari qu'on croira à une mort naturelle : ce goret sera défunté d'émotion en voyant flamber sa boutique.

Comme leur étreinte les incitait à des jeux plus poussés, ils firent l'amour sur le tapis. Elle hurla de jouissance. David en éprouva une immense fierté et, pour la première fois de sa pauvre vie, oublia qu'il était nain.

22

Elle se sentait effarouchée. En tournant le coin de la rue, des figures de romans lui vinrent à l'esprit : *Anna Karénine*, *Madame Bovary*, l'*Amant de Lady Chatterley*. Nourrie de lectures, Mary Bentham émaillait sa vie sage de citations littéraires ou d'évocations relatives à des personnages livresques. Ces héroïnes mariées qui avaient fauté étaient, en réalité, les prototypes de femmes bien réelles. Elles essayaient de lutter, tout en sachant la partie perdue (ou gagnée ?) d'avance. Et cet émoi fait de crainte, d'effarouchement, donnait du sel à l'aventure. Il fallait que leur conscience regimbe pour que la chute soit pleinement délectable.

En s'approchant de la garçonnière du Norvégien, elle s'efforça au calme et, pour « s'affermir », pressa le pas, alors que ses jambes tremblaient et que son cœur malmenait toute sa poitrine.

Olav Hamsun habitait au rez-de-chaussée. Son logis comprenait un living, une chambre flanquée d'une salle de bains en marbre noir et une kitchenette pour maison de poupée. La porte-fenêtre du séjour donnait sur un minuscule jardin coincé entre deux murs d'immeubles en briques sombres. On avait tendu des croisillons de bois sur ces derniers et fait pousser un lierre épais, au large feuillage vernissé. Une balancelle et deux chaises de fer occupaient la presque totalité du petit espace. Le Scandinave mettait à profit les ultimes beaux jours de l'automne pour travailler à l'extérieur. Une planche à dessin sur les genoux, il amorçait des esquisses qu'il reprenait sans cesse, à la recherche d'une perfection illusoire.

Le timbre de l'entrée le fit tressaillir. Il s'agissait d'un coup de sonnette impérieux, presque violent par son prolongement.

Coupé dans son inspiration, il posa sa planche et alla ouvrir. Il fut abasourdi de se trouver face à la marquise. Une partie de la journée, il avait espéré un appel téléphonique ; pas un instant il n'avait cru à une visite de sa part, l'ayant jugée bien trop prude pour se risquer chez un homme seul. Son air de complet saisissement fit sourire Mary.

– Je parie que je suis importune ? fit-elle, s'efforçant d'assurer sa voix.

Olav réussit un mouvement de dénégation. Il était vêtu d'un training rouge à bandes blanches dont le haut s'ouvrait jusqu'à son nombril.

Gauchement, il s'effaça pour lui permettre d'entrer. Ensuite, il referma la porte précipitamment comme s'il craignait qu'elle rebrousse chemin.

– Avouez que je vous dérange ? reprit Mary Bentham.

– Grand Dieu ! comment pouvez-vous employer un tel mot ? Je ne vous espérais pas, fit-il, soudain volubile. Du moins pas... comme ça.

– La bienséance aurait voulu que je me fasse précéder d'un coup de téléphone, je sais ; mais je ne m'en sentais pas le courage. Je pense que si je l'avais fait, je n'aurais plus osé venir ensuite. Stupide, n'est-ce pas ?

– Je comprends parfaitement ! assura Olav.

Il rajustait son survêtement, tentait de recoiffer sa tignasse blonde de ses doigts écartés. Il devint écarlate en constatant qu'il portait aux pieds des tennis éculées privées de leurs lacets. Il ne se douta pas que le négligé de sa mise ajoutait à son charme de « chéri scandinave ».

Elle se présentait tout de go, merveilleuse dans une robe marine gansée de satin ivoire.

Elle choisit un siège bas, devant la cheminée où se consumait un feu de tourbe maigre en calories, s'y assit en serrant ses longues jambes comme le savoir-vivre lui en faisait le devoir.

Brusquement, Olav se sentit emporté par une capiteuse allégresse. Il ne s'agissait pas d'un sentiment de victoire, plutôt de reconnaissance. La venue de lady Mary devait être considérée comme un somptueux présent. Il se refusait à la brusquer. Entendait jouer son rôle de beau garçon venu d'ailleurs. Il convenait de lui plaire, de la séduire par des délicatesses d'adolescent, et non de la bousculer comme un chiot pataud. Cela devait constituer une conquête patiente et, pour tout dire, romanesque.

– Je suppose que je devrais vous offrir du thé, mais je n'entends rien à sa préparation. Me prendriez-vous pour un charretier si je vous servais un peu d'aquavit fabriqué par mon oncle paternel ?

– Je ne bois pratiquement jamais d'alcool, répondit-elle.

Il perçut qu'elle était sur le qui-vive, à cause de cette proposition insolite et regretta sa sottise.

– Veuillez me pardonner ; chez nous, les femmes du meilleur monde apprécient l'aquavit par les grands froids.

– Nous sommes dans un pays relativement tempéré, objecta lady Bentham.

La contrition de son hôte la fit sourire. Son côté grand garçon empêtré l'attendrissait.

– Votre voyage d'études se passe bien, mister Hamsun ?

Elle venait d'apercevoir la planche à dessin, dehors. Une feuille sommairement fixée palpitait comme l'eau morte sous le vent.

– Il est très enrichissant, admit le Norvégien.

Il se leva pour aller prendre deux pommes rouges dans un compotier, les fourbit en les frottant sur sa manche, puis en tendit une à sa visiteuse.

– Acceptez au moins ceci, ce fruit est pour le moment sans alcool puisqu'il n'a pas fermenté.

Elle le jugea touchant, riche d'une grâce juvénile qu'on ne découvrait pas immédiatement. Lady Mary saisit la pomme, leurs doigts se frôlèrent.

Elle faillit mordre dans le fruit, le sens des convenances l'en empêcha.

– Je vous prie de m'excuser pour l'autre jour, dit Olav, j'avais perdu la tête.

Elle s'abstint d'entrer dans le sujet, préférant éluder son coup d'audace. La voyant si noble, si maîtresse d'elle-même, il ne comprenait plus sa conduite de l'autre soir. Sa visiteuse l'impressionnait par sa classe et sa dignité souveraine.

– Vous avez revu mon beau-frère ? s'informa-t-elle.

– Non.

– Ce garçon vous intéresse ?

– A dire vrai, il me fait profondément pitié. C'est un être douloureux. Sa situation doit être terrible à assumer.

Ce discours allait à l'encontre des sentiments de Mary.

– Je le tiens pour un pervers, assura-t-elle sèchement.

– Si c'est le cas, il a des excuses, ne pensez-vous pas ?

– Peut-être, mais je suis persuadée qu'on ne doit pas répondre au malheur par la méchanceté.

– Vous le préféreriez dolent et brisé par son infortune ? Voyons : il connaît la pire des afflictions ; il essaie de trouver un palliatif à sa misère. Vous portez sur lui un jugement extrême ; je doute fort qu'il soit aussi vénéneux que vous semblez le croire. On ne charrie pas de gaieté de cœur une aussi lourde croix.

– Vos paroles prouvent une grande générosité de cœur, mister Hamsun.

Olav eut une moue nonchalante. Il détestait qu'on fasse état de ses qualités supposées. Les compliments le gênaient.

Il questionna brusquement :

– Pourquoi êtes-vous venue ?

– Ne m'aviez-vous point suppliée de le faire ?

Comme il ne répondait pas, elle demanda :

– Vous croyez que je cherche une aventure amoureuse avec vous ?

– Je n'ai pas cette fatuité ; cela dit, je pense qu'une rencontre entre un homme et une femme peut provoquer des perturbations affectives. Ce que je sais, c'est que votre personnalité me fascine et que si, par la grâce du ciel, la réciproque s'opère, nous pourrons peut-être connaître des moments d'exception.

Elle eut un sourire léger, étrange, de madone de la Renaissance.

– Je n'ai jamais trompé mon époux, ni même songé à le faire, assura Mary.

– En ce cas, ne le faites pas, conseilla le Norvégien. Une épouse fidèle à son mari l'est à tous les hommes.

Machinalement, il se mit à croquer sa pomme. Le fruit possédait une pelure très rouge et une chair très blanche. Il le mastiquait avec une belle énergie. Le jus abondant moussait aux commissures de ses lèvres. Lady Bentham dut détourner les yeux pour ne pas trahir l'excitation que lui provoquait cette belle bouche vorace.

Brusquement, Olav cessa de mordre dans le fruit et le jeta dans le feu où il se mit à chuinter.

– Ce qui importe, dit-il avec gravité, c'est que vous soyez là.

Il saisit sa main et l'emprisonna entre ses jambes. Elle ne la retira pas.

Ils restèrent longtemps sans parler. Chaque fois qu'un propos lui venait, Olav renonçait à le formuler pour ne pas rompre la sérénité de l'instant. Tous deux se laissaient voguer au gré de leurs rêveries.

La sonnerie du téléphone fit capoter leur enchantement. Il se leva pour aller répondre. C'était sir David. Celui-ci ne l'avait pas appelé une seule fois depuis son installation.

– Je venais aux nouvelles, déclara-t-il.

Olav éprouva un sentiment coupable, comme lorsqu'on commet une infraction et que l'on est pris en flagrant délit.

– Puis-je me permettre de vous rappeler plus tard ?

– Naturellement, dit sir David qui avait instantanément compris la situation.

Olav raccrocha avec vigueur et rejoignit sa visiteuse. Elle eut un étrange regard et il se demanda si elle n'avait pas deviné l'identité de son correspondant.

23

Quand il souhaitait la prendre dans ses bras, il s'asseyait afin de compenser leur différence de tailles. Victoria se mettait à genoux entre les jambes de sir David, la joue appuyée contre sa poitrine. Chaque fois, les battements accélérés de son cœur l'alarmaient. Elle se reculait pour l'interroger des yeux, alors il la rassurait d'un sourire. Il souffrait depuis l'enfance de tachycardie. Les cardiologues lui prescrivaient des calmants qu'il négligeait de prendre, sauf dans les cas de crise prolongée. La plupart du temps, les choses se normalisaient rapidement. David n'éprouvait aucune angoisse de ces emballements. L'idée de disparaître ne l'effrayait pas; il acceptait sans frémir cette fatalité. Il attendait la mort aussi paisiblement qu'il la donnait.

Pendant que Victoria lui caressait la joue, il sentit s'étendre en lui une onde d'intense félicité.

– Je suis heureux d'avoir supprimé votre premier amant, chère Victoria, soupira-t-il. On peut trouver cela puéril mais l'existence des hommes qui ont eu le privilège de votre corps m'est insupportable. Etes-vous choquée?

– Au contraire, répliqua la nurse, j'apprécie cette preuve d'attachement.

– Les autres vont suivre, promit-il, mais rien ne presse.

Il écarta le col de sa robe de chambre et plongea ses deux petites mains dans le décolleté de la jeune femme.

– Ma mère assure qu'en France, on appelle ce doux endroit le « bénitier du diable », murmura David.

– C'est charmant.

– Croyez-vous qu'un jour nous cesserons de nous désirer ?

– La mort me paraît plus enviable, affirma Victoria.

Abandonnant leur philosophie de boudoir, David déclara d'un ton joyeux :

– J'ai l'impression que les affaires du Norvégien avec ma belle-sœur sont en bonne voie ; je suis prêt à parier qu'elle se trouvait chez lui, tout à l'heure, lorsque je lui ai téléphoné.

– Vous devriez le rappeler, conseilla-t-elle.

Il hésita.

– Je ne voudrais pas perturber un instant délicat si, d'aventure, ils en vivent un. Je l'appellerai plus tard.

L'arrivée inopinée de Tom Lacase fit diversion. Le domestique venait prévenir David que sa mère comptait sur lui pour le dîner.

Le nain cédait presque toujours aux instances maternelles. Cette docilité lui valait une grande clémence pour ses frasques. Il se montrait rarement rebelle, possédant de manière innée le sens du respect dû aux parents.

– Prévenez la duchesse que nous participerons volontiers à ce repas. Savez-vous s'il y aura des invités d'exception ?

– J'ai cru le comprendre, monseigneur.

Le Noir s'approcha d'un pas et, baissant le ton, ajouta :

– Sa Grâce souhaite que vous veniez seul.

Le cadet des Bentham eut un sursaut de révolte.

– Il n'en est plus question, Tom ! Allez informer ma mère que je serai accompagné de miss Hunt ou que je ne viendrai pas.

Il suivit des yeux le départ du valet, bouillonnant d'un courroux qui lui déclencha de nouvelles palpitations.

Victoria intervint :

– Puis-je me permettre de dire à monseigneur qu'il a tort de se rebeller contre une décision de la duchesse qui m'a, jusque-là, accueillie avec courtoisie ; il ne faut pas se formaliser de cette exigence très naturelle.

Mais ce plaidoyer, non dépourvu d'hypocrisie, ne fit qu'attiser la colère du nain.

– N'insistez pas, ma chère : j'irai à ce dîner en votre compagnie ou je n'irai pas.

Elle lui sut gré de rester inébranlable. Pourtant une inquiétude pointait en elle : les Bentham jugeaient-ils que sa présence constante auprès de leur cadet devenait inopportune ? Depuis le début de leur liaison, elle redoutait cet instant, se doutant bien que, malgré l'infirmité de leur fils, ils ne sauraient tolérer longtemps la présence d'une roturière dans son lit.

Que Victoria Hunt le promène dans les parcs londoniens était une chose. Qu'elle partage sa vie publique devenait intolérable.

Quelques minutes après le départ de Tom Lacase, le téléphone interne fit entendre son ronflement.

– Répondez ! ordonna David, et si, comme je le devine, c'est ma mère, dites-lui que je viens de partir chez mon tailleur.

La nurse obéit, mal à l'aise. Il s'agissait de la duchesse en effet.

– Chère Victoria, dit-elle, vous voulez bien venir à mon atelier ?

– Tout de suite, Votre Grâce.

Lady Bentham raccrocha.

Le couple échangea un long regard de détresse.

– La duchesse veut me voir, annonça la nurse.

– Il fallait s'y attendre, dit David.

***

Lady Muguette préparait une toile de fortes dimensions qu'elle enduisait d'une couche préalable de peinture gris clair afin d'en assurer le fond.

Elle reçut la nurse avec un franc sourire.

– Asseyez-vous, ma chère, si toutefois vous trouvez un siège vacant dans mon antre.

Elle trempa sa brosse dans un pot d'essence de térébenthine, l'essuya avec application. Bien qu'elle appelât son atelier « un antre », il s'agissait d'une pièce accueillante dans les vastes combles de l'hôtel particulier. Certes, des toiles neuves et d'autres, peintes, mais qui se trouvaient en disgrâce, s'accumulaient contre les murs, une profusion d'objets hétéroclites s'entassaient, en un bric-à-brac incohérent. Les quelques vieux meubles disparaissaient sous des amas d'étoffes, des piles de gravures, des cartons poussiéreux et des étuis de cuir dont on ne pouvait deviner l'usage initial. Malgré tout, l'endroit conservait un aspect chaleureux. Chacune de ces choses gardait « du caractère » et de la classe. Elles évoquaient les résurgences d'un faste que le temps rendait obsolète.

Malgré l'invite, Victoria demeura debout, immobile, les doigts noués.

– Voyez-vous, miss Victoria, nous n'avons jamais eu de conversation en tête à tête, fit lady Muguette, car il existe une espèce d'accord tacite entre nous. Je vous suis extrêmement reconnaissante de ce que vous faites pour mon fils.

Elle regarda la nurse avec un semblant d'ironie qui la fit rougir.

– Ce garçon que la nature a malmené est heureux de vous avoir rencontrée ; vous constituez pour lui une sorte de providence, ma chère petite. Votre attachement à sa personne le comble et nous enchante, nous ses parents, cependant, nous devons penser à son avenir. Ce que je vais vous apprendre risque fort de vous surprendre. Toujours est-il que nous souhaitons le marier.

Elle acheva d'essuyer ses pinceaux et les rangea dans une grande boîte de bois. Ensuite elle porta les yeux sur le visage de la nurse et le trouva tel qu'elle s'y attendait : pâle et tiré, empreint de la plus grande stupeur.

– Je sais, reprit lady Muguette, cette perspective semble de prime abord impensable, aussi s'agira-t-il d'un mariage purement de raison.

Une bouffée de rage froide fit s'emporter Victoria.

– Il existe une naine à marier dans la gentry britannique ? demande-t-elle.

Lady Muguette (née Lenormand) fut estomaquée par tant d'audace et en eut le souffle coupé. Ses origines modestes prirent le pas sur sa vie d'aristocrate par mésalliance.

– Pas avec moi, petite conne ! s'écria-t-elle (heureusement en français).

Elle récupéra aussitôt son self-control et, malgré sa fureur, parvint à sourire.

– Non, ma chère. La personne que nous envisageons d'avoir pour bru est de taille moyenne. J'ajoute qu'elle n'est ni bossue ni bancroche, non plus que victime d'une maladie de peau. Je vais même ajouter qu'elle appartient à une famille titrée du royaume. C'est elle que nous recevons ce soir.

Tout en parlant, Muguette était abasourdie de voir le regard anéanti de la nurse. « Mon Dieu, serait-il possible qu'elle aime réellement David ? » Pas un instant, après avoir découvert (ce qui n'était pas difficile) la liaison du couple, elle n'avait envisagé qu'il pût y avoir un quelconque sentiment tendre de la part de Victoria. Cela dit, elle avait marqué une certaine surprise en constatant, le temps passant, que la jeune femme se contentait de ses gages. Jamais la moindre cupidité ne s'était manifestée chez elle. « Elle doit attendre son heure », pensait la duchesse.

Lady Muguette enrageait de s'être confiée à cette petite garce britannique. Elle, pourtant si psychologue, venait de commettre une fausse manœuvre irréparable. David, fanatisé par « sa belle », enverrait ses parents au diable avec leur saugrenu projet.

Marie-t-on un homme d'un mètre zéro quatre à une femme de taille normale ? A moins qu'elle n'ait une barbe de patriarche ou une queue de sirène ?

Elles restèrent indécises, se détendant après cet affrontement fulgurant. Une sorte de trêve s'imposa à elles.

Puis la duchesse murmura :

– Ne nous déchirons pas, miss Hunt. Je ne cherche que le bonheur de mon malheureux fils.

– Sir David n'est pas malheureux, déclara hardiment Victoria ; et ce ne sont pas les mères qui ont en charge le bonheur de leurs enfants quand ils sont adultes. Puis-je me retirer ?

Lady Muguette fit un geste signifiant « allez ! ». Malgré cette ultime impertinence de la nurse, sa colère l'avait quittée.

Elle s'assit dans un vieux canapé maculé de peinture séchée.

Au bout d'un moment, elle sonna Lino, le maître d'hôtel, et réclama une bouteille de Château Pétrus. Elle aimait les grands vins, sans toutefois en abuser ; parfois, ils s'imposaient à elle comme une thérapie.

Lorsqu'elle en eut dégusté trois verres, à petites gorgées précieuses, elle se trouva ragaillardie sans être le moins du monde éméchée car elle tenait l'alcool mieux qu'un vigneron.

Muguette Bentham s'apprêtait à quitter son atelier quand le téléphone retentit.

La voix de sir David lui parut empreinte d'une certaine solennité.

– Mère, lui dit-il, miss Victoria vient de me mettre au courant des projets que vous formez pour moi. Ils me semblent plutôt cocasses et je suis tout à fait d'accord pour assister à ce dîner.

24

Quand il fut habillé, sir David s'aperçut qu'il disposait d'une demi-heure avant de devoir gagner la résidence de ses parents. Il mit ce temps à profit pour rappeler le Norvégien.

Olav Hamsun tarda à répondre.

– Est-elle toujours là ? chuchota le nain, quand il décrocha.

– Non.

– Vous êtes seul ?

– Tout à fait.

– Je vous trouve une voix étrange...

– Vraiment ?

– Vous paraissez déprimé.

– Déprimé ? murmura le Scandinave comme s'il comprenait mal le sens de ce mot.

– Triste, ajouta David. Ce rendez-vous se serait-il mal passé ?

– Au contraire...

– Dois-je entendre que vous êtes comblé ?

– En quelque sorte.

Le petit homme exulta.

– Compliments ! Vous allez vite en besogne.

Il y eut un silence tendu.

– Elle fait bien l'amour ? reprit David.

– Je préférerais n'en pas parler, répondit Olav.

– C'est si grave ?

– Je le crains.

Sir David ricana :

– Nous tombons dans le répertoire, mon ami. Vous n'allez pas me sortir les vieilles ficelles du théâtre romantique et des films d'espionnage d'avant la dernière guerre.

– Les vieilles ficelles que vous évoquez sont solides parce qu'elles sont éprouvées. La réalité est que je suis ébloui par la marquise. Je ne vous avouerais pas cela si vous ne m'aviez confié cette singulière et odieuse mission.

Depuis un instant, David avait branché le diffuseur pour que Victoria puisse suivre la communication. La dernière partie de la réplique les fit sursauter.

– Raccrochez ! ordonna la nurse à son oreille.

Il obtempéra.

Le couple se dévisagea intensément.

L'outrage creusait le visage du nain.

– Je le tuerai ! déclara-t-il d'une voix morte.

– Naturellement, renchérit-elle.

– Vous avez entendu ce mangeur de haddock ? Mais pour qui me prend-il ? Pour qui SE prend-il ?

– Il est amoureux, sir.

– Vous pensez que Mary l'aurait séduit en un tournemain ?

– Il semblerait. Le coup de foudre existe. Cette fille rigoriste, refoulée, a dû avoir la révélation de l'amour et exploser.

– Soyez gentille, Victoria, n'appelez pas la marquise Bentham « cette fille », grommela le nain.

La nurse rougit et baissa la tête.

– Qu'allons-nous décider à présent ? poursuivit-il, à court d'idées.

– Attendons, la situation nous dictera notre conduite.

– Vous pensez qu'il va tout révéler à ma belle-sœur ?

– Il hésitera à le faire car il sait qu'il la perdrait en agissant ainsi. Sa position est précaire : sans vous, il redevient un étudiant-trimardeur et la perd également. Il doit déjà regretter son mot malheureux.

Comme elle achevait sa phrase, la sonnerie du téléphone se mit à vibrer.

Victoria eut un sourire de triomphe :

– Que vous disais-je ? Il est affolé par son audace, ce qui prouve que son raisonnement se calque sur le nôtre.

Sir David avançait la main vers le combiné, mais elle intervint :

– Surtout pas, sir ! Laissez cette petite frappe scandinave macérer dans l'angoisse : rien de tel pour la mettre au pas.

David s'approcha d'elle et la prit par les jambes ; on aurait dit un enfant cherchant refuge dans les jupes maternelles.

– Un jour, décida-t-il, j'enfoncerai mon pénis dans la bouche de cette garce et je l'étoufferai de ma semence ; vous le savez, ma chérie ?

– Oui, sir, je le sais.

– Et pendant ce temps-là, vous arracherez avec vos dents les lèvres de son sexe ; vous me le promettez, Victoria ?

– Je vous le promets, sir.

– Et quand son infâme con sera déchiqueté, nous lui enfoncerons dans le ventre le contenu de notre poubelle ; vous êtes bien d'accord, ma belle âme ?

– Pleinement, sir, pleinement.

Il desserra son étreinte et s'allongea en chien de fusil sur la moquette ; il haletait.

– Sir David ! Sir David ! s'écria la nurse, affolée.

De la main, il la rassura. Il posa la joue sur son coude replié et, progressivement, se détendit.

Un léger sourire finit par plisser ses lèvres.

L'on dirait un ange, songea Victoria.

25

Lorsqu'il gagna le grand salon des Bentham, après s'être bassiné le front et avoir bu un vulnéraire au goût atroce, les invitées étaient déjà arrivées.

Il pensait tomber sur un couple venant présenter sa grande fille à marier, aussi fut-il surpris de se trouver en présence de deux femmes. Il devait apprendre un peu plus tard que le père de la « postulante », le baron Albert Lambeth, frappé d'hémiplégie, vivait depuis plusieurs années dans un fauteuil d'infirme où ses muscles et sa raison s'affaiblissaient de concert. La baronne Carla, son épouse d'origine italienne, la quarantaine dépassée, avait du chien et de la personnalité. C'était une grande femme mince, aux cheveux plats, au teint mat, au regard sombre, dont la bouche pulpeuse se marquait d'un étrange grain de beauté noir à la commissure gauche. Vingt-cinq ans de vie londonienne ne l'avaient pas guérie de son accent vénitien. On lisait chez cette superbe femelle unc surprenante énergie.

Elle continuait de s'habiller chez les couturiers de son pays natal et portait volontiers des couleurs hardies. Les mots qu'elle lançait sonnaient comme des défis, non qu'elle parlât fort, mais elle avait un débit rapide et dense qui obligeait ses interlocuteurs à lui prêter attention.

Sa fille lui ressemblait. Toutefois, ce n'était « ni tout à fait la même, ni tout à fait une autre ». Plus petite que la baronne, elle ne possédait ni sa minceur, ni son éclat. Son visage, plus coloré, se marquait de taches rousses typiquement britanniques. Ses yeux également sombres contenaient des reflets d'or qui les rendaient singuliers. Un perpétuel sourire errait sur ses lèvres, au rythme de ses sentiments, et l'on était frappé par son expression attentive. Elle scrutait les êtres avec passion, comme si elle cherchait leurs failles, certaine qu'il en existait. Le terme tant galvaudé de « beauté » ne venait pas à l'esprit, cependant elle plaisait car elle avait du charme.

Des sentiments confus, de surprise et d'intérêt, envahirent sir David en découvrant ces deux femmes. Elles étaient le contraire de ce à quoi il s'attendait. Il avait pressenti des gens plutôt dolents, plus ou moins malmenés par la vie, et voilà qu'il affrontait deux « battantes » de première catégorie.

Il les salua froidement. Généralement, il répugnait à rencontrer des inconnus, appréhendant cette inévitable lueur d'effroi dans leur regard. Mais elles conservèrent l'une comme l'autre un visage impassible qu'égayait l'incontournable sourire de circonstance.

Se présentant, il murmura :

– David, un mètre zéro quatre.

Non pas sur un ton provocant, mais doucement, comme pour signifier que son nanisme ne devait pas constituer un sujet tabou à éluder coûte que coûte.

Elles ne se départirent pas de leur courtoisie, évitèrent de prolonger leur intérêt pour sa chétive personne.

Lady Bentham se prodigua beaucoup. Contrairement à son invitée, son propre accent perdurait en sourdine. Lord Jeremy, quant à lui, n'était pas dans un bon jour. Il demanda à trois reprises des nouvelles du baron Albert, s'inquiétant de savoir s'il continuait de pratiquer sa partie de golf quotidienne avec son associé. Les trois fois, la pétulante Vénitienne lui rappela que son mari se trouvait définitivement paralysé.

– Espérons qu'il se remettra rapidement, déclarait le lord avec un enjouement désarmant.

***

Le repas fut déroutant. Les deux mères assumèrent la conversation. Elles le firent avec un brio mondain qui, jamais, ne laissa languir l'ambiance.

Assis face à la jeune fille, David lui demanda tout à coup :

– Pardonnez-moi, je n'ai pas compris votre prénom.

– Jessie.

Il remercia d'un hochement de tête avant de continuer de manger.

Miss Lambeth profita d'une accalmie dans la discussion des deux « belles-mères » pour risquer :

– Comment passez-vous vos journées ?

– A un mètre zéro quatre du sol, répondit-il.

Au lieu d'être mortifiée par la réplique, la jeune fille se mit à rire. C'était une hilarité spontanée, pleine de santé.

– Vous êtes obnubilé par votre taille !

– La plupart des nains le sont !

– A quoi bon s'insurger contre ce qui est irrémédiable ?

– Je ne m'insurge que dans le secret de mon cœur, miss Lambeth, ouvertement, je persifle.

– Ça vous apporte quoi ?

– Des échasses !

Alors le sourire de Jessie disparut.

– J'aimerais vous connaître mieux, déclara-t-elle.

– N'êtes-vous pas ici dans cette perspective ?

Elle rougit et son regard devint amer.

Comme les enfants cessaient de parler, les mères prirent courageusement le relais ; mais leurs efforts furent stériles et leur dialogue forcé finit par devenir morne.

– Vous aviez vu une photographie de moi avant de venir ? questionna David.

– Oui, répondit Jessie Lambeth.

– Et vous êtes là malgré tout. Vous avez du goût pour le cirque ?

Elle l'affronta, courroucée :

– Si j'osais, je vous dirais volontiers ce que je pense, soupira-t-elle.

– Osez ! Je vous en conjure !

– Ce n'est pas votre taille qui inspire de la pitié, c'est votre attitude. Votre disgrâce ne vous a même pas enseigné l'humilité.

Il hocha la tête :

– Si vous étiez une jolie naine aux jambes torses, avec une tête proéminente, vous me tiendriez probablement un autre langage. Quand on a la bouche à la hauteur du sexe de ses contemporains, la vision du monde est anamorphosée.

Il se leva, repoussa sa chaise contre son assiette et, s'inclinant devant sa mère, murmura :

– Pardonnez-moi de quitter la table, mère ; c'est l'heure où l'on doit changer ma couche.

26

Dès qu'il se retrouva seul dans le couloir souterrain menant chez lui, sa colère tomba et il se prit à rire en évoquant l'air stupéfait de Jessie Lambeth à sa dernière réplique. Ainsi, « ces dames » avaient ourdi ce petit complot de « marieuses » et il les abandonnait au milieu du repas avec un sans-gêne que la duchesse ne serait pas prête à lui pardonner.

Victoria était en train de lire, à plat ventre sur le lit. Elle portait un déshabillé coquin comme les aimait David. Elle gardait une jambe dressée, ce qui découvrait haut sa cuisse bien faite. Le fils cadet du lord songea que Jessie Lambeth ne devait pas posséder un corps aussi délié, non plus qu'une peau plus délicate. Si sa mère avait pu concevoir l'attachement qui l'unissait à sa nurse, jamais elle n'aurait caressé cette sotte idée de mariage.

Il fit le résumé de sa soirée écourtée, mais au lieu d'en rire, Victoria se montra alarmée.

– Votre mère doit m'en vouloir terriblement pour cet écart ! gémit-elle.

– Mais vous n'étiez même pas là, ma chérie !

– Elle sait parfaitement que si je ne partageais votre existence, votre réaction n'aurait pas eu cette violence. Dans la mesure où je fais obstacle à ses projets elle va souhaiter m'évincer.

– Malgré ma taille, je suis un homme majeur et disposant de tous ses droits, gronda sir David.

– Elle peut vous couper les vivres ? suggéra-t-elle. Le *duke* doit être facilement manœuvrable.

– Si elle tentait une telle chose, je provoquerais un scandale dont elle aurait à pâtir. N'oubliez pas qu'elle est française et peintre, ce sont là des handicaps dans un milieu xénophobe et qui se défie des artistes. Dans notre monde on préfère les bassets hound devant la cheminée plutôt qu'accrochés à nos cimaises.

Il rit avec cynisme, content de sa boutade. A cet instant il haïssait sa mère. Victoria le comprit et crut bon de changer de conversation :

– A propos, le Norvégien a rappelé.

– Vous avez décroché ?

– Ç'aurait pu être une communication émanant de vous, objecta-t-elle.

– Que dit ce délicieux blondinet ?

– Il est désespéré. Je l'ai proprement confessé ; son désarroi est total ; votre belle-sœur lui a embrasé le corps et l'esprit. La marquise est à un moment de sa vie où tout est remis en question. Foyer sans âme, époux volage, ce n'est que grisaille et amertume autour d'elle. Le beau Scandinave arrive à point nommé pour éclairer un peu ce mélancolique destin.

David écoutait en acquiesçant, satisfait de ce qu'il apprenait. Il se doutait depuis toujours que Mary Bentham souffrait de ce mal implacable qui s'appelle l'ennui.

– Nous allons lui fournir des divertissements, assura-t-il d'un ton de jubilation. Seulement il ne faut pas tarder.

– C'est également mon avis, dit la nurse. Il est grand temps d'opérer.

Le mot surprit le nain.

– Opérer ? reprit-il. Vous avez raison : c'est bien une opération dont il est question. Telle que je vous connais, vous avez déjà dressé un plan d'action, mon cher cœur ?

Elle regarda l'heure.

– Il serait bon d'appeler ce nigaud. Donnez-lui des apaisements. Dites-lui que vous renoncez à votre projet, qu'il s'agissait d'une trop mauvaise farce et priez-le à déjeuner pour après-demain. Vous l'emmènerez dans une pittoresque auberge de campagne qui fera palpiter son cœur d'architecte ; j'ai besoin de trois ou quatre heures pour agir car il convient de ne pas bâcler.

Il s'apprêtait à la questionner, mais elle lui montra le combiné d'un geste autoritaire :

– Téléphonez-lui d'abord, sir ; ensuite nous aurons toute la nuit pour parler.

L'excitation rosissait son cou et mettait deux taches vives à ses pommettes. Il la devina si sûre d'elle-même qu'il en ressentit du bonheur.

27

Après l'insolent départ de son fils, la duchesse était restée pétrifiée, face à ses deux invitées. L'attitude inqualifiable de sir David mettait en son cœur une envie de mourir. Elle n'imaginait pas que l'infirme se rendrait coupable d'un tel manquement aux usages, lui qui, jusqu'alors, les avait toujours observés scrupuleusement.

Le premier, le lord renoua le fil rompu de la conversation.

– Il ne paraissait pas très en forme, ce soir, laissa-t-il tomber, je l'ai trouvé tendu ; ne serait-il pas malade, ma chère Muguette ?

– C'est très probable, admit l'artiste peintre.

Elle fit face aux dames Lambeth ; des larmes troublaient son regard.

– Je suis anéantie, fit-elle. Comment pourrais-je vous prier de l'excuser ?

La baronne Carla éclata de rire :

– Ma bonne amie, nous sommes latines, vous et moi, donc moins formalistes que nos chers Britanniques. Il est normal que ce garçon, averti de l'objet de notre rencontre, en montre de l'humeur.

Sa fille intervint à son tour.

– C'est moi qui l'ai poussé à bout, fit-elle, et je m'en repens. Puis-je vous demander de ne pas lui en faire grief ?

J'aimerais, avec votre permission à toutes deux, régler personnellement cet incident. Dès demain je lui écrirai.

Soulagée par la manière dont ses convives prenaient la chose, lady Muguette les remercia pour leur compréhension et veilla à ce que la fin du dîner se déroule dans une ambiance plus détendue.

***

Victoria se leva de très bonne heure. Conséquence de son métier qui nécessitait bien des interventions nocturnes, son subconscient était comme équipé d'un réveille-matin. Il lui suffisait de décider l'heure à laquelle elle devrait recouvrer sa lucidité pour que, le moment venu, elle fût instantanément animée et disponible.

Elle glissa hors de leur couche et gagna sans bruit la salle d'eau.

Lorsqu'elle fut prête, elle laissa un message à sir David, l'informant qu'elle partait mettre au point le dispositif dont elle l'avait déjà entretenu.

Elle prit un taxi et se fit conduire au siège de la B.B.C. où travaillait un sien cousin avec lequel elle conservait des relations espacées mais néanmoins affectueuses. Jo Camden occupait un poste de technicien et menait une existence sans heurt dans un pavillon de banlieue semblable à mille autres. Il possédait femme, enfants, petite aisance, et s'en satisfaisait. Il aimait son métier, son jardinet noirci par les usines avoisinantes, sa voiture dûment toilettée, le parti travailliste où il militait depuis toujours et, plus que tout le reste, sa petite cousine Victoria qu'il convoitait stoïquement, sachant bien que jamais il ne se permettrait avec elle un geste, pas plus qu'une parole équivoque.

Au cours de son appel téléphonique de la soirée, il lui avait donné rendez-vous dans un pub proche des studios. Elle le trouva en train de boire une bière dont la couleur lui souleva le cœur.

– Que diable puis-je bien faire pour toi ? demanda Jo. Tu as des problèmes ?

– Un seul, que tu devrais pouvoir résoudre car il est d'ordre technique.

Elle serra la vérité au plus près, racontant à son cousin que le fils de son employeur avait épousé une gourgandine dont il souhaitait divorcer. Comme cela se passait dans la haute société, il convenait d'agir de façon feutrée. Pour ce faire, l'infortuné époux voulait détenir la preuve incontestable de son infortune afin de couper court aux chicaneries des hommes de loi, toujours retors et roués, qui s'enrichissent à rendre interminable le plus simple des procès.

Après ce préambule, elle exposa la manière à laquelle « l'on » avait songé pour obtenir la preuve de l'adultère. Il fut vaguement éberlué par la tactique élaborée qu'on lui soumettait. S'il n'avait été aussi fervent admirateur de Victoria, il aurait probablement formulé des objections, des réticences, mais ce regard couleur d'iris lui asséchait la gorge.

Il entra de plain-pied dans le petit complot et fit même semblant de protester lorsqu'elle insista pour lui remettre de la part « du mari » une enveloppe contenant cinq cents livres sterling « pour les frais ».

Il assura à sa jolie cousine qu'il pourrait bien se rendre libre le lendemain entre midi et trois heures, mais que, selon son estimation, le « travail » ne prendrait pas autant de temps.

Elle le récompensa d'un baiser plus appuyé qu'il n'était nécessaire en s'efforçant de surmonter le dégoût que lui causait son haleine chargée de bière aigre.

A son retour, elle fut heureuse de constater que sir David dormait toujours. Il occupait une posture singulière dans le lit, couché sur le dos, ses courtes jambes relevées comme les pattes d'un chien faisant le beau.

Elle prit place dans un fauteuil et contempla l'énorme sexe

du petit homme que son inconscience ne privait pas de ses formes démesurées.

Ce spectacle la plongeait toujours dans une sorte de félicité grisante. Cet être anormal la captivait. Elle se retint de saisir le formidable phallus, préférant laisser aller David au bout de son sommeil.

***

Il eut une sorte de plainte animale et se dressa d'une secousse sur son séant. Ses cheveux collés à son front lui donnaient l'aspect de quelque buste romain.

La même plainte revint, qu'on eût dit de souffrance. Victoria n'avait pas encore compris à quoi elle correspondait. Quand elle l'interrogeait à propos de ce cri, il paraissait stupéfait, si bien qu'elle cessa de chercher une explication.

– Vous êtes déjà habillée ? demanda-t-il d'une voix engourdie.

Elle éclata de rire et se mit à relater sa démarche du matin.

– D'où sort ce cousin ? gronda-t-il, aussitôt sur le qui-vive.

– De mon passé, plaisanta la jeune femme. Mais rassurez-vous, sir, c'est un garçon de tout repos.

– Est-il bien prudent de mêler un tiers à nos histoires ?

– Celle-ci est somme toute vénielle. De quoi s'agit-il ? De photographier un flagrant délit d'adultère. Ce ne sera pas la première fois ; la plupart des agences de police privée puisent leurs ressources dans ce genre de sport.

Sa bonne humeur eut raison de l'inquiétude de sir David.

– Cet homme qui vous prête son aide, est-ce un ancien amant, Victoria ?

Elle se figea :

– Sir, je vous ai énuméré ceux qui l'ont été. Vous me faites beaucoup de mal en doutant de ma parole.

Cet emportement le soulagea, il lui saisit la main qu'il embrassa à plusieurs reprises avec une fougue de gamin.

Pendant ce transport, un vilain souvenir se présenta à la mémoire de la jeune fille. Elle s'assombrit, faillit révéler à David son brutal tourment, mais elle refusa de ternir leur bonheur et demanda furtivement à Dieu de lui accorder l'oubli.

28

Ayant, à cause de sa méchante humeur, sauté le dîner de la veille, David prit un copieux breakfast en compagnie de sa maîtresse, qui avait dû jusque-là se contenter de thé. Il s'alimentait raisonnablement, pour ne pas contracter une bedaine qui, plaisantait-il, l'aurait fait ressembler à une bouteille de Perrier.

A leur demande, Tom Lacase leur servit, outre le porridge incontournable, du poulet froid au chutney et des œufs brouillés aux truffes, contribution de lady Muguette à l'alimentation britannique.

– Victoria, dit le nain, après qu'ils eurent mangé, le temps me paraît convenir à une belle promenade. Que diriez-vous d'une visite à Whitehall ?

– Comme il vous plaira, acquiesça-t-elle, vaguement surprise de cet intérêt pour un lieu touristique.

– En m'endormant, j'ai pensé que je n'avais jamais pris pour cible un militaire en tenue, expliqua David. Ce doit être assez cocasse de le voir choir de son cheval.

Elle jugea l'idée amusante, mais lui fit observer toutefois qu'il lui serait difficile d'atteindre un homme juché sur une haute monture et situé à une distance plus grande que ne l'étaient ses précédents objectifs.

Elle comprit que cette difficulté, justement, l'excitait.

– Autre chose encore, le prévint-elle. Il ne vous sera pas possible de ramener la fléchette devant tout ces gens rassemblés.

– Eh bien, je l'abandonnerai, répondit le petit homme. En public et de jour je peux tirer à fléchette perdue. Ces menus dards, vous le savez, proviennent du Brésil. Comment diantre notre police pourrait-elle en découvrir l'origine ?

Elle savait déjà que ses réfutations ne parviendraient pas à le détourner de son projet, aussi abandonna-t-elle la partie.

Ils prirent peu après le chemin de Whitehall. Un vent aigrelet s'était levé, qui troussait les dames et chahutait les chapeaux des messieurs. Lorsque leur attelage se déplaçait dans le bon sens, il était comme happé par les turbulences et Victoria devait s'arc-bouter pour conserver la maîtrise du landau. Sa cape flottait derrière, ou bien, lorsqu'ils modifiaient leur orientation, s'enroulait à elle.

– Vous tenez réellement à ce que nous allions là-bas aujourd'hui, sir David ? demanda-t-elle au plus fort d'une bourrasque.

Depuis les profondeurs du landau où il se tenait bien à l'abri, il répondit par l'affirmative. Alors elle s'arma de courage et continua de le pousser dans un tourbillon de feuilles mortes.

Cela faisait longtemps qu'ils ne s'étaient pas rendus à Whitehall. Ils s'y heurtèrent à la même cohorte confuse de touristes harnachés d'un matériel photographique qui les rendait fiers d'exister.

Deux superbes horse-guards aux plumets blancs, hiératiques sur leurs chevaux bais, montaient une garde de pierre. Ils semblaient figés. Le nain fit la grimace en considérant le peu de place dont il disposait pour « flécher » l'un de ces géants. La visière de leur casque plongeait bas sur le nez, et le col passementé de leur uniforme s'élevait jusqu'au menton. Mais le réel obstacle au dessein du « bébé » était l'énorme jugulaire protégeant la mâchoire et la moitié des joues. Ne restaient « d'atteignables » que le nez et une partie des pommettes.

Loin de le décourager, ces problèmes accrurent la fièvre de David. Il chuchota à Victoria de faire pivoter le landau afin de le placer face à l'homme qu'il avait « élu ». Tout en opérant la manœuvre souhaitée, elle dit :

– Vous rendez-vous compte que vous allez agir devant une vingtaine de photographes en action ?

– Ce n'est pas dans notre direction qu'ils visent, répondit-il.

– Mais comme ils sont disposés en arc de cercle, vous pouvez très bien être dans le champ de l'un d'eux ! Croyez-moi, sir, vous allez commettre une imprudence.

– Conduisez-moi davantage sur la gauche ! fit-il sèchement.

Elle obtempéra à contrecœur. Ils se trouvèrent alors au milieu des badauds. Des Japonais piaillaient en se mettant en batterie, pris de frénésie à l'idée des images qu'ils allaient grappiller.

– Parfait ! déclara David. Où je suis, personne ne saurait me filmer.

Il assura son assise ; ses jambes disposées en tailleur lui gardaient le buste droit.

Comme il approchait de sa bouche l'embout de la sarbacane, il accrocha le regard du horse-guard. Cela lui rappela la dame qu'il avait « ciblée » naguère dans Hyde Park. L'impressionnant militaire, d'airain sous son uniforme somptueux, ne devait pas très bien le distinguer dans l'ombre de la capote bleue. Son regard impénétrable le captait avec une indifférence marmoréenne. David visa avec minutie, un œil clos, pétrifié par la volonté de ne pas le manquer. Ses joues se gonflèrent et il cracha son souffle plus qu'il ne le libéra.

Il vit le garde porter une main gantée de blanc à sa joue.

Elle balaya la fléchette qui disparut. L'homme reprit sa posture de statue équestre. Sans doute avait-il cru à l'assaut d'un insecte ?

– Partons ! chuchota sir David.

Docile, elle se recula, puis fit pivoter la voiture. Au moment où elle la dégageait du cercle des badauds, un cri s'éleva de la foule. Le horse-guard venait de s'affaisser sur sa monture. Il glissa en arrière. Son cheval, déconcerté, se prit à danser sur place.

Miss Victoria commença de s'éloigner lentement, faisant montre d'un flegme absolu. Des exclamations partaient de l'assistance. Un militaire qui se tenait sous le porche voisin s'époumonait dans un sifflet.

Sir David coula prestement la sarbacane dans la poche latérale du landau et s'enfouit sous son édredon. Sa cachette lui paraissait inexpugnable.

29

Elle marcha rapidement et ne prit pas garde au chemin du retour : elle poussait la voiture du bébé avec énergie en évitant de regarder à l'intérieur.

Son cœur battait fort. Dans la crainte d'être suivie, elle jetait de fréquents coups d'œil par-dessus son épaule. Mais le flot dense des piétons moutonnait sur le trottoir, indifférent à la panique qui, pour la première fois, la saisissait.

Elle revoyait sans répit le minuscule dard à l'empennage noir se ficher dans la pommette rougeoyante. « Une mouche ! » songeait-elle. Rien d'autre qu'une grosse mouche velue. Et qui avait lâché prise presque immédiatement, chassée par le gant du horse-guard.

Lorsqu'ils furent de retour dans la garçonnière de sir David, elle se laissa tomber sur le canapé du petit living, sans forces. Ses palpitations ne cessaient pas. Le nain s'inquiétant, elle saisit sa main et la plaqua sur son sein. Il fut alarmé par ces battements désordonnés.

– C'est extravagant, fit-il. Dois-je appeler un médecin ?

Elle secoua la tête.

– Cela va passer, promit-elle d'un ton d'excuse.

– Mais pourquoi vous être mise dans cet état ? reprocha David.

– J'ai eu très peur, avoua-t-elle ; comme si j'avais

l'absolue certitude que quelqu'un allait vous prendre sur le fait.

Il posa un baiser sur sa bouche blême.

– Allongez-vous, ma chérie. Je vais vous donner à boire. Souhaitez-vous de l'alcool ?

– Surtout pas.

– Alors un jus de *grape-fruit* glacé.

Il l'obligea à s'étendre et la recouvrit d'un plaid écossais. Puis il prépara la boisson promise, la regardant à tout instant pour s'assurer qu'elle n'allait pas plus mal.

– Buvez lentement.

Il lui tint le buste relevé et fut satisfait de lui voir absorber le contenu du verre.

Quand ce fut fait, il éteignit l'électricité. La pièce recevait peu de lumière extérieure et l'on devait laisser les lampes allumées pendant la journée.

La pénombre leur apporta un bien-être immédiat. Le nain s'assit sur le tapis et posa le front contre la cuisse de Victoria. Autour d'eux, ce n'était que silence et clair-obscur. De temps à autre, il avançait la main sur la gorge de la nurse et constatait que sa tachycardie se calmait. Lui qui souffrait parfois de ces déchaînements cardiaques, appréciait qu'elle en fût également affectée, comme si ce phénomène eût constitué un lien supplémentaire, une raison de plus de s'aimer.

Au bout d'une période d'apaisement, elle chuchota :

– Je suis bien.

Puis, après une nouvelle plage de mutisme :

– Je vous aime éperdument, sir. Vous offrir ma vie serait pour moi un grand bonheur.

– J'en ai trop besoin pour accepter, assura joliment David.

Aussitôt après ce délicat échange, le ronfleur du téléphone intérieur retentit.

Tom Lacase annonçait à son maître qu'une femme était là, porteuse d'un message ultra-confidentiel à son intention. Elle venait, mandatée par Jessie Lambeth, et devait remettre son pli en main propre.

– Qu'elle aille se faire aimer ! riposta David.

Mais la nurse lui saisit le bras.

– Non, sir. Après votre comportement d'hier, vous devez la recevoir.

Il fixa Victoria, troublé. Puis ordonna au Noir d'accompagner la messagère.

Cette dernière déclara se prénommer Rosy et être la femme de chambre de miss Jessie. Il s'agissait d'une jeune personne plutôt bien prise qui avait dû fournir pas mal d'efforts pour se débarrasser de son côté ordinaire. Elle coltinait avec bravoure une énorme poitrine de nourrice et ses cheveux couleur de crin végétal tire-bouchonnaient sur ses oreilles. Son visage, cependant, ne laissait pas indifférent, à cause de deux grands yeux verts qui exprimaient la malignité.

Elle portait une jupe ample, imprimée, un sweater rose bonbon avec, jeté sur le tout, un ciré noir et brillant comme de la peau de squale.

Rosy ne semblait pas gênée par l'attitude du couple. Le nain conservait sa posture de soupirant transi gardant la main de sa maîtresse dans la sienne.

– Eh bien ? demanda-t-il sèchement.

Sans se montrer troublée par cet accueil peu aimable, la fille sortit un pli de son imperméable.

– Miss Lambeth m'a chargée de remettre cette lettre à Votre Honneur. Elle demande que vous la lisiez, puis me la rendiez ensuite.

– Pourquoi ne me téléphone-t-elle point, si elle entend s'adresser à moi sans laisser de trace ?

La soubrette eut un geste d'impuissance.

– Bon, donnez-moi ce message, je vous le rendrai après lecture.

Elle s'approcha en tendant la lettre.

– Vous sentez bon, fit David. Est-ce le parfum de votre maîtresse ?

– Non, c'est le mien.

– Alors vous avez bon nez !

Il se saisit du pli, en éventra l'enveloppe avec son auriculaire.

– Vous permettez ? demanda-t-il à Victoria.

Il se mit à lire et sa surprise se mua rapidement en effarement.

Le texte de la missive était le suivant :

Merveilleux sir David,

Non, ne croyez pas à quelque insolence de ma part : merveilleux, vous l'êtes absolument.

Je mesure votre stupeur en apprenant ce projet d'union entre nous. Aussitôt, vous fûtes en alerte et imaginâtes tout et le reste. Qu'une fille à peu près normale, née de parents riches et titrés vous veuille pour époux a de quoi vous désorienter et vous inciter à la défiance, je sais. Il faut que je tente, non de me justifier, mais du moins de vous expliquer. Cela remonte à un an environ. A cette époque encore proche, vous avez caressé l'idée de pratiquer le tennis. Vous prîtes donc un abonnement à un club dont je faisais partie. Je n'ai pas la prétention de croire que vous m'y avez remarquée, vous avez passé si peu de temps sur les courts que ce serait improbable. Sachez simplement que moi j'ai été intéressée par votre personne si particulière et attachante.

Une après-midi, après votre leçon avec un professeur, vous êtes allé prendre une douche. Par erreur, vous entrâtes dans la partie réservée aux ladies. Je m'y trouvais et eus la présence d'esprit de me dissimuler derrière une corbeille de linge à laver. Depuis ma cachette, sir David, je vous vis entièrement nu et ressentis de ce fait le choc de mon existence. Seigneur, quel pénis ! Sur le moment, j'eus du mal à croire que cela en était un. La surdimension de cet appendice est telle qu'on ne peut admettre de prime abord qu'il appar-

tienne à un humain ! J'étais tétanisée, comme l'écrivent les romanciers à bas prix ; ne pouvais m'arracher à la vue de ce membre phénoménal ; croyais m'en sentir pénétrée. L'eau chaude de la douche ajouta à sa vigueur et il devint ardent. Vous cacherai-je, merveilleux David, que j'en fus malade de désir, moi qui, jusqu'à ce jour, ne connais de la possession que ce que nous en montrent les films hard des chaînes privées, à des heures infréquentables ?

Depuis cet instant de prodigieuse révélation, j'aspire à devenir vôtre. J'ai besoin de vous pour vivre. O mon aimé, mon régnant, je serai à vous ou bien à personne.

Jessie L.

David laissa retomber sa main qui tenait le message enflammé. Il éprouvait une sensation bizarre, un peu comme s'il venait de percuter un obstacle. Un jour de son enfance à la campagne, alors qu'il courait après un gros poulet afin de le tuer à coups de bâton, il avait heurté de la tête la ridelle d'une charrette. Le choc avait été si violent qu'il était resté au sol, sans réaction, voire sans pensées. Il conservait de cette secousse une impression confuse, faite d'effroi et de désespoir. A croire que ce traumatisme laissait en lui quelque chose de capital. Son existence en avait été ébréchée. Pendant une période assez longue, il pleura dans son lit, le soir, avant de s'endormir.

A cet instant, il retrouvait l'état semi-comateux ayant suivi le coup.

– C'est grave ? interrogea doucement Victoria, alarmée par son attitude.

– Non, répondit-il. C'est fou.

Il redressa la lettre, la relut rapidement, puis la tendit comme promis à la femme de chambre.

– Tenez, Rosy, reprenez-la ; mais je le déplore, car elle constitue un document.

La fille s'en empara et s'approcha de la cheminée où végétait un feu de boulets qui aurait tenu dans une coupe à dessert.

– Puis-je la brûler, Votre Honneur? demanda l'ancillaire : c'est le souhait de Sa Grâce.

– Faites! répondit-il.

La servante tordit le grand feuillet de vélin et le plongea dans les braises. Il produisit un peu de fumée, puis s'enflamma en force. Il se consuma rapidement, donnant une brève vigueur à l'âtre somnolent qui retrouva vite son apathie.

– Son Honneur est témoin que j'aurai obéi aux instructions de ma maîtresse, dit-elle avec un demi-sourire.

Il existait chez cette fille un aspect plaisant provenant sans doute de son tempérament primesautier.

– Puis-je demander à Son Honneur la permission de me retirer? s'enquit-elle.

– Pas tout de suite, dit David. A mon tour je vais vous charger d'un message pour Jessie. Approchez, ma jolie, et asseyez-vous sur ce pouf.

Intriguée et profondément intimidée, la femme de chambre obéit.

David chuchota à l'oreille de sa nurse, laquelle suivait la conversation en silence et sans marquer de réaction. Malgré son sang-froid, Victoria eut un haut-le-corps.

– Oh! sir! protesta-t-elle.

– Faites! ordonna-t-il avec cette rudesse qui réapparaissait dès qu'on le contrariait.

Résignée, elle se laissa glisser du canapé pour venir s'asseoir auprès de lui sur le tapis.

– Ma chère Rosy, fit alors David, vous risquez d'être profondément choquée par ce à quoi vous allez assister. Je vous demande de suivre attentivement les faits et gestes de miss Victoria ici présente et de les rapporter en toute intégrité à votre délicieuse maîtresse.

Il passa sa main dans le décolleté de la nurse, après l'avoir dégrafé, et dégagea son sein gauche dont il se prit à lécher la pointe.

Devant cette scène un tant soit peu orgiaque, la femme de chambre voulut fuir. Mais le nain qui la guignait d'un œil poussa un cri qui la glaça. Se croyant en danger, elle s'immobilisa.

– Ne paniquez pas, ma chère, la rassura sir David, vous ne craignez rien.

Son sourire, bien qu'il semblât machiavélique à la jeune femme, la calma quelque peu. Elle attendit donc la suite des événements, craintive mais piquée par une curiosité féminine.

Le petit homme se haussa jusqu'au canapé où il prit place, les jambes en fourche, le bassin très en avant. Sa nurse le déboutonna avec application et entreprit d'extraire son remarquable sexe, qui provoqua chez Rosy une grande incrédulité mêlée d'effroi.

Abasourdie autant que sidérée par une pareille anomalie de la nature, la soubrette secouait doucement la tête, comme pour nier l'évidence.

Il se passa alors un prodige : la jeune femme en blouse blanche se pencha sur ce membre terrifiant et en mit l'extrémité dans sa bouche.

– Un instant, murmura David.

Il donna, par jeu, quelques chiquenaudes mutines à son fabuleux organe.

– Une dernière chose, ma belle, fit-il à l'ancillaire, après quoi je vous ferai raccompagner. Venez saisir mon pénis de vos jolis doigts et essayez ensuite de vous en rappeler le diamètre ; je veux que vous puissiez faire à la douce Jessie un rapport fidèle de son importance.

Comme la jeune fille terrifiée ne bougeait pas, il s'approcha d'elle, le sexe ballant.

– Prenez-le, espèce d'idiote !

Elle avança la main sur cette bête roide et vibrante, s'en emparant avec quelque difficulté, la pétrit un instant, chavirée, balançant entre la répulsion et une effroyable convoitise.

– Vous vous souviendrez parfaitement de vos impressions ? Et de l'importance de ce phallus ? A présent, retournez auprès de cette salope de Jessie et dites-lui que jamais il ne sera pour elle !

30

– Nous allons loin ? demanda Olav Hamsun.

– Une vingtaine de *miles*, répondit nonchalamment sir David. Vous êtes pressé ?

Le Norvégien rougit comme une fille et tarda à répondre.

– Peut-être avez-vous un rendez-vous ? risqua le nain.

L'autre acquiesça.

– A quelle heure ?

– Quatre heures.

– Rassurez-vous, nous serons de retour.

Il occupait un rehausseur à l'arrière de la voiture depuis qu'un gazetier impitoyable avait écrit dans une feuille satirique : « Une Rolls-Royce vide s'arrête dans Charles Street, le cadet des Bentham en descend ». A la suite de cette féroce plaisanterie, le nain utilisait ce siège qui le surélevait, le plaçant à hauteur normale.

La circulation, dense sur cette route insuffisamment large, les empêchait de rouler vite. David ne s'en plaignait pas, ayant à charge de tenir l'amant de sa belle-sœur éloigné le plus longtemps possible de son domicile.

– Comment trouvez-vous notre campagne anglaise ? demanda-t-il.

– Conforme à ce qu'en attend un étranger, sir. On se croirait, malgré les voitures, dans un livre de Dickens.

Il détaillait les métairies à colombages, au toit de chaume

ou de tuiles rondes, les haies bien taillées, les animaux de ferme évocateurs des tableaux du XIXe siècle. Un froid sec déposait un serti blanc sur les arbres et les haies. Il ne faisait pas soleil à proprement parler, pourtant le ciel restait haut et s'éclairait de traînées lumineuses.

Sir David qui regardait son invité murmura :

– Vous êtes décidément très beau, Olav.

Le Norvégien eut une brève courbette pour le remercier du compliment.

– Otez-moi d'un doute : vous portiez bien un collier de barbe lorsque nous nous sommes rencontrés ?

– En effet.

– Pourquoi l'avez-vous rasé ?

Un rien rendait l'étudiant écarlate.

– Il ne lui plaisait pas ? insista David. Les femmes ont des avis partagés sur la question ; je parie que ma belle-sœur est réfractaire à la barbe !

Il rit devant l'embarras de son invité. Hamsun, s'enhardissant, questionna brusquement :

– Vous ne cherchez plus à lui nuire, n'est-ce pas ?

– Bien sûr que non, mon cher. D'ailleurs le mot nuire est démesuré. En fait je ne complotais qu'un vilain tour. Mary, pardonnez-moi de ternir l'image que vous en avez, est une femme orgueilleuse, cinglante envers ceux qu'elle n'aime pas et dont je fais partie. Que voulez-vous, son classicisme ne s'accommode pas de mon nanisme. Elle est de cette caste qui méprise les Noirs et se méfie des juifs ; une authentique lady, en somme.

Olav ne sut que répondre. Au bout d'un silence, il murmura :

– Puisque la mauvaise farce que vous aviez ourdie ne tient plus, je vais quitter mon appartement.

– Rien ne presse, assura le nain.

– Il n'y a aucune raison que je sois à votre charge, sir.

– Il y a cent raisons pour qu'un homme fortuné de naissance s'intéresse à un jeune étudiant étranger. J'ai loué votre logement avec un bail d'un an, occupez-le pendant cette période. Quand pensiez-vous rentrer en Norvège ?

Le jeune homme murmura :

– En vérité, je n'y songe plus beaucoup ; je caresse même l'idée de compléter ma formation en Angleterre.

– Pourquoi pas ? murmura David.

– Il y aurait des questions de permis de séjour...

– Sûrement faciles à arranger, mon ami : la Norvège n'appartient pas au tiers-monde. Votre exquise blondeur est le meilleur des vade-mecum.

Ils se turent pendant le reste du trajet.

***

L'hostellerie du *Cerf Couronné* se trouvait en bordure de forêt.

Cette grande maison du XVIe siècle avait connu des fortunes diverses avant de devenir un établissement réputé. L'homme qui veillait à ses destinées, un nobliau grassouillet passionné de bonne chère, avait eu l'excellente idée d'y reconstituer une cuisine prétendument médiévale, à base de pâtés d'herbes et de venaison. Le dépaysement était garanti, aussi les Londoniens accouraient-ils en foule, heureux de faire découvrir cette auberge à leurs petites amies faciles à éblouir.

Le Norvégien fut intéressé par la vieille construction à laquelle des architectes respectueux du passé avaient conservé tout son jus. La monumentale cheminée de la salle à manger, avec sa hotte basse et ses énormes landiers de fer forgé abritait en permanence un feu de bûches qui semblait avoir été allumé au temps d'Olivier Cromwell et répandait plus de lumière que de chaleur.

Olav Hamsun prisa fort le vénérable mobilier ainsi que les tableaux engoncés dans d'énormes cadres moulurés.

On leur avait réservé une table devant une fenêtre aux vitres dépolies et l'hôte les accueillit avec des bolées d'un breuvage sirupeux qu'il assura être de l'hydromel.

Comme le nain fréquentait volontiers ce restaurant, il y possédait une chaise apparemment semblable aux autres, mais dont le siège était plus haut d'une vingtaine de centimètres. Un barreau supplémentaire permettait à sir David de s'y jucher sans peine. Cette discrète initiative de l'aubergiste faisait que le petit homme appréciait l'endroit.

Il commanda le menu « typique » qui offrait l'avantage de durer plus longtemps que les autres. Olav n'accepta qu'un demi-verre de vin blanc de Moselle, sous prétexte qu'il ne supportait pas l'alcool. En réalité (et David le comprit), il tenait à retourner lucide à Londres pour y honorer Mary.

Ce Scandinave sympathique brûlait d'amour. Il irradiait. A tout instant, son regard partait vers l'infini et il abandonnait la conversation pour dédier une pensée embrasée à sa maîtresse. Cet état second agaçait son hôte qui finit par lui en faire la remarque :

– Un peu de patience, mon cher. Etes-vous à ce point épris que vous en oubliiez ma présence ?

Hamsun balbutia quelques plates excuses et fit des efforts pour se montrer attentif.

– Vous voilà l'amant de ma belle-sœur et je vous fête comme un ami, sans me soucier de l'honneur fraternel, reprit le cadet des Bentham ; mon attitude est pour le moins déroutante, ne trouvez-vous pas ?

Le malheureux galant bafouillait à en perdre toute contenance. Afin de le laisser se remettre, le nain lui déclara qu'il avait oublié un médicament dans la voiture.

Il rejoignit la Rolls au volant de laquelle Tom Lacase dormait avec application. L'excellent garçon ne s'alimentait jamais pendant ses heures de service, fussent-elles inoccupées. L'arrivée de son petit maître le réveilla en sursaut. D'instinct il rajusta sa cravate et sortit de son carrosse afin d'ouvrir la portière à sir David.

– Un simple coup de téléphone à donner, prévint celui-ci.

Il s'installa et décrocha l'appareil logé dans l'accoudoir médian, se félicitant d'avoir conseillé à Victoria de prendre le portable. La nurse répondit presque instantanément.

– Comment vont les travaux ? demanda-t-il.

– Vite et bien, assura-t-elle.

– Je vous préviens que Mary a rendez-vous avec notre Viking à quatre heures.

– Ce sera terminé bien avant.

– Etes-vous certaine qu'on ne verra rien ?

– Jo a trouvé une cachette géniale.

– Le déclenchement pourra vraiment s'opérer à distance ?

– Mon cousin garantit que sa commande peut être efficace à plus de cent mètres.

– Il ne peut travailler au flash. Comment seront les clichés si ces tourtereaux ferment les rideaux ?

– L'appareil est équipé d'une pellicule spéciale, un minimum de lumière suffira.

– Mais si...

Pour la première fois depuis le début de leurs relations, elle marqua quelque humeur.

– Sir, nous faisons l'impossible. Si l'opération devait s'avérer blanche, nous la réitérerions.

– Je ne veux pas qu'elle soit blanche ! déclara cet être capricieux avant de raccrocher.

On avait déjà commencé de les servir. En garçon bien élevé, Hamsun attendait le retour de son hôte devant un gratin évasif, de couleur verdâtre.

Ils mangèrent silencieusement. Le mets avait un goût indécis ; assez plaisant mais difficile à déterminer. L'hôtelier vint apaiser leur curiosité en expliquant qu'il s'agissait d'une tourte aux orties, agrémentée d'œufs de caille hachés avec de la graisse de bacon. Il leur raconta qu'entre deux veuvages provoqués, le bon roi Henry VIII raffolait de ce plat. Forts d'un tel précédent, les deux convives s'en délectèrent.

– Un grand amour a quelque chose d'intimidant, assura David ; il est émouvant de constater à quel point il vous accapare. Vous donnez l'impression d'être envoûté, cher Olav.

Le grand niais eut un sourire, comme sur les tableaux certains anges de la Renaissance.

– Je le suis, avoua-t-il avec une expression désarmante.

– Cette femme doit posséder quelque chose d'exceptionnel pour vous mettre dans un tel état ?

– Elle est sublime ! s'écria le Norvégien. Son abandon est pathétique ; lorsque je la prends, sa figure devient celle de la passion.

Le nain eut un sourire doux et complice.

« S'il voit son visage, c'est qu'ils laissent de la lumière », songea-t-il avec soulagement.

Ce repas quelque peu étrange se poursuivit sans qu'Olav prît trop garde aux spécialités « médiévales » qu'on leur servit. En homme très jeune qui découvre l'amour, il ne parlait que de ce féroce bonheur qui, tout à coup, changeait les données de son existence. Il s'exprimait librement, mais sans impudeur, trop émerveillé qu'il était par son aventure pour pouvoir en taire les aspects les plus intimes.

Ebloui, il racontait sa belle avec les mots les plus vrais, soucieux de la présenter à David « telle qu'il la voyait ». Au fur et à mesure qu'il la décrivait, l'âme du nain s'assombrissait. Chacune des confidences reçues rendait plus vertigineux l'abîme de misère qui gâchait sa pitoyable vie. Il demeurait anéanti devant les préparations stupides qui continuaient de déferler sur leur table en grand apparat ridicule.

A la fin, il craignit de craquer. Pour réagir, se réconforter, il se mit à songer aux gens qu'il avait décidé de tuer : les amants passés de Victoria.

D'évoquer ces inconnus le rasséréna. Il devait tenir bon : il avait une œuvre à accomplir.

David fit signe au sommelier de remplir les verres.

31

Sur le chemin du retour, le nain brancha la radio afin d'éviter toute conversation. Trois heures approchaient et il estimait que Victoria et son cousin avaient terminé leur besogne.

En cours de route, ils entendirent les informations. Parmi un flot de nouvelles disparates, on parla de la mort du garde à cheval. Le médecin légiste concluait à une rupture d'anévrisme. Sir David rendit grâce à son poison des Andes qui agissait si promptement sans laisser de trace. Il se disait que le facteur chance avait joué en laissant le temps au brillant militaire de se débarrasser de la fléchette avant de succomber. Il existait une harmonie dans l'agencement de ses méfaits, grâce à laquelle ceux-ci n'engendraient jamais d'enquêtes fâcheuses.

Ils parvinrent au domicile d'Olav Hamsun quinze minutes avant l'heure de son rendez-vous. Le Norvégien tremblait d'impatience et se précipita hors de la Rolls. Son hôte, narquois, le regarda s'engouffrer dans l'immeuble. Au moment où Tom redémarrait, ils aperçurent la petite Hilmann verte stationnée dans une rue perpendiculaire. La jeune femme se tenait à l'intérieur, lisant une revue posée contre son volant.

– Laissez-moi ici, Tom ! ordonna le nain.

D'un œil minutieux, il s'assura que Mary ne croisait pas dans les parages et changea de véhicule.

Le sourire radieux de la nurse lui réchauffa le cœur.

– Tout a magnifiquement fonctionné, assura-t-elle, Jo a procédé à un essai depuis l'endroit où nous sommes, l'appareil s'est parfaitement déclenché.

Elle ouvrit la boîte à gants et en sortit un contacteur assez voisin de ceux qui actionnent la télévision à distance.

– Il suffira que nous pressions cette touche de façon espacée pour impressionner le rouleau de trente-six poses. Pendant qu'il le manœuvrait dans l'auto, je suis restée dans la chambre : on perçoit à peine le déclic non plus que le bruit de l'embobinage.

Ils eurent le plaisir de voir survenir Mary, emmitouflée dans son long manteau à col de fourrure, bottée et chapeautée. Elle se déplaçait d'une allure furtive, la tête inclinée. Probablement avait-elle congédié son taxi à deux blocs de chez son amant, par mesure de sécurité.

– Elle a de l'allure ! remarqua David.

Victoria lui jeta un regard furibond. Elle savait qu'il convoitait secrètement sa belle-sœur et cela la rendait malade de jalousie.

Quand elle eut disparu, il renversa son siège, croisa les mains sur son ventre et soupira :

– Laissons-les se mettre en batterie.

Des passants les considéraient d'un air surpris.

En cette saison le crépuscule s'amorçait déjà et les éclairages des vitrines prenaient de l'importance.

– On devrait avoir droit aux étreintes habillées, déclara le nain au bout d'un instant. Prenez donc un premier portrait, ma tendre chérie.

Docile, elle pressa la touche.

– Ne trouvez-vous pas curieuse cette chasse aveugle ?

demanda-t-il. Nous tirons au jugé, sans savoir où est située la cible.

– L'objectif est braqué sur le lit ! fit-elle remarquer avec une pointe d'ironie.

La nurse pressa à nouveau le bouton.

– Avez-vous prévu un rendez-vous, demain, avec le Norvégien ? questionna-t-elle. Il faudra récupérer la bobine et en mettre une autre à la place pour le cas où le résultat ne serait pas satisfaisant.

– Je l'appellerai le matin en lui demandant de passer me voir. N'importe quel prétexte fera l'affaire : ce fichu Scandinave est plus stupide que les cervidés de ses forêts.

– Il n'est pas bête mais crédule, rectifia Victoria.

Le temps s'écoula avec lenteur. A intervalles réguliers, elle actionnait l'appareil ; le fils du lord, d'esprit mutin, accompagnait chaque déclic d'un commentaire ironique, supputant la nature de la prise venant d'être faite.

Au bout d'une heure de ce « reportage à tâtons », ils n'avaient pris qu'une vingtaine de photos. Soudain pressés d'en finir, ils précipitèrent les choses pour terminer le rouleau, et regagnèrent leur domicile.

Pendant que Victoria remisait la voiture, David voulut pénétrer chez lui, mais un homme qu'il n'avait pas remarqué se détacha du renfoncement abritant la porte et se dressa devant lui. Le nain leva la tête et vit un individu barbu, d'une trentaine d'années, au regard brillant, à la peau bistre. Il supposa qu'il s'agissait d'un Pakistanais.

Le personnage se trouvait correctement vêtu d'une veste à chevrons et d'un imperméable doublé de molleton qu'il s'abstenait de boutonner.

– Monsieur Bentham ? s'enquit-il d'une voix veloutée.

– Que désirez-vous ? demanda rudement David.

– Vous entretenir quelques instants si c'est possible, répondit l'autre.

– Pensez-vous que je lie conversation avec des inconnus ?

– Je ne crois rien de tel, monsieur. Toutefois j'espérais la chose possible dans un cas exceptionnel.

Il parlait doucement, comme s'il y avait à proximité un dormeur qu'il ne voulait pas réveiller. On devinait chez lui une certaine culture.

– Qu'appelez-vous un cas exceptionnel ?

– Celui-ci, par exemple.

L'intrus tira de sa poche une photo prise au polaroïd et la tendit au nain. David s'approcha de la lanterne de fer forgé sommant la porte. De prime abord, il ne réalisa pas ce qu'elle représentait. En y regardant plus attentivement, il vit qu'il s'agissait d'une de ses fléchettes empoisonnées.

– J'ai cru comprendre que cet objet vous appartenait, reprit l'homme. Je l'ai trouvé près du horse-guard mort sur son cheval, hier ; vous l'avez fiché dans la joue du militaire au moyen d'une sarbacane.

Le fils de lord Bentham demeura impassible. Il engagea la clé, ouvrit et s'effaça :

– Veuillez entrer, je vous prie.

Il actionna l'électricité, pénétra à son tour dans son logis et, intentionnellement, mit la chaîne de sécurité bloquant la porte. Il conduisit le Pakistanais au living.

– Prenez place ! invita-t-il en désignant les sièges de la pièce.

Son visiteur hésita, puis choisit un fauteuil d'un postérieur prudent. Dans la lumière, il semblait passablement râpé ; sa barbe lui donnait quelque chose d'hirsute. Il ressemblait à ces étudiants du tiers-monde contraints à des emplois subalternes pour payer leurs études.

A cet instant, Victoria sonna.

– Excusez-moi, dit le petit homme : on me rapporte la clé de ma voiture.

Désinvolte, il gagna l'entrée, tenant un doigt sur sa bouche.

Il ouvrit et, à voix basse, dit à la nurse :

– Un type me fait chanter pour l'affaire du *guard*. Suivez-le, il faut coûte que coûte savoir où il habite car il a la fléchette.

Puis, à voix haute :

– Vous n'avez pas oublié de brancher l'antivol ?

– Non, monsieur.

– Bravo ! A demain !

Il claqua la porte, retourna au living.

– Bien, vous disiez ?

Son ton était détaché, un rien badin. Sa figure exprimait l'ennui.

La question embarrassa son interlocuteur, lequel manquait d'assurance. Il se trémoussait misérablement dans le fauteuil, ne sachant trop que dire, ni quelle contenance prendre.

David vint à son secours :

– Vous habitez Londres depuis longtemps ?

– Deux ans.

– Vous êtes à l'université ?

– En pharmacie.

– Intéressant.

Il y eut un silence, sir David comprit qu'il dominait la situation sans difficulté. Il se trouvait face à un maître chanteur amateur qui cherchait ses marques.

– Donc, hier, vous m'avez surpris en train de flécher cet imbécile de horse-guard. Vous avez eu la présence d'esprit de ramasser le dard et de me suivre. L'idée vous est alors venue de me faire chanter.

L'homme eut un léger sursaut.

– J'ai besoin qu'on m'aide, murmura-t-il, je ne parviens plus à poursuivre mes études ; j'exécutais des petits travaux, mais c'est terminé. La crise...

David demeura impassible. Son vis-à-vis ne lui faisait pas pitié : il l'écœurait...

– Si je comprends bien, vous me proposez de racheter ma fléchette ?

Le visiteur ne répondit pas.

– J'aimerais vous poser une question, poursuivit le nain. Vous vous rendez compte que votre démarche est dangereuse ? Je fais partie d'un réseau capable de vous écraser comme un cancrelat. Dites un mot à la Police et vous regretterez d'être né.

L'autre eut une mimique de protestation.

– Mais je ne veux rien dire...

– Vous êtes cependant venu chez moi avec l'intention de me menacer, cette photo de la fléchette le prouve.

L'étudiant regardait obstinément ses chaussures dont l'une bâillait sérieusement.

– Finissons-en ! trancha David avec brusquerie : allez chercher l'objet et rapportez-le-moi. Je vous remettrai mille livres. Vous ne me croyez pas ?

Il se dirigea vers un secrétaire dont il rabattit le panneau et sortit des billets de banque d'un tiroir. Il en compta vingt de cinquante livres et rangea le reste.

– Jouons au western, fit-il en déchirant la liasse en deux.

Le nain en fourra une moitié dans la poche d'imperméable du maître chanteur.

– Faites vite, je suis attendu ce soir pour dîner.

Il raccompagna l'étudiant à la porte et réprima son envie de lui administrer une bourrade.

Lorsque l'homme fut parti, il s'allongea sur un canapé après avoir éteint les lumières, à l'exception d'une petite lampe d'opaline.

Il regardait le feu dans l'âtre, toujours aussi languissant, fait pour l'intimité ou la solitude.

L'alerte qu'il venait d'affronter le laissait complètement

détendu. Pas un instant il n'avait eu peur. Il se sentait préservé, hors des mauvaises atteintes, comme si – à cause de sa disgrâce peut-être ? – il bénéficiait d'une protection surnaturelle.

Il finit par s'assoupir en pensant aux photographies scabreuses de sa belle-sœur et d'Olav Hamsun.

« Pourvu qu'il y en ait quelques-unes de réussies », songeait-il.

Cela ressemblait à une supplique sans destinataire.

32

Quand Victoria revint, elle trouva le nain endormi sur le canapé, les traits détendus. Il ne s'éveilla pas. Elle s'assit doucement près de lui pour l'admirer. Son air abandonné avait quelque chose de troublant. Elle ne se lassait jamais de le voir dormir. C'est au cours de ces « tête-à-tête à sens unique » qu'elle mesurait l'intensité de son amour. Quelquefois, elle tentait de réagir, se reprochait d'aimer cet être anormal, minuscule et pervers, mais ce dénigrement restait extérieur à son sentiment. Elle lui appartenait totalement ; cette certitude lui apportait une félicité étrange, comparable à celle que ressent l'adepte fanatisé d'une secte.

Lorsqu'il ouvrit les yeux, la nurse était là depuis vingt bonnes minutes. Une expression de contentement accentua son sourire mystérieux de dormeur.

Il abandonna sa posture allongée pour s'asseoir en face d'elle.

– Je ne vous ai pas entendue, fit-il pour s'excuser. Vous avez du nouveau ?

Victoria acquiesça.

– Je n'ai eu aucun mal à le suivre car il a pris l'*underground* [1]. Il semblait mal à son aise et gardait la tête dans le col de son manteau de pluie... Une fois descendus, nous

1. Métro londonien.

avons marché jusqu'à Great Russel Street. Il avançait rapidement. Très vite, il est parvenu au Y.M.C.A. [1] qui se trouve dans cette rue et y est entré. Sans hésiter, j'en ai fait autant. Personne n'a pris garde à moi, à cause du va-et-vient qui existe dans l'immeuble. J'ai suivi votre homme jusqu'au quatrième où il dispose d'une chambre au bout d'un couloir. Je ne sais quelle détermination me poussait ; quand il a eu ouvert, je me suis précipitée avec lui dans la pièce en lui disant : « Il faut absolument que je vous parle. » Cela n'a pas semblé le surprendre. Il a refermé la porte puis m'a jeté un regard de chien battu. On aurait dit un médium en transe. Il a tiré de sa poche des moitiés de billets de banque et me les a tendus. J'ai aussitôt compris que vous les lui aviez donnés, aussi les ai-je pris.

Le nain faillit faire une objection mais, d'un geste, elle le pria d'attendre.

– Je n'avais qu'une idée : récupérer la fléchette. Ce garçon avait l'air si désemparé que je la lui ai tout bonnement réclamée, et il me l'a remise sans la moindre réticence.

– C'est un pauvre type, fit dédaigneusement David. Ensuite ?

Un sourire délicat naquit sur la bouche mutine de la nurse.

– Devant son état d'hébétude, j'ai voulu vérifier quelque chose, sir.

– C'est-à-dire ?

– Je me suis demandé si ces dards pouvaient être réutilisés avec succès, c'est pourquoi je l'ai planté sur le dos de sa main, quelques centimètres au-dessous de l'annulaire, là où nos veines montent à la surface. J'ai le plaisir de vous informer que le résultat a été immédiat.

– Quoi ? glapit le nain, vous voulez dire qu'il est...

– Rigoureusement, sir, avec une instantanéité qui lui a permis de conserver sa dignité.

Médusé par la froide détermination dont elle venait de

1. Foyer réservé à des étudiants internationaux.

faire preuve le cadet de lord Bentham serra son visage contre le pubis de Victoria. En lui s'élevait un hymne à la vie. La jeune femme constituait son garde-fou. Elle le protégeait des perfidies de l'existence et, surtout, de lui-même. Quelque part, elle remplaçait la mère dont il avait toujours eu besoin et qu'il n'avait jamais vraiment connue, car la duchesse n'admit jamais son nanisme. Il ne savait de la prime enfance que les jupons de Mrs. Macheprow, ce personnage qui l'avait élevé en le méprisant. Mrs. Macheprow, source de toutes ses haines.

En fille pratique, Victoria alla chercher un rouleau adhésif dans un tiroir du bureau et demanda à David d'amener l'autre partie de la liasse déchirée afin de recoller les billets.

33

Ils n'eurent pas la patience d'attendre le lendemain pour aller chercher la bobine chez Hamsun. Vers huit heures du soir, le nain appela son « protégé » sous le prétexte qu'il était seul et avait du vague à l'âme. Le gentil Norvégien consentit à venir boire un verre chez son protecteur auquel il ne pouvait rien refuser.

Sitôt que la nurse le vit déboucher dans Charles Street, elle prit le chemin de sa garçonnière.

En y pénétrant, elle reconnut le parfum de lady Mary aux fragrances nostalgiques et celui, plus âcre, de l'amour ardemment pratiqué. Le jeune amant s'était bien gardé d'aérer la chambre et de refaire le lit, désireux qu'il était de conserver dans sa provisoire solitude un peu de l'enchantement vécu.

Victoria se précipita sur l'appareil, la gorge nouée par l'anxiété. Fébrilement, elle consulta la minuscule lucarne pratiquée dans la carène et son bonheur fut au zénith en constatant que la pellicule avait tourné jusqu'au chiffre 36.

Avec des précautions de démineur, elle rembobina le rouleau et s'en saisit. Après quoi elle le remplaça par un neuf. Rarement elle s'était trouvée dans un pareil état d'exaltation. Avant de partir, elle rouvrit la porte pour s'assurer qu'elle n'avait pas laissé de lumières derrière elle.

Elle connaissait, dans le quartier de Piccadilly, une boutique où l'on développait les photos jusqu'à une heure avancée de la soirée. Elle confia sa pellicule à un petit être blafard, à lunettes cerclées de fer, dont l'expression désabusée dérangeait.

Le garçon disparut derrière un rideau coulissant et ses appareils se mirent à produire des bruits robotiques. Pendant qu'il s'activait, la nurse regarda les nombreux portraits tapissant les murs du magasin. Elle jugea affligeante l'humanité étalée là. Plus ces gens prenaient des poses, des mines pour essayer d'exprimer la joie et de « stimuler » leur personnalité, plus elle les trouvait pitoyables.

Le temps lui parut interminable. Enfin l'espèce de laborantin surgit, ses épreuves brillantes à la main. Son regard était devenu aussi pointu que son nez.

– Sans être bégueule, j'aime pas beaucoup ce genre de boulot, fit-il, c'est un truc à se faire emballer par la police !

Blême de honte, Victoria ramassa la pochette et déposa un billet de dix livres sur le comptoir. Elle avait l'intention de laisser la monnaie, mais le type aux lunettes la rappela d'un très sec : « Hé ! Vous oubliez ça ! » qui la fit renoncer à ses largesses.

Une fois à l'abri de sa voiture, elle actionna le plafonnier et sortit les photos. A la vue de la première, elle se mit à rougir. Le cliché représentait la sévère marquise Bentham en train de chevaucher à l'envers son jeune amant. Le Norvégien se tenait allongé, nu, le sexe dressé, et sa maîtresse, les jupes retroussées, s'empalait sur son membre qui se révélait de belle dimension. Lady Mary avait le visage chaviré par l'intensité de son plaisir ; la bouche entrouverte, le regard clos, elle se laissait gagner par la pâmoison.

La nurse, peu habituée aux images pornographiques, contemplait celle-ci avec une sorte de stupeur mêlée d'effroi. Voir en posture pareillement licencieuse une femme de la noblesse, connue jusqu'alors comme une personne guindée, la plongeait dans un indicible effarement.

L'image suivante était ratée, en ce sens que les amants ne se trouvaient pas dans le champ. Il en fut de même pour nombre des suivantes. Et puis elle retrouva le couple en action.

Cette fois-ci, ils se présentaient entièrement dénudés. C'était au tour de Mary Bentham d'être couchée ; Olav avait la tête entre ses cuisses. Sa partenaire se mordait la main pour, vraisemblablement, retenir des cris de jouissance.

Les photos qui succédaient donnaient de leurs étreintes une relation plus classique, les montrant ventre à ventre, dans une furia libératrice.

Victoria parcourut le reste des images avec beaucoup moins d'intérêt car elles lui semblèrent plus « tièdes ». Mais son tableau de chasse la ravissait. C'est dans un grand état d'ébullition qu'elle regagna leur domicile.

Le Scandinave s'y trouvait toujours ; à ses oreilles rouges et à son regard brillant, elle comprit que sir David l'avait fait boire. Certes, l'anglais n'était pas sa langue maternelle, mais d'ordinaire il ne butait pas sur chaque mot. Elle le salua gentiment et, sans rien dire, tendit la pochette contenant les photos au nain. Ce dernier la prit négligemment.

– Vous permettez ? demanda-t-il à son visiteur.

Il se mit à compulser les images, posément, sans marquer la moindre réaction. Victoria admira sa maîtrise de soi. Quand il eut terminé son examen, il les replaça dans leur enveloppe, laissant cette dernière entre leurs coupes de champagne. Au silence que conservait son hôte, Hamsun, malgré son début d'ivresse, comprit qu'il ne devait plus s'attarder. Il bredouilla des remerciements et se leva. Ce fut la nurse qui le reconduisit.

Lorsqu'elle revint au salon, sir David avait étalé les photos sur la table et se mettait à éliminer celles qui n'offraient aucun attrait particulier. Il procédait à sa sélection dans le plus grand calme, la mine sévère, les sourcils joints par la concentration. En fin de compte, il en conserva quatre auxquelles il adjoignit leur pellicule et remit les autres à sa compagne.

– Vous pouvez les jeter, c'est de la bricole.

Il s'abîma ensuite dans une interminable contemplation de celles dont il comptait se servir.

– Intéressant, non ? risqua Victoria.

– Davantage encore, fit-il. Cette femme est un cas !

– Vous savez de quelle manière les utiliser ?

– Naturellement.

Elle comprit qu'il n'éprouvait pas l'envie de lui dévoiler ses batteries et, comme toujours, n'insista pas.

34

Au début, elle arrivait avec des airs de conspiratrice pour mauvais théâtre : emmitouflée et la tête basse. Et puis, l'habitude l'enhardissant, elle priait les taxis de la conduire à l'adresse d'Olav et pénétrait dans l'immeuble avec une certaine désinvolture.

La force de son amour la soutenait, dissipait ses craintes d'épouse adultère.

Ce jour-là, quand elle sonna, elle fixa au pommeau de cuivre de la porte un petit paquet délicat qu'il n'aperçut pas immédiatement en ouvrant, tant il n'avait d'yeux que pour sa personne. Elle changeait chaque jour de toilette, en achetait de nouvelles le matin qu'elle mettait l'après-midi. Elle les choisissait toujours plus pimpantes, avec des couleurs vives auxquelles elle n'était pas habituée, des fantaisies qu'ignoraient ses anciens couturiers.

– Venez vite ! fit-il d'une voix suppliante.

Son désir était communicatif. Elle se plaqua à lui. A la fin de leur vorace baiser, il aperçut le présent accroché après l'huis.

– Qu'est-ce que c'est ? murmura Hamsun avec un air de fausse innocence.

– Regardez !

Il s'empara du cadeau, la poussa à l'intérieur de la garçonnière et referma la porte d'un coup de talon.

Le paquet s'avérait lourd pour son faible volume. Sa gaucherie de jeune homme paralysait ses mouvements. Sottement, il continuait de psalmodier : « Qu'est-ce que c'est ? » avec une incrédulité feinte qui aurait agacé Mary si elle n'avait été amoureuse.

Se décidant à défaire l'emballage, il trouva une gourmette d'or, avec, gravés sur la plaque d'identité, deux mots de quatre lettres : « LOVE MARY. » Des larmes vinrent à cet amant dont c'était le premier « cadeau d'amour ».

Au plus intense de son émotion, l'on sonna à la porte. La marquise se mit à paniquer et regarda autour d'elle instinctivement pour chercher une cachette. Le réduit où l'on serrait le matériel d'entretien fit l'affaire.

– Qui est là ? interrogea le futur architecte d'un ton défaillant.

– Un envoi express pour Hamsun, répondit une voix indifférente.

Le Norvégien fit jouer le verrou qu'il venait de fermer et se trouva effectivement en face d'un postier tenant une immense enveloppe de papier kraft.

– C'est vous, Olav Hamsun ?

– Oui.

– Si vous voulez bien signer ici...

Le stylo à bille se trouvait attaché au carnet du fonctionnaire par une simple ficelle. Le garçon apposa un vague paraphe à l'endroit indiqué par le livreur. L'autre lui remit l'enveloppe. Comme aucun pourboire ne venait, l'employé toucha le bord de sa casquette.

– Merci beaucoup, monsieur.

Olav referma et appela Mary.

– Un livreur, dit-il. Vous avez eu peur, mon amour ?

Elle convint que oui. Alors il dégrafa le corsage de sa maîtresse et baisa les battements fous de son cœur.

Tout à coup, Mary poussa une exclamation qui les désunit.

– Qu'avez-vous ? demanda le Scandinave.

La marquise désigna l'envoi sur le guéridon où l'avait

déposé Olav. Il regarda à son tour et vit le nom de John Bentham à la rubrique « expéditeur ». Très vite, son émoi se dissipa :

– Votre époux m'adresse l'ouvrage qu'il m'avait promis sur Green Castle où sa famille possède un château médiéval.

Pour chasser l'angoisse de Mary, il éventra l'enveloppe et en sortit quatre immenses photographies collées sur des supports de carton « artistique ».

Les amants ne s'évanouirent ni ne poussèrent de cris, comme c'eût été le cas au siècle dernier. Ils restèrent blancs et glacés devant ces images indicibles. Une honte insoutenable les saisissait. Leur salacité crûment étalée abolissait en eux toute dignité humaine. Cette frénésie sensorielle qui, lorsqu'ils la libéraient, les rendait orgueilleux de leur passion, devenait ignoble, ainsi exhibée. L'acte sexuel, si noble dans ses débordements, prend un aspect crapulard quand il est perçu par l'œil cruel de l'objectif. Olav et Mary chutaient sans transition de Roméo et Juliette au film hard.

Ni l'un ni l'autre ne pouvait détacher leurs yeux de ces photographies que l'agrandissement rendait davantage impitoyables. Cela ressemblait à un traumatisme violent. Ils se sentaient groggy.

Hamsun réagit le premier :

– Comment a-t-on pu prendre ces photos ? balbutia-t-il.

Il regarda la pièce avec des yeux nouveaux ; ce lieu où ils s'aimaient avec tant d'abandon les avait trahis. Le Norvégien cherchait à percer le mystère. Il alla à l'emplacement de leurs étreintes, l'un des clichés à la main, cherchant à déterminer de quel point de la pièce l'objectif les avait pris. Il trouva celui-ci sans trop de peine. Sa jeunesse reprenant le pas sur son abattement, cette découverte le mit de bonne humeur et il exulta :

– Le voilà ! Il était bien caché, n'est-ce pas ?

Il se pencha sur l'appareil, comprit qu'il était équipé d'un déclencheur à distance et voulut faire part de sa découverte à Mary ; il constata alors que sa maîtresse venait de partir.

35

– Pouvez-vous me passer sir David ? demanda sèchement lady Bentham.

– Tout de suite, madame, répondit la nurse.

Depuis plusieurs jours, le couple ne prenait plus de repas chez le lord. Ils mangeaient quand la faim se faisait sentir, au gré de leur fantaisie.

Bien qu'il fût trois heures de l'après-midi, David et Victoria se trouvaient à table, servis par Tom Lacase en veste blanche. Selon de toutes nouvelles conventions intervenues entre eux, ils se partageaient la responsabilité du menu. La nurse réglait les jours impairs et son amant les autres. Ils rivalisaient d'inventions. Le nain prenait du poids tandis que sa compagne se « surveillait », s'appliquant à commander les mets basses calories lorsque le choix lui appartenait.

– Sa Grâce veut vous parler, annonça-t-elle.

Le nain fit la grimace et s'en fut prendre le combiné.

– Mes respects, mère.

– J'aimerais que vous veniez dans mon boudoir le plus vite possible, fit la duchesse.

– J'accours, répondit-il.

David serra le nœud de sa cravate et lissa ses cheveux machinalement.

– Je n'aime pas sa voix, déclara-t-il avant de sortir.

Ils se retrouvèrent dans l'antichambre précédant la pièce. Lady Muguette attendait son cadet en rêvassant dans un fauteuil. Elle portait un pantalon de jean qui accentuait son début de ventre et un pull à col roulé si lâche qu'il semblait avoir appartenu à une personne beaucoup plus enveloppée.

En voyant survenir David, elle se leva pour venir à sa rencontre.

– On ne vous voit plus guère, lui dit-elle, en manière d'accueil. Auriez-vous décidé de nous battre froid ?

– Absolument pas, mère, mais je suis dans une période de mélancolie qui m'incite à la solitude.

– Solitude à deux, fit-elle avec ironie.

Il la fixa droit dans les yeux et ce fut lady Muguette qui, la première, détourna le regard.

Changeant de ton, elle murmura :

– David, il y a derrière cette porte quelqu'un qui souhaite vous entretenir ; je vous demande de l'écouter et de contenir vos réactions si, d'aventure, vous les sentiez violentes. Là-dessus, je vais peindre.

Elle le planta là, sans ajouter un mot.

Vaguement indécis, le petit homme sentit croître sa rancœur contre sa mère. Décidément, leurs relations allaient de mal en pis. Un instant, l'idée lui vint de quitter l'univers familial et de partir loin de Londres en compagnie de Victoria. Il la chassa aussitôt, se disant qu'une pareille décision pousserait les siens à lui couper les vivres. D'autre part, il aimait sa vie présente qu'il avait construite comme un nid d'hirondelle. Elle était hermétique, avec juste une minuscule ouverture pour y accéder.

Il poussa la porte du boudoir après y avoir frappé légèrement. Peu de gens possédaient le privilège de connaître ce lieu sacro-saint où lady Muguette se retirait parfois pour chercher l'inspiration dans une bouteille de Château Pétrus.

La pièce exiguë ne comportait qu'une seule fenêtre donnant sur l'arrière de l'immeuble. Deux canapés placés face à face devant une cheminée de marbre noir et une table basse en constituaient l'ameublement. Les murs étaient garnis d'étagères supportant une superbe collection de boîtes à musique qui toutes représentaient des cages contenant des oiseaux naturalisés. On trouvait là des variétés qui eussent ravi un ornithologue : des petits échassiers, des palmipèdes, des paradisiers, des rapaces, oiseaux terrestres ou marins, oiseaux de proie, oiseaux des îles aux couleurs irréelles. Une mécanique équipait chaque fond de cage ; certaines restituaient le chant de leur occupant, d'autres moulinaient des airs éraillés mais nostalgiques.

Quand le nain entra, une femme se tenait debout, dos à lui, admirant l'étrange collection. Il ne la reconnut pas sur l'instant. Elle lui fit face : c'était Jessie Lambeth. Son saisissement fut tel qu'il en oublia de la saluer.

– Vous semblez surpris ? remarqua-t-elle en souriant.

– Franchement oui, admit David.

– Vous devez me trouver pugnace ?

– Davantage, assura sèchement le nain.

– J'ai de la suite dans les idées, non ?

Il haussa les épaules.

– Votre femme de chambre vous a relaté sa visite chez moi ?

– Naturellement.

– Entièrement ?

– Je le suppose.

– Et qu'en pensez-vous ?

– Que vous êtes un être passionnant, mais je le savais déjà.

Elle le dévorait des yeux. Il décela sur son visage quelque chose de confusément pathétique. Cette fille paraissait possédée par son idée et ne lâcherait pas prise aisément.

– Pour quelle raison êtes-vous venue voir ma mère ?

– J'imagine que si je vous avais demandé un rendez-vous par téléphone vous auriez refusé ?

– Sûrement.

– Je crains que vous ne m'ayez spontanément prise en grippe, le premier soir.

– Il ne faut rien exagérer. De retour chez moi, je vous avais déjà oubliée.

– Vous me trouvez laide ?

– C'est là une question qui ne m'a pas effleuré. A vrai dire « je ne vous trouve pas ». La réalité, pardonnez ma brutalité, est que vous êtes sans intérêt.

– Parce que vous aimez cette fille qui partage votre lit ?

– Si je n'en avais pas une meilleure, ce pourrait être en effet la raison de mon indifférence.

– Et quelle est cette meilleure raison ?

– Eh bien, voyez-vous, les femmes, pour moi, se divisent en deux groupes : celles que j'aimerais baiser et celles qui me laissent la queue pendante ; vous appartenez à la seconde catégorie, navré.

– Peut-être pourrions-nous vérifier ?

– C'est-à-dire ?

Elle s'assit sur l'un des canapés. Elle portait un kilt dont les pans s'écartèrent dans le mouvement. Il constata qu'elle n'avait pas de slip.

– Vous êtes follement indécente, déclara sèchement David, supposez que ma mère nous rejoigne ?

– Ce n'est pas le genre de personne qui entre sans avoir frappé, même chez elle.

Elle avança les fesses au bord du siège, écartant ses jambes le plus possible avec une suprême impudeur.

Il considéra cette offrande lubrique sans ressentir d'émoi physique et demanda, d'un ton calme :

– Etes-vous nymphomane, ma chère ? Je pensais qu'on trouvait ce genre de cas uniquement dans les hôpitaux psychiatriques.

A cet instant, la porte s'ouvrit. Déjouant les prévisions de Jessie, la duchesse parut, le visage défait. Malgré son bouleversement, elle fut sidérée de découvrir la jeune fille dans une aussi effarante posture. Elle s'arrêta net, puis murmura :

– Je vous demande pardon.

– Mademoiselle me faisait du charme, mère, ironisa le nain.

Jessie Lambeth se dressa d'un bond, rajusta rapidement son kilt et quitta la pièce sans un mot.

– Vous me destiniez en vérité une curieuse épouse, mère, fit calmement David. Vous deviez bien penser que vouloir épouser un nain dénote une aliénation mentale évidente !

Elle ne fit pas attention au sarcasme, reprise qu'elle était par son émotion.

– David, dit-elle, votre belle-sœur Mary a tenté de se suicider ; on l'a conduite au Bartholomew's Hospital.

Il encaissa la nouvelle sans broncher. Peut-être s'attendait-il à une telle réaction de la marquise ?

– J'y cours ! enchaîna lady Muguette. Souhaitez-vous m'accompagner ?

– Je ne préfère pas, mère : un monstre ne ferait qu'ajouter au côté dramatique de la chose.

36

Ils se rendirent chez le Norvégien pour le mettre au courant de la situation mais Olav ne répondit pas aux coups de sonnette. Comme Victoria gardait toujours un double des clés dans son sac, elle ouvrit.

La première chose qu'ils remarquèrent en pénétrant dans le pied-à-terre, ce furent les photos calcinées dans la cheminée au feu déclinant. Ensuite, ils avisèrent le matériel photographique sur la table du salon. Il servait de presse-papiers au feuillet sur lequel Hamsun avait écrit : « Merci pour tout », soulignant les deux derniers mots.

Les amants se regardèrent.

– Vous croyez qu'il a compris ? demanda la nurse.

– Evidemment. En fait, il n'était pas si bête que ça, ce petit Scandinave.

Outre le message, Olav avait laissé l'argent qui lui restait sur la somme généreusement offerte par sir David.

En femme avisée, Victoria explora les placards pour s'assurer que le locataire avait bien évacué ses effets et objets personnels. Elle faisait cela par acquit de conscience, sachant déjà qu'il s'agissait d'un départ sans esprit de retour.

Lorsqu'elle eut terminé cette inspection, son amant s'approcha d'elle et souleva ses jupes. Ce nid d'amour l'inspirait ; il se montrait sensible à l'atmosphère feutrée qui y régnait. Ayant dévêtu la partie sud de la nurse, il la pria de mettre un pied sur la table tout en restant à la verticale et lui pratiqua l'amour à l'équerre, selon une figure illustrant un manuel érotique du XVIIIe siècle.

A cause de sa taille, cet accouplement relevait de l'exploit, mais sa partenaire se plia avec beaucoup de science et de bonne volonté à la manœuvre. On a déjà vu des bassets mâles couvrir des bergers allemands femelles, les transes de la sexualité se prêtant aux prouesses les plus saugrenues.

Quand ils eurent mis à jour leur brusque fringale, sir David insista pour qu'ils s'étendent sur le lit où Mary avait connu l'amour débridé.

Les mains croisées derrière la tête, il évoquait cette femme rigide, l'imaginait dans ses débordements. Il songeait que les supputations sont fallacieuses en matière sexuelle. Telle créature à l'air volage est parfois, au lit, d'une triste platitude, tandis que telle dame de bon maintien, comme sa belle-sœur, s'y comporte de façon sauvage.

– Nous allons utiliser cet endroit, fit-il en caressant les cuisses de Victoria. Il y règne une ambiance capiteuse, ne trouvez-vous pas ?

– Tout à fait, reconnut la jeune femme.

– Vous croyez qu'elle va mourir ?

– Je ne le pense pas. Suicide de midinette, sir. Ceux qui souhaitent sincèrement en finir avec l'existence sautent d'un dixième étage ou se jettent sous le métro.

– C'est également mon avis, dit-il.

Il se sentait repu, presque heureux. Que sa belle-sœur ne meure pas, surtout ! Qu'elle réchappe à ses idiotes pilules, et alors il s'occuperait d'elle. Désormais, elle serait brisée, complètement à sa merci.

***

Le soir, il dîna chez ses parents, histoire de marquer sa solidarité. Il s'y rendit sans la nurse, comme pour offrir à sa mère un geste d'allégeance. Son frère, sir John, participait également au repas, car les familles se soudent dans l'adversité. L'aîné des Bentham vivait mal le « suicide » de son épouse ; il craignait que la chose s'ébruite. Bien qu'il eût recommandé la plus totale discrétion à son personnel, il n'ignorait pas que ce genre de nouvelle se contient difficilement et qu'elle finit peu à peu par être colportée aux quatre coins du royaume.

Sa mère, en femme avisée, conseillait de lâcher du lest plutôt que de nier une réalité qui finirait par s'imposer. Elle préconisait d'accréditer la version d'une grave maladie. Dans un moment de panique la marquise avait eu la tentation d'en finir.

Les hommes du clan approuvèrent cette présentation classique qui allait provoquer la compassion générale.

Lorsqu'ils eurent admis la solution proposée par lady Muguette, John murmura :

– Cela ne m'explique pas le geste de Mary.

Il y eut un silence embarrassé.

L'époux trompé donna de la lame dans un rosbif que sa mère s'obstinait à exiger saignant et enchaîna :

– Lorsque je suis allé la visiter à l'hôpital, elle venait à peine de reprendre conscience et a imploré mon pardon. Pardon de quoi, selon vous ?

– Grand Dieu, mais de son acte ! fit violemment la duchesse. Un suicidé raté culpabilise vis-à-vis de ses proches, car en souhaitant mourir il les désavoue.

– Et pourquoi a-t-elle voulu mettre fin à ses jours ? questionna le juriste.

– Puisque nous sommes en famille, je vais me montrer franche, mon garçon : vous délaissez passablement votre épouse depuis quelques années. Les hommes de votre âge songent davantage à leur carrière qu'à leur foyer.

– Croyez-vous ? fit le mari, contrit.

– Evidemment ! Mary approche de la quarantaine ; c'est

un moment difficile de la vie d'une femme. Lorsqu'elle sera rétablie, suivez mon conseil : offrez-lui une nouvelle lune de miel à Venise ou Acapulco.

Convaincu par l'argument maternel, John se sentit rasséréné. Il décida d'envoyer une superbe corbeille de roses à l'hôpital, le lendemain.

Trônant sur sa chaise haute, le nain se délectait. Il évoquait le sexe de sa belle-sœur, épanoui, sur l'une des photos brûlées. Un jour il appliquerait sa bouche sur une telle splendeur et s'en régalerait. Il disposait d'une éternité pour atteindre ce but fabuleux. L'existence ne valait que par les défis qu'on lui lançait.

37

Mary gardait les yeux clos car elle était tournée face à la fenêtre et la vive clarté du jour neuf meurtrissait sa vue.

Toujours sous l'effet des médicaments, elle se satisfaisait de pensées sans aboutissement. Elle différait l'instant où il lui faudrait affronter la réalité : écouter les autres, leur répondre, accepter des conseils inutiles. Certes, des nausées la secouaient encore, par brèves rafales, du moins se savait-elle hors de danger, c'est-à-dire pleinement à la disposition de sa peine et de son humiliation.

Une infirmière entra, apportant des senteurs de roses.

– Voyez la splendide corbeille que « notre » mari « nous » envoie ! s'exclama la femme.

La marquise ne se donna pas la peine de regarder. Plus rien ne comptait, ni même n'existait. Elle se sentait saccagée de corps et d'esprit. Même son fils, le piètre Robespierre, l'indifférait. Sa dignité également. Elle songea obscurément qu'elle allait devoir trouver un autre moyen de mourir puisqu'elle ne pouvait plus poursuivre sa route.

Des souvenirs affluaient par flashes répétés. Elle revoyait les grandes photos de sa déchéance, qui ne cachaient rien de son intimité la plus secrète, la plus organique laideur insoutenable du corps faisant complète soumission à l'amour physique. La mort elle-même pourrait-elle abolir l'indescriptible ?

Les clichés resteraient pour raconter au monde ses dépravations. Désormais, elle n'était plus que cela : l'offrande odieuse de sa féminité en rut.

A cette notion de faillite honteuse et irrémédiable, s'ajoutait la monstrueuse désillusion infligée par son amant. Elle ne doutait pas qu'il eût été le complice de cette sinistre intrigue.

A travers l'espèce de brume qui l'isolait, elle comprenait parfaitement qu'Olav avait joué un rôle conçu par l'abominable David. Elle « savait » de façon péremptoire que le nain était le maître d'œuvre de la machination. Et elle, la stupide, la crédule, la femme en peine, érodée par la médiocrité de sa vie, avait foncé tête baissée dans le complot.

L'infirmière était repartie. Il devait y avoir d'autres fleurs avec les roses car elles dégageaient un parfum insistant, légèrement opiacé. Mary se dit qu'elle ferait porter la corbeille à la chapelle de l'hôpital.

Elle stagna encore un peu, tentant de fuir les pensées morbides qui la taraudaient. Elle souhaitait qu'on lui administre un analgésique puissant qui la soustrairait à l'horreur de sa situation. Brève vacance pour une âme torturée.

Elle entendit s'ouvrir de nouveau la porte.

Mary tourna doucement son visage dans le creux de l'oreiller, bien décidée à ne communiquer avec personne. Elle voulait s'abstraire totalement.

Quelqu'un contourna sa couche pour venir du côté de la fenêtre. La personne prit une chaise qu'elle amena auprès du lit; s'y assit et resta muette.

Les choses continuèrent un moment dans cet immobilisme silencieux. Cela ressemblait à un étrange affrontement. A la fin, ce fut Mary qui céda. Elle dégagea sa figure de l'oreiller et ouvrit les yeux.

Elle fut à peine surprise de reconnaître David. Il se tenait sagement sur son siège, les chaussures à vingt centimères du parquet, les mains croisées entre ses courtes jambes. Il portait un imperméable de couleur mastic, à épaulettes, une cravate écossaise dans les tons rouge, des gants sport en peau de pécari, percés de trous aux jointures. Réduction d'homme à l'air flegmatique, il attendait, apparemment plongé dans une sereine méditation.

Son regard incisif découvrit celui de lady Mary.

– Bonjour, lui dit-il. J'ai pensé que ma visite vous apporterait un certain réconfort.

Il s'exprimait d'une voix grave contrastant avec son ton ordinaire.

– En fait, poursuivit-il, je suis convaincu que personne d'autre que moi n'est susceptible de vous aider à franchir ce mauvais pas.

Elle l'écoutait sans le moindre sentiment de rejet comme cela avait toujours été le cas dans leurs rapports précédents. On n'éprouve rien devant une catastrophe naturelle, sinon une extrême résignation.

La marquise, pour la première fois depuis qu'elle connaissait le nain, avait cet étrange réflexe des victimes à se mettre sous la protection de leur bourreau.

– Voyez-vous, Mary, souvent des gens que l'on croirait inconciliables finissent par se découvrir complémentaires. Gardez confiance et vous constaterez combien la dure expérience que vous venez de vivre vous aura aguerrie. Votre brusque engouement pour ce minet norvégien a révélé votre sensualité.

« Vous êtes un être de volupté. Vos sens, pendant des années assoupis, se mettent à flamber, Mary. Vous allez commencer une existence nouvelle, dans laquelle mon stupide frère n'aura rien à voir. Vous êtes d'une autre trempe que ce falot aux grands airs. La véritable passion, vous allez la connaître. Ce n'est pas un bellâtre qui vous l'apportera, mais l'amour, ma chérie, car seul l'amour est capable de donner la félicité totale.

« J'ai les photos : rassurez-vous, moi seul les ai vues, je les contemple à tout moment.

« Si vous saviez comme elles sont sublimes ! Comme c'est magnifique une femme de feu ! Quel abandon magistral ! Quel délire de la chair ! Vous m'envoûtez. Je servirai votre fièvre. Attendez, Mary, non : ne craignez pas. Je veux que nous fassions plus intime connaissance.

« Donnez-moi votre main. N'ayez pas peur. C'est cela, laissez-vous guider. Votre odeur, votre peau me mettent en complète érection. Vous vous en rendez compte ? Eh oui : voilà ce que cache mon nanisme. Etrangeté de la nature, n'est-ce pas ? Ah ! je sens que vos doigts se crispent sur l'objet. C'est bon signe.

« Je vais vous laisser. Reprenez confiance. Remettez-vous de ce traumatisme. Vous êtes la digne, la grave marquise que le Tout-Londres connaît, admire et apprécie.

« Pensez à moi, comme je pense à vous. Je ne mesure que quatre fois la longueur de mon sexe, mais peu d'hommes me valent. »

38

Christina Hertford avait passablement changé depuis son aventure avec Victoria Hunt. Six ans auparavant, elle se présentait sous l'apparence d'une fille sportive à l'air décidé, dont le regard provoquait spontanément. Et puis, un grand chagrin d'amour avait brisé la farouche énergie qui l'animait. Une sorte de repli s'était opéré chez cette femme autoritaire dont le plaisir consistait à « convertir » à Lesbos ses élèves de l'école de nurses.

Depuis son inguérissable déchirement, elle ne se sentait plus motivée ; son goût de la séduction homosexuelle s'émoussait. Ce désarroi l'incitait à chercher un dérivatif dans la nourriture. En moins de six ans, elle avait emmagasiné une quinzaine de kilos excédentaires qui commençaient à lui donner une allure d'ogresse, d'autant plus que son système pileux, à la suite d'un traitement hormonal, suivi en dépit du bon sens, la parait d'un épais duvet qu'elle refusait d'appeler barbe.

Elle habitait dans Belgravia, non loin de Victoria Coach Station une vieille maison de charme qui lui venait de sa mère. Plusieurs pièces restaient condamnées, une chambre et une salle à manger suffisant à ses besoins. Elle continuait d'enseigner la puériculture, elle qui n'aurait jamais d'enfant. La cinquantaine s'annonçait mal car, outre son début d'obésité, elle souffrait de troubles annonciateurs d'une douloureuse ménopause.

—

Avant de connaître le mal d'amour, elle sortait beaucoup le soir, allant de concert en opéra, de pièce théâtrale en conférence, toujours flanquée d'une jeune maîtresse, soucieuse de l'éduquer sexuellement et artistiquement. Elle traînait ses conquêtes dans les galeries de peinture, au musée, partout où soufflaient l'art et l'esprit.

Maintenant elle avait perdu son côté bravache qui lançait un défi à tous les gens aux mœurs orthodoxes. Elle ne faisait plus étalage de ses penchants saphiques. Une sombre résignation s'était abattue sur elle.

En cette fin d'après-midi brumeuse, elle regagnait son domicile à pied, après avoir quitté la station de métro. Elle marchait d'une allure dandinante d'oie gavée, plus triste que de coutume car son amie du moment venait de partir en stage dans une maternité du Sussex.

Comme elle atteignait son logis, elle passa devant une Rolls-Royce stationnée le long du trottoir d'en face. Quelqu'un, depuis la vitre arrière, lui adressait des signes. Incrédule, Christina Hertford s'arrêta. La glace s'abaissa et la puéricultrice crut défaillir en reconnaissant le grand amour de sa vie.

– Venez ! lui lança Victoria Hunt.

La corpulente femme traversa la chaussée, les jambes flageolantes sous le coup de l'émotion. Un chauffeur noir, en tenue, lui ouvrit la portière cérémonieusement. Elle monta dans l'automobile-carrosse, toujours tremblante d'un émoi qu'elle n'avait encore jamais ressenti. L'intérieur du véhicule sentait bon le vieux cuir encaustiqué et le parfum rare.

– Oh ! Seigneur, fit le professeur, c'est réellement vous, ma chérie ?

Elle se tenait de biais sur la banquette pour mieux la contempler. Jamais Victoria ne lui avait paru si belle. Elle portait une redingote bleu marine, à boutons d'or, dont la doublure, les revers du col et des manches étaient rouge vif, un gilet également marine, bordé du même rouge lumineux, et un chemisier blanc à col officier. On eût dit quelque jeune militaire en tenue d'apparat.

– Je suis heureuse de vous revoir, Christina, assura la nurse. N'auriez-vous pas un peu grossi ?

– Un peu ! Vous voulez dire que je deviens obèse !

– Ça ne vous va pas mal, mentit Victoria.

– Allez-vous m'apprendre que ce bel équipage vous appartient ? demanda Christina Hertford.

– Vous rêvez ! Cette Rolls est celle du duc Jeremy Bentham chez qui je travaille.

– Ne me dites pas qu'il pouponne, je le croyais presque octogénaire.

– Un de ses descendants, fit brièvement la nurse.

– Quel bon vent vous amène ?

– Celui de la nostalgie, répondit Victoria. Mais tant de temps s'est écoulé depuis notre... aventure, et tant de filles m'ont succédé que j'ai dû m'effacer de votre souvenir.

La grosse femme émit une sorte de plainte animale et saisit la main de son ancienne amie.

– Ne parlez pas ainsi, ma chérie ! Depuis notre rupture, l'existence n'est plus qu'un stupide cheminement dans le brouillard des jours. Notre séparation a détruit en moi une chose fondamentale qui s'appelle le goût de vivre. Je n'ai plus d'appétit qu'à table, comme vous le constatez à mon embonpoint. Tout m'indiffère. Je sors de moins en moins, et mes compagnes du moment me paraissent sottes à pleurer. D'ailleurs je pleure beaucoup.

Il y eut un silence oppressé. Soudain, elle voulut embrasser son ancienne amie, mais celle-ci stoppa son élan.

– Le chauffeur ! chuchota-t-elle.

La forte femme refréna ses ardeurs retrouvées.

– Vous accepteriez de me revoir ?

– Que suis-je venue faire ici, Christina ?

– Le Seigneur vous envoie, mon amour. Ô ma lumière, mon doux ange, je tombais, tombais. Et vous voici !

Pour la première fois, la nurse vit pleurer cette rude créature faite pour dominer. Elle regarda rougir son mufle sans éprouver la moindre pitié. L'aveu de sa détresse lui apportait un plaisir cruel et grisant.

– Vous ne voulez pas monter chez moi ? demanda la puéricultrice d'un ton suppliant.

– Pas ce soir : je dois rentrer car je suis en retard. Mais, si vous le voulez, la semaine prochaine je viendrai vous chercher et nous irons dîner dans une auberge éloignée où nous passerons la nuit. Je prendrai ma propre voiture.

– Je fais un rêve, balbutia Christina Hertford.

– Votre téléphone n'a pas changé depuis nous deux ?

– Non, ma biche adorable.

– En ce cas je vous appellerai l'un de ces prochains soirs.

– Vous me le promettez ?

– Je vous le jure.

Elle ne se décidait pas à quitter son ancienne maîtresse. Des larmes lui venaient encore, sans doute de joie. Elle pétrissait la douce main blanche qu'on lui abandonnait. Captait à pleins yeux cette élégante fille ravissante dont elle savait l'enthousiasme sexuel. Elle fut tentée de l'interroger à propos de ses amours du moment. Etaient-elles masculines ou féminines ? Mais à quoi bon ces stupides questions ? L'important n'était-il pas qu'elle lui fût revenue, plus belle qu'autrefois, plus assurée ?

Christina finit par quitter la Rolls-Royce. Tom Lacase se trouvait déjà là, une main sur la poignée de la portière.

Victoria la regarda traverser la chaussée et la jugea grotesque. Son embonpoint mal réparti rendait ses jambes torses. Elle trouva que son cou s'était épaissi davantage que le reste du corps.

Parvenue à l'entrée de sa maison, la mère Hertford se retourna pour lui offrir un sourire vorace. Une canine lui manquait, causant une brèche noire dans sa denture.

La nurse fit un geste de la main, que l'autre jugea plein de grâce.

Victoria poussa un soupir de profond soulagement. Cette femme devenue adipeuse l'incommodait et elle frissonnait au souvenir de leurs ébats d'antan.

Dans le rétroviseur, elle capta les yeux du chauffeur qui l'étudiait. Flairait-il la vérité sur leurs rapports passés ? Qu'importait : n'était-il pas grassement payé pour se taire et pour être battu ?

39

Depuis « l'Affaire Mary », sir David vivait dans un état permanent de fébrilité. Il se sentait animé d'une énergie inépuisable qui l'incitait à tout entreprendre avec la certitude de tout réussir.

Le soir des retrouvailles entre Victoria et Christina, comblé d'apprendre que la puéricultrice se consumait toujours d'amour pour sa nurse, il décida d'agir « dans la foulée ». Après un frugal dîner, ils mirent, l'un et l'autre, les vêtements les plus modestes et les plus anciens qu'ils purent dénicher dans leurs garde-robes, prirent la petite Hilmann et se dirigèrent vers Whitechapel. Certes, le célèbre quartier où sévissait Jack l'Éventreur en 1888 a passablement perdu de sa légende crapuleuse. Il n'en subsiste pas moins, dans le labyrinthe de ses sombres venelles, des bouges malfamés où l'on traîne des touristes amateurs de sensations frelatées.

Avant l'arrivée de Victoria dans son existence, le nain opérait de fréquentes plongées dans ce louche vivier. Il s'y rendait en compagnie de Tom Lacase, dont la stature et les yeux proéminents auraient éventuellement calmé des buveurs belliqueux. Mais personne, jamais, ne montra mauvais visage à ce petit être défavorisé ; il inspirait davantage la compassion et la curiosité que l'animosité.

Le pub de *La Rose sans Épines* occupait le fond d'une impasse qui eût ravi un réalisateur de films d'épouvante. Mal pavée, mal éclairée, encombrée de matériaux au rebut, elle ne se justifiait que par l'établissement, certes pittoresque, où se rassemblait une étrange lie de l'humanité. A dominante d'épaves ruinées par l'alcoolisme, la clientèle comportait une frange de la pègre. On trouvait là des revendeurs de drogue, des écumeurs de gares et d'aéroports, des trafiquants en n'importe quoi d'illicite, plus quelques putains qui n'appartenaient pas au meilleur choix.

Comme chaque fois qu'il se présentait en un lieu public, l'arrivée du nain amena le silence.

Sir David se déplaça dans les deux salles de la taverne, à la recherche d'une table disponible. Il tenait sa compagne par le poignet, ce qui constituait sa manière de lui donner le bras. Alors qu'il procédait à sa quête de places, une voix grasse le héla :

– Si c'est une table que vous cherchez, on peut se serrer, milord.

Il reconnut dans son interpellateur un vague coquin mâtiné d'Asiate avec lequel il lui était arrivé de vider quelques chopes de Guiness lors de ses précédentes visites.

Le hasard faisait bien les choses car, précisément, c'était l'homme qu'il souhaitait rencontrer. Il lui pressa la main, présenta Victoria comme étant sa parente et le couple s'intégra dans la tablée de forbans. David commanda une tournée générale pour remercier ces bonnes gens de leur accueil. Il apprécia une fois de plus que personne ne risque un quolibet sur sa petitesse. Au contraire, on avait plutôt tendance à le fêter. Paradoxalement, ce nain intimidait les costauds.

La soirée se développa telle qu'il l'avait conçue. L'alcool coulant à flots consolidait l'ambiance. Ce généreux nabot, dont on subodorait qu'il jouissait d'un bon pedigree, amusait et plaisait. On trouvait sa parente agréable et pas bégueule car elle ne s'offusquait pas lorsqu'une main se fourvoyait.

Au bout de plusieurs heures de beuverie et de rires, David saisit le bras de « son ami » aux yeux bridés.

– Il faudrait que nous parlions en particulier : nous avons une affaire intéressante à vous proposer.

L'autre l'enveloppa de son regard oblique, un peu surpris, mais point tellement, ce genre d'individu s'attendant toujours à tout.

– D'accord, milord, quand vous partirez, je sortirai derrière vous.

La tablée vida encore quelques pintes et le couple prit congé de la coterie.

Un instant après, celui que David appelait « le Chinois » les rejoignit. Il marchait en tirant la jambe, ce dont le nain n'avait pas eu l'occasion de se rendre compte.

L'homme les considéra alternativement.

– Alors ? demanda-t-il d'un ton goguenard.

Il pressentait que l'étrange couple avait besoin de lui pour une besogne fatalement trouble.

– Il ne fait pas chaud dehors, déclara le cadet des Bentham, allons boire le dernier verre quelque part.

L'Asiate acquiesça et se mit à marcher devant eux.

40

Elle séjournait à présent dans une clinique luxueuse de Windsor Castle. Les fenêtres de sa chambre donnaient sur la Tamise. Elle passait des heures, assise dans un fauteuil, à contempler le fleuve.

Immergée dans une ambiance de silence, lady Mary dérivait sur l'onde grise de sa vie pareille à celle qui glissait sans bruit sous ses yeux. Elle s'abîmait dans une prostration pleine de perfidie, perdant lentement contact avec le réel. Elle détestait les visites, qui se limitaient à celles de son époux et de sa belle-mère. Un avis accroché à sa porte signifiait avec raideur qu'elles étaient « formellement interdites ». La mère et le fils tentaient de lui parler, elle écoutait sans les regarder, bloquée dans son mutisme. Un acquiescement de sa part représentait une victoire. Ils avaient amené Robespierre un après-midi, espérant la voir réagir, mais l'initiative n'avait pas été concluante. Elle s'était laissé embrasser par le garçonnet, sans lui rendre son baiser. Lady Muguette qui accompagnait son petit-fils en avait pleuré.

Un bateau noir passa poussivement. Une large bande rouge entourait sa cheminée. Il semblait très vieux, presque exténué. Dans le grand cabinet de travail de lord Jeremy, se trouvait une toile dépeignant à peu près la scène que contemplait Mary. Elle se chargeait d'une plus forte mélancolie.

On frappa à la porte. Comme elle ne répondait pas, on

l'ouvrit. La marquise s'arracha à sa prostration pour examiner le visiteur, mais déjà un secret instinct l'avait avertie qu'il s'agissait du nain.

Elle le jugea cocasse dans sa petite pelisse de fourrure. L'air de quelque prince-enfant pour film pseudo-russe. Elle se demanda comment tant de malfaisance pouvait habiter un corps aussi dérisoire.

– Bonjour, chère Mary...

Ils ne s'étaient pas revus depuis l'hôpital.

David s'approcha de son fauteuil et se défit du pardessus qu'il jeta au pied du lit. Après quoi, il s'en fut prendre une chaise.

– Vous savez qu'ils se paniquent, tous, à votre propos. Ils redoutent que vous soyez gravement malade et envisagent déjà les hypothèses les plus stupides. Mais moi je vous « sens », Mary. Mieux : je vous « vis ». Je sais parfaitement à quoi m'en tenir à propos de votre comportement. Vous n'avez plus rien de commun avec eux ; votre mari, vos parents, votre fils vous sont devenus étrangers. Avant votre liaison avec le Norvégien, vous établissiez le prototype des convenances et de la vie honorable tracée au cordeau. Mais votre tempérament a explosé, Mary, vous avez découvert que vous n'étiez que feu et passion. Vous voilà placée devant cette alternative, ma chérie : vous claquemurer en vous-même ou fuir aux antipodes pour tenter de refaire une vie problématique. Moi, je préconise une troisième solution : retrouver votre cuirasse de soie et, derrière elle, vivre la vie qui vous tente.

« Cette dépression qui vous met officiellement en porte-à-faux avec l'existence, est en réalité un masque vénitien derrière lequel vous allez vous dissimuler. Pensez à la griserie que vous ressentirez, Mary. Vous demeurerez l'altière marquise, mais vous lécherez le sexe des chauffeurs de taxi quand l'envie vous en prendra. »

Il s'animait en parlant, son visage s'était empourpré et sa voix dérapait en bout de phrase.

– Mary très chère, dès aujourd'hui feignez un mieux de votre état et « guérissez rapidement ». Il ne faut pas vous complaire dans une léthargie volontaire qui finirait par devenir une seconde nature.

Il ne la regardait pas mais, tout comme elle, observait le trafic fluvial. L'eau s'irisait de reflets surprenants produits par une luminosité issue du fond de l'horizon.

Le nain n'osait plus faire un geste ni proférer une parole, envahi qu'il était par un trouble enchantement teinté de nostalgie. S'il n'avait été certain de ressentir une passion forcenée pour sa nurse, il se serait cru amoureux de cette femme naguère abhorrée. Il se taisait « avec ferveur », se disant qu'il n'avait que trop parlé au cours de ses deux visites. A présent, le temps des silences était venu. Les mots ne serviraient plus à rien ; s'ils avaient eu une fonction à accomplir, elle devait être terminée.

Plus d'une heure s'écoula en méditation, rompue parfois par le halètement ou la sirène d'un steamer. Puis un médecin entra, flanqué de ses adjoints. Un gros homme couperosé à la calvitie plate et au nez traversé d'une cicatrice ancienne.

Sir David glissa de sa chaise et gagna la porte sans un mot, raflant au passage son pardessus de garçonnet sur le lit.

Il retrouva Victoria sur le parking ; elle l'attendait dans sa petite Hilmann en lisant un roman de Mary Higgins Clark. Sa muette patience lui fit chaud au cœur.

– Comment est-elle ? questionna la nurse.

– Je ne sais pas, avoua sir David. C'est le Sphinx.

41

Ils furent en mesure de fixer rendez-vous à Christina Hertford pour le mercredi soir. Victoria invita la grosse femme à dîner et lui annonça qu'elle la conduirait ensuite dans un appartement discret où elles renoueraient avec les pratiques de « la grande époque », ce qui fit pousser des gémissements d'aise à la puéricultrice.

Deux jours restaient à courir avant leurs merveilleuses retrouvailles. Ce laps de temps parut interminable au nain enfiévré. Il proposa à sa nurse de reprendre les équipées de naguère qui se terminaient toujours par la mise à mort d'une personne de rencontre. Il éprouvait en outre une certaine mélancolie en songeant au landau à l'intérieur duquel il avait vécu tant d'instants grisants. Ils partirent donc en chasse dans l'appareil habituel.

L'hiver se déchaînait dans toute sa rigueur. Un froid tranchant malmenait les visages et engourdissait les doigts à l'intérieur des gants. Ils hésitèrent à faire leur promenade coutumière dans Hyde Park. Par une aussi basse température, les gens oubliaient les bancs de flânerie et se déplaçaient rapidement, la tête engoncée dans leur col relevé.

Ils décidèrent de se réfugier dans la touffeur d'un grand magasin, endroit rêvé pour la mise à mort d'un quidam. Leur choix se porta sur *Harrod's*, Brompton Road, lieu mythique où grouillait une population composée en grande partie de touristes. La gentry le fréquentait peu, lui préférant *Fortnum and Mason* dans le quartier de Piccadilly. L'on raconte, à propos de ce dernier, qu'un jour, l'un des clients se trouva nez à nez avec une dame qu'il pensait connaître mais dont il ne se rappelait pas le nom. Il la salua aimablement et lui demanda ce que faisait son époux.

« Toujours roi », lui répondit gentiment la dame.

Chez *Harrod's*, ils se sentirent à leur aise. David s'enfonça dans l'ombre de la capote afin de dissimuler son visage qui n'était plus celui d'un enfant.

Ils circulèrent d'un hall à l'autre et prirent l'un des monumentaux ascenseurs qui les hissa dans les hauteurs de cette formidable nef, où l'on « trouve de tout ». Il n'y a pas si longtemps, on pouvait y faire l'emplette d'un petit avion de tourisme comme d'un éléphanteau, l'un et l'autre se trouvant exposés dans cette gigantesque caverne d'Ali Baba.

Après une longue déambulation d'étage en étage, sir David jeta son dévolu sur le département « confection dames ». Il y avait là un nombre restreint de pratiques qui ne s'intéressaient qu'aux toilettes exposées. Elles allaient et venaient, examinant les étiquettes, touchant les étoffes, décrochant certaines tenues pour les plaquer contre soi et juger du résultat dans les larges miroirs.

Des clientes, presque conquises, pénétraient dans une cabine d'essayage, nanties d'une robe ou d'une jupe.

– Occupons-nous de l'une de ces personnes, décida le nain.

Ils choisirent deux boxes contigus, communiquant entre eux par un simple rideau coulissant. Victoria sélectionna quelques vêtements et pénétra avec la voiture d'enfant dans celui de droite. Elle avait repéré tout près de là une personne basanée, à la chevelure noire et huileuse, affublée d'un tatouage violine au front et d'un petit diamant dans la narine droite. Cette dame ne tarda pas à les rejoindre dans le compartiment voisin. Sir David tenait sa sarbacane prête. Sa nurse observait leur proie par un interstice de la portière de séparation.

A un moment donné, la cliente qui venait de poser son sari entreprit d'enfiler le nouveau vêtement par la tête. Victoria fit coulisser le rideau sur sa tringle, découvrant à David le buste dodu de la femme. Le nain, toujours précis, souffla un grand coup dans la tige de bambou et la fléchette se planta dans l'omoplate entrelardée de sa victime. Cette dernière émit un léger cri de douleur ressemblant à une exclamation, du genre de celle qui nous échappe quand nous nous blessons avec une aiguille.

David ramena le dard avec prestesse tandis que sa compagne rajustait le tissu. De son côté, la pseudo-Orientale, croyant qu'elle avait été piquée par quelque épingle restée après la robe se débattait avec celle-ci.

Le couple évacua promptement sa cabine; Victoria remit en place les effets qu'elle était censée avoir essayés. Elle se félicitait de leur stratagème du landau qui les rendait anodins.

Ils abandonnèrent les rayons du prêt-à-porter féminin et gagnèrent ceux de la porcelaine où elle fit mine de s'intéresser à des services de table aux motifs design. Après un bon moment de cette errance fatigante, ils retournèrent à la « confection dames » comptant y trouver l'effervescence, mais tout y était tranquille. Leur surprise se mua en ahurissement quand ils aperçurent leur « victime » à la caisse, en train de régler ses achats. L'incrédulité les incita à la suivre ensuite jusqu'à l'extérieur où la femme fréta un taxi.

– Je crains que votre poison ne soit éventé, sir, fit la nurse en la regardant disparaître dans la circulation.

– J'en serais fort marri, répondit David, mais peut-être s'est-il logé dans une partie de son corps qui ne lui a pas permis de s'exprimer. Nous allons immédiatement réitérer l'expérience.

Cette brusque décision éveilla les craintes de Victoria, comme pour l'affaire du horse-guard.

– Est-ce bien prudent? risqua-t-elle.

– Vous voulez dire que c'est nécessaire, ma chérie! riposta David. Pour être performant on doit absolument croire en ses moyens; et puis cette fois, je vais tirer à fléchette perdue.

Ils déambulèrent dans la bise cinglante. Un panache de vapeur blanche sortait des lèvres de la nurse.

– Ralentissez! intima le nain, la salutiste que j'aperçois au coin de la rue fera parfaitement l'affaire.

Courageusement, elle poussa la voiture sur quelques mètres.

– Stoppez non loin d'elle et feignez de chercher quelque argent.

La femme de l'Armée du Salut était courte sur jambes et passablement enveloppée; des cheveux gris, qui avaient dû être roux, pendaient sous sa casquette bleue cernée d'une bande rouge. Elle chantait un cantique d'une voix pure de très jeune fille. Derrière elle, un vieux soldat de la charité l'accompagnait à l'accordéon. Il portait des mitaines de laine tricotée, une stalactite écœurante tombait de son nez.

Sir David emboucha la sarbacane, emplit d'air ses poumons et cracha son venin. A l'instant précis où il soufflait, un passant pressé heurta son landau.

La secousse encaissée ébranla le nain, modifiant sa visée. La salutiste se tut pour, aussitôt après, se mettre à couiner comme un petit mammifère piégé.

Victoria constata avec effroi que la fléchette venait de lui crever l'œil gauche et restait plantée dans le globe oculaire. Ce minuscule empennage rouge évoquait un film d'horreur; d'autant plus que du sang coulait de l'orbite en un filet qui allait s'épaississant.

Des badauds crièrent. Une femme s'évanouit. Le vieil accordéoniste ne s'apercevait de rien; farouchement penché sur son instrument, il continuait de lui arracher une musique asthmatique et geignarde.

Miss Victoria empoignait déjà la barre du landau pour filer mais, depuis l'habitacle, la voix du nain lui lança :

– Surtout pas ! Restons !

Elle maîtrisa son besoin de fuir, consciente qu'il avait raison. Le pseudo-bébé se rencogna le plus possible dans sa couche garnie de dentelles. Depuis l'extérieur, on n'apercevait que son bonnet.

Tout se déroulait dans un brusque silence. Le musicien posait son accordéon, les badauds demeuraient paralysés par l'horreur. La malheureuse avait cessé de couiner et portait la main à son œil crevé. En sentant l'empennage de la fléchette, elle laissa retomber sa main. Ensuite elle eut un léger soubresaut et se ratatina, comme si son corps eût été téle-scopique.

La foule grossissait. Bientôt, un *bobby* arriva, attiré par le tumulte. Il vit la salutiste à terre et se pencha sur elle. Le policeman eut un sursaut en découvrant l'œil crevé, avec la fléchette toujours en place. Il posa sa main dégantée sur la poitrine de la victime, mais les fortes mamelles flasques ne facilitaient pas l'examen ; alors il lui tâta le pouls.

– Morte, murmura-t-il au bout d'un instant.

Il se dressa.

– Quelqu'un a vu quelque chose ? demanda-t-il à la ronde.

Plusieurs personnes parlèrent en même temps ; il dut intimer le silence et donna la parole à chacun des assistants successivement. Il ressortait de leurs déclarations que le dard empoisonné avait été tiré depuis l'autre côté de la rue. La nurse n'en croyait pas ses oreilles et mesurait l'inanité des témoignages.

– Et vous, miss, lui demanda le *bobby*, n'avez-vous rien vu ?

Elle prit un air emprunté.

– Non, je regrette. Quand cela s'est produit je cherchais de l'argent dans mon sac pour le remettre à cette pauvre femme.

Elle ajouta en montrant son landau :

– Puis-je m'en aller ? Ça va être l'heure des soins du bébé.

– Bien sûr.

Elle remercia d'un hochement de tête et se sépara de l'essaim bourdonnant. Ses jambes tremblaient et une boule de feu grossissait dans sa poitrine.

Elle poussait la voiture avec énergie bien que flageolante. Lorsqu'elle eut tourné le coin de la rue, elle laissa éclater sa rage. Pour la première fois, elle apostropha durement sir David :

– Je vous interdis désormais de refaire un coup semblable en public ! Nous avons déjà failli tout compromettre avec le horse-guard et maintenant, il s'en est fallu de peu que nous soyons pris. Les deux fois, je vous avais demandé de renoncer. S'il devait s'en produire une troisième, je vous abandonnerais là, vous m'entendez ?

Déconcerté par cet éclat inattendu, le cadet de lord Bentham murmura :

– Soyez tranquille, chérie : je ne recommencerai plus !

A compter de ce jour, ce fut Victoria Hunt qui prit la direction de leurs équipées.

42

– Dieu soit loué, vous avez repris des couleurs, ma chérie ! déclara lady Muguette à sa bru. Je suis heureuse de vous voir en meilleure forme.

– Merci, mère, lui répondit Mary d'une voix encore dolente.

Elles se trouvaient dans le salon de la marquise, une pièce pompeuse et sans âme, dont la seule originalité résidait dans une collection d'éventails anciens enfermés en des cadres trapézoïdaux.

– John a longuement parlé au professeur Mösché. Il préconise avec force que vous effectuiez un voyage ou un séjour dans une contrée propre au dépaysement.

– Cela ne me tente guère, avoua lady Mary.

– Vous pourriez partir avec une amie ?

– En ai-je seulement ? soupira la jeune femme.

– Si vous croyez n'en pas avoir, ce serait une occasion de vous en faire, déclara lady Muguette que le côté asthénique de sa belle-fille indisposait.

En maîtresse femme, elle supportait mal la faiblesse d'autrui. De voir sa bru aussi désenchantée faisait naître en elle une certaine irritation. Mais devant l'air perdu de Mary, sa pitié reprit le dessus :

– Naturellement, John ne peut vous accompagner au moment où il procède à une extension de son étude. Je sais que vous ne prisez guère la compagnie de votre famille. Moi-même je dois rester à Londres puisque vous me confiez la garde de Robespierre et le duc n'est pas au mieux de sa forme...

Il y eut un temps mort, puis Mary murmura :

– Vous pensez que sir David accepterait de venir s'ennuyer avec moi ?

Lady Muguette sursauta :

– David ! Mais j'avais cru comprendre que vous ne le portiez pas dans votre cœur ?

La convalescente eut un pâle sourire.

– Ce serait peut-être l'occasion de nous mieux connaître, mère ?

Le peintre hocha la tête à plusieurs reprises, comme si cette suggestion la précipitait dans l'effarement.

– Vous avez dû remarquer à quel point il s'est entiché de la nurse : il n'accepterait jamais de s'en séparer.

– Eh bien, il l'emmènerait, murmura Mary. Cela vous ennuie de le questionner à ce propos ?

– Pas le moins du monde ; mais je vous préviens qu'il sera abasourdi par votre proposition. Et où aimeriez-vous aller, Mary ?

– S'il accepte, il choisira notre destination, ce sera la moindre des choses.

***

De retour en son hôtel particulier, la duchesse appela son cadet et le manda de toute urgence. Il expliqua à sa mère qu'il achevait ses exercices de musculation et qu'il devrait se doucher avant de se présenter devant elle. Comme il s'agissait d'une personne qui détestait les tergiversations, elle répliqua qu'il n'avait qu'à demeurer chez lui et que c'était elle qui allait venir.

En maugréant, le petit homme s'épongea et passa un peignoir pour boxeur nain.

Sa mère avait dû courir dans le souterrain car elle fut là en un clin d'œil. Contrairement à ce que craignait son fils, elle semblait de belle humeur.

– Mon cher David, commença-t-elle avec une excitation qui évoquait celle des commères de quartier, je suis porteuse d'une requête qui va vous laisser « baba »[1].

D'une traite, elle lui résuma son entretien avec Mary. Ce qu'entendant, le nain fut saisi d'une jubilation si intense qu'il ne put la contenir.

– Cela vous rend gai ? s'étonna la duchesse.

– N'est-ce pas cocasse, mère ? Vous n'ignorez pas le mépris dans lequel m'a tenu cette femme depuis son arrivée dans notre famille. Et voilà que, brusquement, elle rêve d'aller en des lieux enchanteurs avec moi !

– Avec vous et Victoria, compléta lady Muguette.

– Pas possible !

– Elle me l'a assuré sans la moindre réticence.

Du coup, sir David devint grave.

– Intéressant, murmura-t-il, parlant à soi-même.

– Elle vous laisse décider de la destination, si vous consentez à l'accompagner.

– C'est trop de délicatesse, mère.

L'artiste contempla le visage de son rejeton et ne put se défendre à cet instant de l'admirer. Il émettait des radiations qui le nimbaient. Dans son peignoir blanc, il évoquait une toile de Fra Angelico.

– Est-ce un « non » franc et massif ou bien souhaitez-vous réfléchir à cette proposition ? demanda-t-elle.

– Réfléchir ! se récria David. Réfléchir ? Mais j'accepte, mère ; et de grand cœur.

– Eh bien ! j'aurai tout vécu, assura-t-elle.

Elle hocha la tête.

– Vous avouerai-je, David, que tout cela m'effraie un peu.

– Pour quelle raison, mère ?

1. En français dans le texte.

– J'éprouve une sensation de vertige, un peu comme lorsqu'on monte à bord du grand 8 à la fête foraine.

– Je ne vois pas bien ce que vous entendez par là, mère, car chez les Bentham personne n'a jamais goûté aux plaisirs d'une fête foraine.

– Petit con ! murmura la duchesse, oubliant que son cadet parlait parfaitement le français.

Elle questionna, le masque crispé :

– Vous avez déjà une idée quant au lieu de ces vacances inopinées ?

– Parfaitement, mère : j'aimerais que nous fassions une croisière.

43

Christina Hertford s'était mise en frais de toilette. Elle portait un pantalon de velours noir, un chemisier vert pomme avec, par-dessus, une canadienne de daim à col de fourrure qui accentuait sa silhouette hommasse.

Malgré le froid mordant, elle restait à sa fenêtre, guettant l'arrivée de Victoria. L'impatience serrait sa gorge et il lui arrivait de lâcher à haute voix des bribes de suppliques au Seigneur pour Lui demander d'abréger ses affres. Au dernier moment, elle redoutait que son grand amour ne se ravise sans seulement la prévenir ; la pensée de rester à l'affût pendant des heures glaciales et de sentir se racornir son bonheur la plongeait dans un effroi indicible.

Pourtant, à l'heure convenue, une Hilmann s'engagea dans sa petite rue tranquille et stoppa en double file à la hauteur de sa demeure. Victoria en sortit à demi, le visage levé vers l'étage. Elles s'aperçurent. La jeune femme eut un adorable geste de la main qui chavira le cœur de Christina. Elle répondit par le même signe, prit à peine le temps d'abaisser la vitre et s'enfuit de sa maison comme si elle avait été la proie des flammes.

Un instant après, elle plongeait de toute sa masse dans la petite voiture, gémissante de bonheur.

– Vous n'avez pas eu froid à cette fenêtre ? demanda la nurse.

– Le froid ! Comme si cela importait lorsqu'on a la joie de vous attendre, chérie !

N'y tenant plus, enhardie par la nuit qui les enveloppait, la puéricultrice engagea sa main droite sous la jupe de son ancienne élève. Victoria eut un sourire indulgent et la laissa caresser son entrejambe. La grosse femme émettait des râles d'extase et de voracité que sa compagne jugea ridicules, se demandant comment, quelques années auparavant, elle avait pu être troublée par une aussi sotte bestialité.

– Il faut que je conduise ! objecta-t-elle doucement.

L'autre la libéra et elles quittèrent le quartier.

Ne pouvant la toucher comme elle le souhaitait, Christina lui parla, débitant mille déclarations enflammées d'une voix que la passion rendait rauque. Elle lui disait son amour éperdu, la violence de son excitation, pleurait en évoquant cette sinistre période sans elle, lui demandait pardon d'avoir tant grossi, lui promettait de devenir rapidement une sylphide, narrait complaisamment les délices qu'elle lui procurerait. Toute à son délire hystérique, elle ne prenait pas garde à l'itinéraire suivi. Ce fut la faiblesse de l'éclairage extérieur qui attira son attention. Les lampadaires s'espaçaient, les immeubles devenaient de plus en plus bas. Çà et là, des palissades de planches obstruaient des trous d'ombre.

– Mais où m'emmenez-vous donc, ma tendre chérie ? questionna-t-elle.

– Au bout de la nuit, répondit Victoria d'un ton enjoué.

– Ah ! si seulement c'était vrai ! soupira Christina.

Elle regarda à travers sa vitre.

– Seigneur ! Que venons-nous faire à Whitechapel ?

– Auriez-vous peur ? plaisanta la nurse.

– Cher ange, avec vous j'irais en enfer.

– C'est précisément là que nous nous rendons, assura la jeune femme en s'engageant dans une impasse.

La Hilmann cahota dans des fondrières. Ses phares arrachaient de l'obscurité un décor improbable fait de ferrailles déshonorées par des lustres de rouille.

Cette fois, la passagère de Victoria réalisa l'anormalité de leur parcours.

– Mais enfin, douce biche, qu'est-ce que cela signifie ?

– Je veux vous faire vivre un amour fabuleux, Christina.

– Vraiment ?

La voiture stoppa devant la porte pantelante d'un ancien entrepôt désaffecté.

– C'est là ! fit la maîtresse de sir David, descendons !

La corpulente Hertford ne fit pas un mouvement, paralysée par la stupeur et un début de panique. Alors sa portière s'ouvrit, des mains masculines l'empoignèrent par le col de sa canadienne et l'arrachèrent de l'auto. Elle commença de crier, mais reçut immédiatement une manchette sur la nuque qui la chavira.

Elle fut traînée dans un bâtiment à la toiture éventrée, aux verrières brisées. Dans un angle de la construction en ruine, une lampe électrique portable répandait une lumière rouge pour voie ferrée. Un vieux matelas crevé et constellé de larges taches innommables gisait à même le sol de ciment. Deux hommes de mauvaise mine, coiffés de casquettes enfoncées jusqu'aux sourcils, fumaient, mains aux poches, adossés au mur. Les malandrins qui s'étaient assurés de la puéricultrice propulsèrent celle-ci sur l'odieux matelas. L'étourdissement qu'ils venaient de lui infliger se dissipait et elle se remettait à glapir. Le « Chinois » qui dirigeait le commando sortit un cran d'arrêt de sa poche et en fit jaillir la lame.

– Que j'entende un seul cri et je vous coupe la gorge ! annonça-t-il.

La malheureuse chercha « son grand amour » du regard et le trouva assis sur un tas de briques. Elle crut souffrir d'hallucinations en apercevant un nain debout à son côté qui lui tenait la main.

L'effroyable incompréhension dans laquelle elle se débattait constituait une authentique torture.

– Déshabillez-vous, la grosse ! ordonna l'homme au couteau.

Comme elle ne bougeait pas, il approcha la pointe de son arme de son orbite gauche.

– Vite ! Sinon je vous fais sauter les yeux !

Au comble de l'horreur, Christina défit sa canadienne et la chassa de ses épaules. Elle se tenait assise sur ses talons, en une posture de prière éperdue.

– Levez-vous, la mère et posez votre putain de pantalon !

La lourde femme venait de comprendre que seule une totale soumission pouvait épargner sa vie, mais aussi que cet espoir demeurait très aléatoire. Sous le pantalon, elle portait une culotte immense, couleur fumée, avec de la dentelle rose autour des cuisses.

– Le slip ! enjoignit son tourmenteur.

Elle hésita, une gifle lui emplit la tête d'étincelles.

Vaincue, larmoyante, reniflante, elle fit glisser la coquine lingerie jusqu'à ses chevilles.

– Parfait, déclara celui que sir David appelait « le Chinois ».

Puis, se tournant vers le couple, il interrogea :

– Programme ?

Le nain s'approcha de miss Hertford et ouvrit son pantalon. Il dégagea de ses brailles son monstrueux sexe déjà belliqueux.

Sur un geste de lui, Victoria le rejoignit, tomba à genoux devant son amant et prit son énorme moignon dans la bouche. Sidérés par l'importance de ce pénis, les malfrats contemplèrent cette fellation avec incrédulité. Leur saisissement fut tel qu'ils s'abstinrent de tout commentaire.

Lorsque sir David sentit venir l'apothéose, il récupéra prestement son membre et se libéra sur la figure mafflue de miss Christina en s'écriant :

– Tenez, sorcière, vous n'êtes pas digne de cette semence !

Après quoi, il remit un peu d'ordre dans sa vêture, et s'adressant à ses spadassins, leur dit, non sans emphase :

– Elle est à vous, messieurs !

Chose étrange, ces gens de sac et de corde paraissaient soudain intimidés.

– Eh bien ! qu'attendez-vous ? leur lança-t-il.

Ils se concertèrent du regard, puis, le plus dépenaillé des quatre, le plus âgé aussi, s'agenouilla entre les cuisses flasques et veinées de la puéricultrice et ne tarda pas à la besogner mornement. La femme poussait de petites plaintes qu'elle ne parvenait pas à réprimer.

Ce viol parut si lamentable à Victoria qu'elle demanda à son amant de faire grâce des trois autres. Il accepta, ce dont les « rescapés » se réjouirent, et paya les tire-laine modernes sans marchander. Ils s'empressèrent de détaler en louant son magnifique sexe et sa générosité.

44

Après sa mésaventure avec la salutiste, sir David avait décidé de renoncer à sa sarbacane, arme devenue trop compromettante. Il la broya à coups de talon, rassembla ce qui lui restait de fléchettes, mit le tout dans un cornet de plastique qu'il s'en fut jeter du Blackfriars Bridge, lesté d'un pavé pris sur un chantier. Ce geste le rendit mélancolique car il s'était attaché à ce mode d'exécution dans lequel il excellait, nonobstant sa maladresse provoquée par un fâcheux dans Kensington Road. Il se consola en songeant que l'habitude qui semble être l'amie de l'homme, se retourne parfois durement contre lui. Il devait choisir une nouvelle discipline trucidaire ce qui, somme toute, était plutôt grisant. Concernant le trépas de la mère Herford, il avait opté pour l'overdose d'héroïne.

***

Il regarda s'éloigner le quatuor de forbans d'un œil dégoûté. Ces gens s'abritaient derrière un faux pittoresque ; en réalité, ils n'étaient capables que de vider des goussets ou de flanquer un mauvais coup par traîtrise : ils ne possédaient pas le courage du crime et fluctuaient à sa lisière en se donnant des allures de bandits.

L'énorme Christina restait accroupie sur l'écœurant

matelas de sa déchéance, hoquetant sans arrêt. Elle regardait Victoria avec une incrédulité éperdue, ne comprenant pas pourquoi cette fille qu'elle avait tant fait jouir déployait vis-à-vis d'elle une aussi effroyable cruauté.

Loin d'être touchée par son désespoir, la nurse paraissait savourer son avilissement.

– Madame, lui fit brusquement sir David, vous allez devoir rédiger une petite lettre pour prendre congé.

Il tenait un bloc de papier à la main, demi-format. Le posa au côté de l'obèse.

– Il ne s'agit pas d'en écrire long, rassurez-vous. Les textes les plus brefs sont les plus éloquents.

Il jeta un stylo à bille près des feuilles blanches.

– Mettez simplement : « Qu'on n'accuse personne de ma mort. » et signez.

Elle le dévisageait sans réaliser ce qu'il lui disait.

Il répéta, sur un mode engageant, un peu comme lorsqu'on veut faire entendre raison à un enfant :

– Allez, ma chère ! Allez : exécution ! Si vous n'obéissez pas au vilain nain, vous savez ce qu'il arrivera ? Il arrosera votre vieux sexe abject d'essence et il y mettra le feu ; l'odeur sera atroce, mais quelle magistrale flambée !

Christina dit, d'une voix étrangère, basse et feutrée :

– Mais pourquoi, Victoria ?

Elle semblait obsédée par sa question.

La nurse s'approcha d'elle, se saisit du stylo et le plaça d'autorité entre les doigts de son ancienne amie.

– Ecrivez ! intima-t-elle, c'est votre intérêt.

– Mon intérêt ? fit l'autre, hébétée.

– Si vous refusez, vous périrez dans d'abominables souffrances.

Un brusque changement s'opéra chez l'obèse. Son côté hagard et défaillant s'effaça d'un seul coup. Elle se dressa sur ses genoux et déclara :

– Vous êtes une damnée garce, Victoria. Une femme perdue ! Je n'écrirai rien, quoi que vous me fassiez !

C'était sa première réaction coléreuse, après tout ce qu'elle venait de subir. Sir David réprima une forte envie de lui donner un grand coup de pied dans la figure ; il se domina parce qu'il ne fallait pas « l'endommager ».

– Mademoiselle, dit-il, ne gâchez pas votre vieille amitié.

– Taisez-vous, avorton maudit !

L'insulte le prit de court. Il jeta à sa maîtresse un regard si pathétique qu'elle jugea opportun d'intervenir.

– Essayons de discuter calmement, Christina.

Elle ne put en dire davantage : son interlocutrice venait de se mettre à la verticale, d'un bond dont on ne l'aurait pas crue capable, et frappait son ancienne amie de toutes ses forces. Elle l'injuriait en cognant, entretenant sa fureur avec des mots orduriers qu'elle n'avait jamais proférés avant cet instant.

La nurse ne parvenait pas à endiguer cette grêle de horions. Le nain tenta de la secourir en saisissant une jambe de la lourde femme déchaînée, mais elle se trouvait dans un tel état qu'il lui semblait vouloir terrasser un éléphant.

Au bout d'un moment, elle administra un direct si violent à Victoria que celle-ci s'écroula, groggy. En tombant, sa tête porta sur un amoncellement de vieux rails et elle resta au sol inanimée et sanglante.

– Infecte truie ! cria sir David.

Un élan le porta auprès de sa nurse. Mais comme il entendait s'éloigner leur victime, il dut la délaisser momentanément pour courir après elle.

La peur rendait la forte personne véloce. Elle ne pensait pas qu'elle était dénudée de sa partie inférieure.

Sir David réalisa qu'avec ses courtes jambes il ne saurait la rattraper. Qu'elle parcoure encore une centaine de mètres et elle déboucherait dans une artère qui, sans être très fréquentée, connaissait néanmoins un peu d'animation.

Alors il s'arrêta, ramassa une pièce de fer dans laquelle il venait de buter et la lança de toutes ses forces en direction de la fuyarde. L'objet était cintré et ressemblait vaguement à un boomerang.

Le temps parut se décomposer. Il attendit dans la pénombre et, brusquement, comme par magie, Christina culbuta et chut dans la boue de cette voie désertée.

Sir David la rejoignit et constata que son arme de jet improvisée venait de lui briser la nuque. Soulagé, mais rendu furieux par l'échec de ses projets initiaux, il retourna auprès de Victoria.

La jeune femme reprenait lentement connaissance. Un ruisselet rouge serpentait sur le sol. Il la secourut de son mieux ; une profonde entaille teignait ses cheveux en un brun visqueux et son mouchoir ne fut pas d'un grand secours. Il parvint à l'asseoir. La clarté pourpre de la lanterne ajoutait au dramatique de la scène.

– Comment vous sentez-vous, ma chérie ?

Elle balbutia quelque chose d'inaudible.

Sir David s'exhorta au calme. Sa situation n'était pas brillante, mais il fallait l'assumer. Il fit le bilan de ses misères : la puéricultrice morte dans l'impasse, Victoria dans l'incapacité de conduire, lui-même ne pouvant manœuvrer une voiture et, pour couronner le tout, quatre malfrats de bas étage qui, dans quelques heures, allaient être au courant de son meurtre ! Il pensa également à ses empreintes qui fourmillaient dans l'entrepôt et jusque sur ce qu'il nommait « le boomerang ».

Il envisagea les suites de l'affaire. Le Yard remonterait la piste sans coup férir. Il serait convaincu de meurtre et jugé, lui, le fils de lord Bentham, ami de la famille royale d'Angleterre ! L'horreur !

Il était là, planté dans ce bâtiment en ruine ouvert à tous les vents, les mains dans les poches de son vêtement de nabot, plein de crainte, de fiel et de fureur, tragique farfadet du crime cherchant comment s'arracher à ce bourbier.

Tout en réfléchissant, il triturait des pièces de monnaie dans son vêtement.

Ce furent elles qui lui fournirent une solution de salut.

45

Il jouissait d'un bon sommeil franc et massif. Malgré tout, il s'éveillait aisément. Dès la première sonnerie du téléphone, il récupéra sa pleine lucidité ; à la seconde, il avait déjà le combiné en main.

– Tom Lacase ! annonça-t-il.

La voix de sir David n'avait rien de brumeux, ce qui n'était pas surprenant car la pendulette de voyage indiquait dix heures vingt.

– J'ai un urgent besoin de vous, Tom.

– A votre disposition, sir.

– Je suis dans Whitechapel, venez me rejoindre de toute urgence, je vous attends devant la Whitechapel Art Gallery. Ne prenez pas la Rolls et ne vous mettez pas en livrée !

– Bien, sir.

Vingt-cinq minutes plus tard, le Noir atteignit le lieu du rendez-vous. Il ne vit pas son maître, mais au bout d'un instant d'attente, le nain quitta la zone d'ombre où il se dissimulait et vint vivement à la voiture. Il ne laissa pas le temps à Lacase d'ouvrir la portière et s'engouffra à l'avant du véhicule pour la première fois de sa vie.

– J'apprécie votre disponibilité, Tom, formula-t-il d'une voix calme.

– Elle est normale, sir. Où allons-nous ?

– Pas très loin d'ici. Empruntez Whitechapel Road, et quand je vous le dirai vous prendrez à gauche.

Le conducteur démarra, vaguement intrigué.

– Tom, attaqua David, j'ai un grave problème que vous êtes seul à pouvoir résoudre.

– Alors je le ferai bien volontiers, sir.

– Merci. Je tiens à vous préciser que si vous m'apportez une aide inconditionnelle, votre fortune est faite. Vous rentrerez aux U.S.A. avec suffisamment d'argent pour vous y acheter une maison ou un commerce. Que pensez-vous de deux cent mille dollars ?

– C'est là une somme terriblement importante, sir.

– Elle sera à vous tout à l'heure. Je vous ferai un chèque que vous aurez l'opportunité d'encaisser dès demain.

Le serviteur s'abstint de toute réaction. Sidéré par une telle promesse, il supputait ce qu'on allait lui demander en échange d'un tel pactole. Le nain le lui expliqua : une amie de miss Victoria, qui avait été son professeur, souhaitait connaître les bouges de ce légendaire quartier du Crime. Pour amuser cette vieille fille, ils l'amenèrent dans un bar malfamé et lièrent connaissance avec des hommes équivoques très « couleur locale ».

Au bout d'une heure, ils abandonnèrent l'endroit sans s'apercevoir que les vilains les suivaient. Ceux-ci se jetèrent sur eux au moment où ils reprenaient leur voiture, deux d'entre eux y prirent place en leur compagnie, dont l'un au volant. Les canailles les emmenèrent dans des locaux en ruine, tout proches. Une fois là, ils se jetèrent sur les femmes. Leurs acolytes vinrent à la rescousse et participèrent à un viol collectif après avoir neutralisé David d'un coup de matraque. Comme miss Hunt regimbait avec l'énergie du désespoir, ils l'assommèrent. Profitant de la confusion, son amie voulut fuir, mais ils la rattrapèrent et l'abattirent. Puis, devant l'énormité de leurs forfaits, ils prirent peur et se sauvèrent...

– Certes, j'ai eu la pensée d'appeler la Police, conclut le nain. Ce qui m'a retenu, c'est la crainte du scandale. Vous songez, Tom, au parti que la presse, surtout celle de gauche, tirerait d'une telle affaire ? Ce serait le déshonneur pour notre famille ; mon illustre père n'y survivrait pas !

Il se prit le visage à deux mains, hoqueta quelque peu, sans trop exagérer, puis ajouta, la voix brisée :

– Aidez-moi à me sortir de cette mauvaise histoire, Tom, vous êtes mon unique recours. Tournez à gauche, je vous prie.

Le Noir eut la sagesse de ne rien répondre avant d'avoir affronté « la situation ». C'était un garçon intelligent et réfléchi ; depuis pas mal de temps, il considérait les Blancs (surtout lorsqu'ils étaient riches et désœuvrés) comme des zozos sans grande consistance qui savaient inventer des fusées interplanétaires, des armes atomiques, la pénicilline et le bloody mary ; peindre *La Joconde* ou *Les Demoiselles d'Avignon ;* mais qui en dehors de ça ne valaient pas tripette.

Une fois dans « l'impasse tragique », il examina le cadavre de Christina Hertford (David avait évacué la barre de fer comportant ses empreintes). Jugea écœurante la grosse dondon au cul nu. Il suivit son maître à l'intérieur des ruines où Victoria, ensanglantée, pleurait dans son bras replié. Cette image l'émut. En secret il aimait cette ravissante fille et se masturbait énergiquement en pensant à elle.

Elle se tenait accroupie, les jambes ouvertes. Il guigna le renflement de son slip qu'éclairait la lumière pourpre du fanal.

– Très bien, sir, fit-il, je vais vous aider de mon mieux ; que décidez-vous ?

***

Le nain n'aurait jamais soupçonné une pareille vigueur chez son valet. Tom Lacase, en plein effort, ressemblait à ces *toros* noirs des corridas qui, dans leur furie, défoncent les planches de l'arène ou éventrent le cheval caparaçonné du picador. La manière aisée dont il s'y prit pour placer le corps dans le coffre de la Mercedes aurait donné à croire qu'il manipulait un sac de son. Il aida ensuite Victoria à s'installer à l'arrière, après quoi, il saisit une torche électrique dans la boîte à gants et alla procéder à l'examen des lieux. Bien lui en prit, car il trouva dans l'usine en ruine le pantalon, la canadienne, la culotte et les chaussures de l'ogresse.

En quittant le quartier, sir David avertit son domestique qu'il devrait revenir chercher la Hilmann de sa nurse. Tom opina et s'enquit des clés. La voix exténuée de Victoria lui répondit qu'elles étaient restées au tableau de bord.

Pour commencer, ils déposèrent la blessée à leur domicile ; après quoi, ils se rendirent à celui de miss Hertford.

Une fois devant la porte de sa maison, le nain eut une décharge d'adrénaline en s'apercevant que le trousseau se trouvait dans le sac à main de la morte, lequel n'avait pas bougé de la Hilmann.

46

Ces alarmes et contretemps plongèrent sir David dans une froide irritation. Il en voulait au sort de lui mettre des bâtons dans les roues. Heureusement, la présence efficace de Tom le soutenait.

Ils retournèrent donc à Whitechapel, récupérèrent le réticule de la morte dans lequel le nain trouva ses clés et rallièrent son domicile. Ils observèrent longtemps la rue silencieuse; l'endroit avait l'air plus calme encore que la campagne où résonnent la nuit des aboiements de chiens ou des élytres d'insectes. Rassurés, ils ouvrirent sa porte. Le plus délicat restait à faire : sortir la grosse femme du coffre. Sir David vibrait comme une ligne à haute tension. Il scrutait alternativement chaque extrémité de la voie pendant que le brave Noir extrayait la puéricultrice de la Mercedes pour la charger sur son épaule.

Quand il eut passé le seuil, David exhala un soupir de soulagement.

Il gravit l'escalier devant Tom; son cœur semblait occuper toute sa poitrine, la violence de ses battements lui causait une sensation de brûlure intense.

Lorsqu'ils atteignirent le palier du premier étage, le domestique haletait. Il stoppa et dit :

– Je crois inutile d'aller plus loin, sir. Puisque cette femme a eu le cou rompu, jetons-la dans l'escalier et pour lors la rupture de ses cervicales en sera justifiée.

Une fois encore, David admira la maîtrise de son valet.

– Bravo ! fit-il simplement.

– Auparavant, reprit Tom, nous devons la rhabiller entièrement.

Il déposa sa charge sur le plancher et alla récupérer ses hardes dans l'auto. Après quoi, avec l'aide de son minuscule maître, il passa à la morte culotte, pantalon, canadienne et chaussures, veillant à ne commettre aucune erreur. Lorsque cette sinistre besogne fut achevée, il souleva miss Hertford de manière à ce qu'elle fût à la verticale et la lâcha. La défunte produisit un bruit flasque en tombant ; son corps dévala quelques marches, puis s'arrêta. Les deux hommes contemplèrent la scène, la jugèrent pleine de vérité.

– Sir, fit Lacase, vous voulez bien me donner le trousseau de clés que vous avez à la main ?

Docile, David obtempéra. Son domestique se mit à examiner cette grappe d'acier avec vivacité.

– Que cherchez-vous ? questionna le nain, intrigué.

– En général, sir, les femmes seules d'un certain âge regroupent en un trousseau toutes les clés de leur maison.

– Et alors ?

– Il se peut, si c'est le cas, que la personne de l'escalier en ait rassemblé plusieurs de la porte d'entrée. Nous aurions ainsi la possibilité de fermer en nous en allant, ce qui, dès lors, rendrait incontestable la thèse de l'accident. Tenez ! Que vous disais-je !

Il venait de sélectionner deux « yale » identiques.

– C'est bien celles de l'entrée, n'est-ce pas ?

– Sans aucun doute.

Avec des gestes calmes, Tom isola l'une d'elles et descendit l'essayer. Effectivement, il ne se trompait pas

– C'est O.K., sir, déclara-t-il de ce ton imperturbable qui ajoutait à sa classe. Si vous voulez bien venir... Oh ! un instant ! Veuillez auparavant placer le trousseau dans le sac à main et jeter celui-ci dans l'escalier, comme s'il avait échappé à cette dame quand elle a chuté.

Sir David obéit ; après quoi il rejoignit le valet en se laissant glisser à plat ventre sur la rampe afin d'éviter le corps.

***

De retour chez lui, il demanda au serviteur de l'accompagner. Il trouva Victoria allongée sur leur lit. Elle gardait une grande serviette de bain autour de la tête pour ne pas souiller les draps, heureusement car le linge se trouvait déjà rougi. La nurse émettait des plaintes. Ils ne surent si elle dormait ou bien délirait. Sa plaie au crâne paraissait profonde.

– Il conviendrait peut-être de conduire miss à l'hôpital ? suggéra Tom Lacase.

– Non ! riposta sèchement David.

Il ajouta :

– Ces blessures à la tête sont spectaculaires, mais rarement très graves ; sauriez-vous la panser ?

– Sans aucun doute, sir.

Tom s'en fut quérir une cuvette, de l'alcool et des tampons de gaze. Il entreprit aussitôt de la nettoyer. Il s'activait à petits gestes doux et précis. Rassuré, David le laissa soigner la nurse et descendit s'installer à son bureau d'acajou.

Une demi-heure plus tard, le domestique le rejoignit, l'air maussade.

– C'est fait, sir. Selon moi, l'entaille est profonde et nécessite la pose de plusieurs points de suture.

– Nous verrons cela demain, Tom, nous n'en sommes pas à quelques heures près.

Il saisit un petit rectangle de papier sur son sous-main.

– Voici le chèque promis.

Lacase ne fit pas un mouvement.

– Prenez ! insista Bentham junior en marquant quelque impatience.

– Je ne veux rien, sir, fit le Noir. Les employés de maison n'ont pas de gratifications à recevoir pour les services qu'ils rendent à leurs maîtres. Puis-je aller chercher la Hilmann dans l'impasse ?

47

Victoria eut une nuit agitée. Une forte fièvre la faisait délirer. Le nain resta assis en tailleur sur son oreiller, la regardant avec une certaine inquiétude. Lui qui ignorait le remords, il regrettait de ne l'avoir pas conduite à l'hôpital dans la soirée. Son farouche égoïsme avait pris le dessus sur toute notion d'assistance à la fille qu'il prétendait aimer.

En la voyant secouée de frissons, en l'écoutant proférer des mots sans suite, il prenait l'engagement de l'emmener dans une excellente clinique de la ville et d'appeler à son chevet un spécialiste des traumatismes crâniens.

Parfois, il caressait le corps de sa compagne de la main posée bien à plat pour ne rien perdre de sa chaleur, de sa douceur, ni du grain délicat de sa peau.

Une sorte d'âcre émotion lui nouait la gorge à la pensée qu'elle souffrait peut-être d'une fracture du crâne et pouvait mourir là, sur leur couche d'amour. Il n'osait imaginer ce que serait sa vie sans elle. Le vide sidéral dans lequel sa disparition le précipiterait.

A un moment donné, elle émit des cris de terreur. Il distingua des lambeaux de phrase : « Non, père ! Non, non, non ! » Ses pieds remuaient comme en une fuite quasi immobile.

Sir David lui bassina le front avec un linge imbibé d'eau de Cologne et lui chuchota des paroles tendres. Elle parut réagir à ces attentions. Elle ouvrit les yeux, lui sourit.

« Chéri... » balbutia-t-elle d'une voix heureuse. Ce simple mot rasséréna un peu David qui espéra de toutes ses forces un rétablissement miracle. Elle finit par s'endormir vraiment, alors il éteignit la lampe à abat-jour jaune et continua de la veiller dans l'obscurité.

Aux premières heures du matin, il réveilla une fois encore Tom Lacase en lui expliquant que l'état de miss Hunt lui paraissait préoccupant. Le Noir le rejoignit sans tarder. Il jugea effectivement la situation inquiétante.

– Nous allons la mener à l'hôpital, déclara David.

– Ce serait imprudent de notre part, sir, objecta le domestique. Mieux vaut commander une ambulance.

Son maître se rendit à ses raisons. Il téléphona à sa mère, lui expliqua qu'au cours de la nuit Victoria avait fait une chute dans l'escalier, que son état semblait alarmant et lui demanda conseil concernant un endroit réputé où la conduire. La duchesse l'assura qu'elle allait s'en occuper et lui dépêcher Mrs. Macheprow pour préparer la jeune fille à une éventuelle hospitalisation.

Elle raccrocha et murmura dans sa langue maternelle :

– Si cette pétasse pouvait au moins crever !

Ce vœu pieux ne devait pas être exaucé.

***

A la clinique où la nurse fut admise, on diagnostiqua un traumatisme crânien nécessitant une mise en observation d'une semaine. Sir David quitta l'établissement complètement désemparé, se demandant de quelle façon il allait franchir cette période. Rencogné dans un angle de la voiture, il examinait la nuque de Tom ; une vague envie de le supprimer le taraudait. Il supportait mal que son serviteur ait repoussé « la prime » qu'il lui proposait. Si les valets se mettaient à jouer les hommes d'honneur, où allait-on ? Un type engagé pour être battu ! Il rêva de son assassinat ; se dit que rien n'urgeait; ce garçon pouvait lui rendre bien des services encore.

Comme ils approchaient de Charles Street, il eut l'idée de rendre visite à sa belle-sœur; il pria Lacase de modifier leur itinéraire.

En arrivant à Hampstead, il aperçut Mary qui sortait d'une librairie. Il la jugea pâle et amaigrie; de grands cernes creusaient son regard. La jeune femme tenait à la main un livre protégé par une jaquette publicitaire.

– Laissez-moi là! ordonna-t-il à Tom.

– Où devrai-je vous attendre, monsieur?

– Je n'ai plus besoin de vous.

Une chose l'agaçait venant de son domestique: le fait qu'il ne lui parlait jamais à la troisième personne. Il lui en avait fait le reproche en différentes occasions, chaque fois le Noir lui présentait ses excuses mais reprenait presque aussitôt le vouvoiement, si bien que David qui, par ailleurs, était satisfait des prestations de Lacase, avait renoncé à lui faire entendre raison.

Il quitta la voiture et emboîta le pas à Mary. Il n'avait d'yeux que pour sa croupe et ses longues jambes. Il aimait la convoitise sexuelle, ce fabuleux préambule à l'amour.

Sir David la fila jusqu'à sa demeure, ne la rejoignant que lorsqu'elle eut sonné à la porte. Elle eut un sursaut en le voyant:

– Vous me suiviez?

– Depuis la librairie seulement.

– Pour quelle raison?

– Je sais que vous détestez vous donner en spectacle; ce qui aurait été un peu le cas si vous aviez cheminé au côté d'un nabot.

La femme de chambre ouvrit. Mary entra chez elle avec brusquerie.

– Vous permettez? s'enquit David, car, d'après l'attitude de sa belle-sœur, il aurait pu en conclure qu'elle ne le souhaitait pas.

– Naturellement.

Elle défit son manteau de lainage et le tendit à la camériste, puis elle gravit l'escalier rapidement.

Parvenue au premier, elle pénétra dans un salon de musique où elle s'isolait volontiers pour jouer du hautbois, instrument qu'elle avait pratiqué dans l'orchestre de son collège.

Elle ouvrit un coffret de marqueterie et prit un marron glacé enveloppé dans du papier doré. C'était Sa Grâce, la duchesse Muguette qui les lui avait rapportés de France sachant qu'elle en raffolait.

– C'est la première fois que je vous prends en flagrant délit de gourmandise, remarqua son beau-frère.

– Vous me connaissez si peu, fit la marquise.

Il en vint à leur projet de voyage en commun.

– Mère vous a fait part de ma proposition de croisière ?

– Oui, et je trouve que c'est une bonne idée. Quel genre d'itinéraire proposez-vous ?

– Peu importe, ce qui est agréable dans l'affaire, c'est le bateau, non les escales. Débarquer dans un site dépaysant en compagnie d'une horde d'imbéciles uniquement stimulés par leur appareil photographique ne m'a jamais beaucoup tenté.

– Ces mêmes imbéciles, vous les avez à bord, dans un contexte plus réduit.

– A bord, ma chère, nous aurons des cabines et nous en disposerons à notre gré. Toutes les folies seront à notre portée ; les jours et les nuits se confondront. Nous passerons notre temps à faire l'amour et à dormir. Ce sera un plaisir intarissable, Mary. Cette évocation me met en érection.

Elle sourit.

– Je commence à croire que votre existence n'est qu'un interminable coït, David.

– Bien faible compensation à ma disgrâce, soupira le nain.

Elle lui coula un long regard perspicace.

– La cruauté vous aide à vivre ?

Il faillit s'insurger, mais fit patte de velours.

– Ma vie ne serait acceptable qu'à travers une totale résignation ; or je ne me résignerai jamais à accomplir ma durée dans un corps d'enfant. J'en veux à la terre entière de ma petitesse. Dieu ne s'est pas comporté en gentleman avec moi.

Ils restèrent un moment silencieux. Puis il s'approcha de sa belle-sœur et passa la main sous ses jupes, la regardant bien dans les yeux pour chercher à percer ses sentiments. Mary ne broncha, ni ne cilla.

– Vous me laisseriez lécher votre sexe ? lui demanda-t-il.

Elle eut un léger sourire qu'il ne sut déchiffrer.

– Si vous en avez un vif désir...

– Cette caresse ne vous tente pas ?

– Il m'est difficile d'envisager ce que j'éprouverais, le cas échéant.

– On risque l'expérience ?

– Pourquoi non ? Auparavant, veuillez fermer la porte à clé, il arrive à mon fils d'entrer sans crier gare.

David fit ce qu'elle lui demandait et revint à elle. Elle s'était mise debout, les jambes légèrement écartées.

Il défit sa jupe et s'interrompit pour admirer ses cuisses duveteuses. Avec une dévotion quasi religieuse, il fit descendre son slip de soie. Puis baisa doucement la toison de la jeune femme.

– Vous avez la bouche à la hauteur de mon sexe, fit-elle d'un ton sérieux, votre cas n'est pas si grave !

Sir David poussa un étrange cri de mouette et se précipita sur la porte que, dans sa fureur, il eut du mal à ouvrir.

48

Privé de Victoria, il trouva que le temps n'avait plus la même densité. Le vide de ses jours lui causait une angoisse morbide. Il se sentait seul dans le monde et fragilisé.

Les après-midi, il se rendait à la clinique où il avait droit à une courte visite. C'était pour lui l'unique instant positif, et encore sa brièveté causait-elle à sir David plus de nostalgie que de bonheur. Cette situation, heureusement fugace, lui démontrait à quel point il tenait à cette fille. Sans elle, son existence se serait flétrie à jamais.

Il eut la vague tentation d'aller « neutraliser » quelque visiteur de la Tour de Londres ou du British Museum; mais, cette sorte de chasse au gibier humain ne le stimulait plus, privé de son égérie.

Pour ne pas demeurer seul, il prenait ses repas chez le lord, son père. Lady Muguette était très accaparée par son exposition qui battait son plein et remportait un franc succès. Il y avait toujours des convives, le soir : critiques d'art, directeurs de galerie, membres du département des Beaux-Arts... La Française était surexcitée par ces projecteurs braqués sur elle.

Ce jour-là au moment du lunch, elle prévint son cadet que le duc d'Edimbourg allait venir prendre le thé avec son père. Les deux hommes s'étaient liés d'amitié pendant la guerre de 39 et entretenaient des relations qui, pour être espacées, n'en restaient pas moins cordiales.

David se demanda pourquoi lady Muguette l'en informait car, habituellement, elle le mettait peu au courant de leurs mondanités.

– Vous souhaiteriez que je vienne lui présenter mes devoirs ? questionna-t-il.

– Grand Dieu non ! repartit vivement sa mère.

Alors il comprit que, bien au contraire, elle ne voulait pas qu'il se montre. Il en conçut un regain de haine désespérée et s'enferma dans un mutisme buté. Réalisant qu'elle l'avait vexé, la duchesse changea de sujet :

– Au fait, vous êtes-vous mis d'accord à propos de la croisière envisagée avec Mary ?

Il secoua la tête.

– Je ne pense pas qu'elle se fasse, mère, car je soupçonne Mary de n'en avoir guère envie. La perspective d'embarquer sur un paquebot de plaisance avec un individu aussi caricatural lui donne à réfléchir.

Elle détestait l'entendre parler de la sorte.

– Réfléchissez, mon garçon, c'est elle-même qui a émis le désir de prendre des vacances en votre compagnie.

– Elle aurait préféré un chalet de montagne à une croisière trop peuplée.

– Ne soyez point acerbe ; elle s'est déclarée d'accord pour la croisière. Je crois que vous la considérez comme quelqu'un qui vous est hostile, alors que je la sens, moi, pleine d'intérêt pour votre personne.

Il hocha la tête et ne tarda pas à quitter la table.

***

Il avait ordonné à Tom Lacase de le prévenir de l'arrivée du prince consort, ce que fit scrupuleusement le valet.

Il existait, entre la maisonnette de sir David et la construction qui lui succédait, une sorte de no man'sland en friche d'à peine cinquante mètres carrés. Dans son enfance, le cadet des Bentham aimait à y jouer. Les mauvaises herbes étaient si hautes et lui si petit qu'il s'y cachait aisément. Il avait remarqué que cette zone morte composait un paradis pour les escargots. A ses yeux, la prolifération de ces gastéropodes sur l'infime terrain tenait du miracle. Il s'amusait à leur couper les cornes, opération difficile car elles sont rétractiles.

David retourna sur ce faible territoire où il ne se risquait plus depuis une vingtaine d'années. Les ronces gagnaient sur l'herbe ; le petit pêcher qui déjà végétait à l'époque était mort, mais continuait de se dresser dans ce bout de jardin inculte.

Le nain se mit à la recherche des bestioles ; il n'en trouva pas. Avaient-elles déserté ce lieu trop exigu ? Il se souvint qu'on était en hiver et que les escargots hibernent. Il fut déçu.

Comme il allait quitter le terrain « fou », il avisa un rongeur mort dans l'herbe. Il s'agissait d'un rat fraîchement trucidé par un chat du voisinage, lequel s'était contenté de le décapiter.

David recueillit l'écœurante dépouille dans son mouchoir et rentra.

Vingt minutes plus tard, le rat sans tête trouva une sépulture provisoire dans la poche d'une gabardine doublée de cashmere appartenant à l'époux de la reine.

Cette innocente farce requinqua momentanément sir David.

***

Le surlendemain, Tom et lui se rendirent à la clinique pour y chercher Victoria.

Ce fut jour de fête. Le nain avait envie de crier sa joie et trouvait presque ses contemporains sympathiques, lui qui tant les haïssait. Victoria avait piteuse mine : blafarde, les traits tirés, elle paraissait n'être que faiblesse. Soutenue par Tom, elle se traîna jusqu'à la Rolls-Royce dans laquelle ils l'allongèrent à demi.

Lorsqu'ils arrivèrent dans leur petite maison, elle s'émut en constatant que David l'avait pratiquement emplie de roses thé, fleurs dont elle raffolait. Ils lui ôtèrent son manteau et la couchèrent sur le canapé qui faisait face à la cheminée où grésillait doucement un feu de boulets. A la demande de son maître, Lacase ouvrit une bouteille de champagne millésimé pour trinquer au retour de la blessée. Le bonheur du nain était si vif qu'il pria le Noir d'en boire une coupe avec eux. C'était la première fois qu'il se comportait de la sorte avec un domestique, lui si distant avec le personnel.

Quand Tom fut parti, David sortit de son secrétaire un petit paquet scellé à la cire et le posa sur le ventre de sa compagne.

– Qu'est-ce ? demanda-t-elle, confuse.

– Pourquoi me poser la question quand vous avez la réponse entre les doigts !

Elle défit le luxueux emballage qui enveloppait un écrin de cuir rouge, ouvrit celui-ci et poussa un cri de surprise en découvrant une bague composée d'un énorme saphir entouré de diamants aux mille feux.

– Seigneur ! fit-elle, comme dans les mauvais drames.

– Ma chère, chère Victoria, dit sir David, j'ai l'honneur de vous demander votre main et vous prie d'accepter cette bague de fiançailles en gage de l'immense amour que je vous porte.

Elle resta coite, comme étourdie par la stupeur. Malgré les promesses de son amant, elle n'avait jamais cru qu'il l'épouserait. Quand il lui arrivait d'espérer, aussitôt une vague de scepticisme balayait son bonheur.

En tremblant, elle dégagea le bijou de son écrin pour le passer à son doigt. Il lui allait à la perfection.

– J'ai subtilisé l'un de vos anneaux fantaisie pour que l'orfèvre en prenne la mesure avec son triboulet, expliqua son compagnon.

Elle ne pouvait parler, l'émotion lui nouait la gorge. Un long moment elle demeura en contemplation, son annulaire dressé.

Il la jugea pathétique. On avait rasé une partie de ses cheveux à l'endroit de la blessure et cette mutilation passagère modifiait passablement son personnage, lui donnait confusément un aspect de femme soldat.

– C'est trop, balbutia-t-elle. Je crois que je vais mourir de bonheur.

David ressentit quelque gêne. Il lui semblait vivre un méchant feuilleton ; thème : le « Prince et la Bergère ». Il possédait d'une façon aiguë la notion du ridicule et s'irritait de la reconnaissance des pauvres devant les largesses que leur concèdent les riches.

Pour ajouter à son supplice, Victoria se mit à arroser la bague de larmes abondantes qui, pour être venues du cœur, ne lui en semblèrent pas moins déplacées.

Agacé, il alla se préparer un gin-orange dans la kitchenette car il préférait cette boisson au champagne. Il commençait à la savourer quand le téléphone interne fit entendre son soyeux vrombissement.

Il décrocha. La voix aigre de Mrs. Macheprow annonça que deux inspecteurs de Scotland Yard étaient là, qui demandaient à le rencontrer.

– Je viens, répondit-il flegmatique.

49

Il les jugea à ce point identiques qu'il les imagina sortis d'un album de *Tintin*. Ils frisaient la quarantaine. Leurs visages longs et étroits s'ornaient de la même moustache, rousse chez l'un, brune chez l'autre. Leurs cheveux comportaient la même raie à gauche, plaqués sur le crâne comme si on les avait dessinés au pinceau. Vêtus de tweed aux teintes moroses, chaussés de larges souliers cirés à mort proposant quatre lacets identiquement noués, ils incommodaient par leur mimétisme.

L'arrivée du nain les déconcerta. Ils s'arrachèrent au sofa du salon et se présentèrent avec des mines ahuries.

– Chambers ! dit le roux.

– Befoll ! dit le brun en écho.

David ne prononça pas un mot. Il venait de prendre une décision : jouer les simplets. Il examinait les deux détectives avec des yeux béats, presque admiratifs. Ses interlocuteurs, d'abord désarçonnés par son nanisme, le furent tout autant par son crétinisme marqué. Ils échangèrent des regards désorientés.

– Vous êtes l'honorable David Bentham ? questionna le brun.

Le petit homme acquiesça mornement.

– Connaissez-vous un individu du nom de Shakri Kerala ?

– Pas du tout, articula-t-il.

Il se demanda s'il convenait de poser des questions ou bien d'attendre un complément d'informations spontané. Il opta pour la seconde réaction, plus conforme au personnage qu'il leur interprétait.

– L'individu en question était un étudiant en pharmacie étranger, domicilié au Y.M.C.A. Il est mort subitement, une de ses compatriotes prétend qu'on l'a empoisonné.

C'était l'inspecteur Befoll qui parlait, d'une voix plutôt aigre.

David réfléchissait à toute vitesse. L'Y.M.C.A. : il s'agissait de son piètre maître chanteur pakistanais.

– Je ne connais pas, dit-il d'une voix atone.

– L'homme avait écrit votre nom et vos coordonnées au dos d'un prospectus publicitaire, ainsi que la ligne de métro desservant votre quartier.

Le nain eut une expression d'ignorance complète qui ébranla les gens du Yard.

– Une autopsie a été pratiquée ; le médecin légiste est confronté à un problème qui le trouble passablement : Shakri Kerala présente certaines altérations des viscères pouvant laisser croire à l'action d'un poison. Cela dit, on n'a retrouvé aucune trace de celui-ci.

A cet instant, David eut une superbe idée. Il se mit à fredonner une célèbre ballade irlandaise qu'un groupe à la mode venait d'adapter en pop-musique.

Il regardait par la fenêtre et semblait avoir occulté ses visiteurs.

Les deux inspecteurs échangèrent une nouvelle fois des mimiques découragées.

– Sir Bentham, appela le rouquin.

– Oui ? demanda David.

– Vous êtes certain de ne pas avoir rencontré un homme barbu du nom de Shakri Kerala ?

– Qui est-ce ? répondit le minuscule personnage avec un sourire ingénu.

– Je viens de vous le dire : un étudiant en pharmacie dont le décès ne paraît pas normal. Il avait votre nom et votre adresse sur lui.

Sir David fit mine de réfléchir, puis brusquement son visage s'éclaira et il éclata de rire.

– Avez-vous vu les aventures de « Tom et Jerry », hier soir, à la télévision ?

L'inspecteur Befoll adressa un signe péremptoire à son coéquipier.

– Bien, nous allons vous laisser, sir. Pardon pour le dérangement.

Ils sortirent du salon et trouvèrent Tom Lacase dans le hall, occupé à réparer un court-circuit dans le néon éclairant une toile de Van Dyck. Le domestique lâcha son tournevis pour raccompagner les policiers.

Avant de passer le seuil, le roux qui se nommait Chambers murmura :

– Dites-moi, mon vieux, l'honorable nabot ne serait pas un peu...

Il toqua sa tempe en souriant.

– J'ignore à quoi monsieur l'inspecteur fait allusion, répondit le Noir avec hauteur.

***

Il retrouva Victoria avec bonheur, ayant complètement chassé l'agacement causé par sa gratitude éperdue. Elle s'était endormie et son retour ne la réveilla pas. Il décida de lui taire pour l'instant cette visite policière afin de ne pas la tourmenter, et, comme il aimait tant à le faire, se lova sur le tapis tel un chien. Le feu de boulets dégageait une chaleur ponctuelle qui lui brûlait le visage.

La surabondance de roses chargeait l'air confiné d'odeurs pénétrantes. La main de la nurse pendait hors du canapé et les feux de l'âtre arrachaient des éclats à sa bague. Sir David se sentit glisser dans une torpeur ouatée, sorte de sommeil conscient qui ajoutait à son bien-être. Par flashes, il repensait aux duettistes de la Police ; leur trouvait l'air benêt. Rien de commun avec les limiers de cinéma, pleins d'autorité et de sous-entendus. Ces deux-là paraissaient gauches et vaguement timorés ; mais peut-être étaient-ils performants au plan professionnel ? Que le Pakistanais eût ses coordonnées griffonnées sur un prospectus n'avait rien de compromettant pour le cadet des Bentham. On pouvait fournir maintes explications : on comptait le « démarcher », le cambrioler, ou encore faire appel à sa générosité...

Il chassa de son esprit cette mouche importune et s'endormit pour de bon.

Ils s'éveillèrent presque simultanément, deux heures plus tard, commandèrent une collation à Tom et mangèrent de bon appétit. Ensuite de quoi, ils gagnèrent leur chambre et firent l'amour de manière plus ardente que de coutume. Contrairement à son habitude, Victoria se montra particulièrement bruyante, ce qui stimula la fougue de son compagnon. Une fois achevée leur brûlante joute, ils se préparèrent à sortir. La nurse voulait se rendre chez son coiffeur pour lui demander de réparer la brèche occasionnée par sa blessure. Sir David décida, pendant ce temps, d'aller repérer le cabinet dentaire d'Adam Gresham, le dernier amant de Victoria.

Il eut la satisfaction de constater qu'il occupait le rez-de-chaussée d'un immeuble neuf de moyenne importance. Sa clientèle devait se situer chez les fonctionnaires et petits commerçants. La porte s'ouvrait dans un recoin du hall en faux marbre, derrière la batterie d'ascenseurs. L'endroit était obscur malgré le plafonnier installé au-dessus du seuil. D'un regard connaisseur, sir David jugea les deux serrures. Rien de bien terrible, estima-t-il. Il savait, de longue date, la manière de recueillir les empreintes de ces verrous dits « de sécurité ».

Satisfait, il rejoignit Tom et son carrosse qui l'attendaient deux rues plus loin.

Il aurait voulu pouvoir savourer pleinement le retour de la nurse, mais, malgré l'optimisme auquel il s'efforçait, l'intervention de ces inspecteurs gâchait quelque chose de fondamental qui l'avait survolté jusqu'alors : le sentiment d'être à tout jamais protégé, épargné. A présent, un élément nouveau le déconcertait : il se sentait faillible.

Sir David reprit Victoria à son salon de coiffure. Un artiste capillaire qui se prévalait de Paris, lui avait arrangé une coiffure de récupération, un peu trop tarabiscotée au goût de David. Il pensa qu'une nuit sur l'oreiller remettrait du naturel dans cette afféterie. Sans doute se trouvait-elle plus belle avec toutes ces boucles pour camoufler sa cicatrice ?

Il lui proposa d'aller au cinéma, puis de souper ensuite dans un restaurant de nuit réputé. Ne fallait-il pas fêter leurs fiançailles ?

Elle accepta avec des transports de joie qui, à nouveau, le gênèrent. Il craignit que sa promotion sociale ne l'induise, lorsqu'elle serait l'alliée de son illustre famille, à se montrer, par réaction, un peu trop « peuple ». Il se rassura en songeant que Victoria possédait une vive intelligence et qu'il saurait, en cas de nécessité, « remettre les choses en ordre ».

50

Ils restèrent plusieurs jours enfermés dans leur « maison de poupée ».

Un profond besoin de se terrer comme des marmottes en hibernation les avait saisis. Victoria, parce qu'elle se sentait encore dolente, David, par besoin de se soustraire au monde. Ces journées d'isolement les transformaient en animaux. Le temps n'existait plus. Une pareille vie primaire constituait pour eux une sorte de halte indispensable après la folle existence qu'ils avaient menée. Quand il leur apportait leurs repas, Tom Lacase les scrutait avec inquiétude. Il brûlait de les questionner mais n'osait et hésitait à parler de la situation à lady Bentham, redoutant qu'elle fasse quelque éclat.

Tom filtrait les rares appels téléphoniques destinés à sir David. Il s'agissait, le plus souvent, de son tailleur ou de son bottier car il ne connaissait personne hors du clan familial. A une certaine période, il s'était lié d'amitié avec le fils d'un évêque que son père fréquentait assidûment ; malheureusement il avait surpris une conversation téléphonique du jeune homme au cours de laquelle celui-ci se moquait de lui. Sa désillusion fut telle qu'il voulut supprimer l'impudent en versant un poison-retard dans son scotch. Il avait mal établi la dose car le garçon ne mourut pas mais resta seulement paralysé à vie des membres inférieurs ; ce qui représenta une certaine consolation pour le nain.

En une après-midi de cet an de grâce que nous avons le bonheur de savourer, sir John, l'aîné des Bentham, survint sans crier gare dans la maison paternelle. Lacase répondit à son bref coup de sonnette d'homme pressé.

– Sir David est-il là ? questionna-t-il.

– Dans sa maison privée, oui, Votre Honneur (il accordait cette appellation à toute personne frisant la quarantaine).

– Je dois lui parler ! déclara le marquis en s'engageant dans l'escalier conduisant chez son cadet.

Le domestique n'eut que le temps d'informer son maître de cette visite impromptue.

Elle mit le nain en rage.

– De quel droit ce superbe imbécile viole-t-il notre porte !

– C'est votre frère, plaida la nurse.

Ils n'eurent pas le loisir de disserter sur le sujet : John venait déjà de franchir le souterrain et carillonnait comme un matin de Pâques.

David s'en fut ouvrir à son aîné, lequel resta coi en le découvrant vêtu de sa seule robe de chambre.

– Etes-vous malade, David ?

– La gorge ! éluda son cadet. Qu'est-ce qui me vaut le plaisir de votre visite inopinée ?

– J'ai à vous parler de choses graves.

Le nain désigna un fauteuil à son frère sans avoir vu la délicieuse culotte qui s'y trouvait. Avant de s'y déposer, John cueillit le sous-vêtement entre pouce et index et le présenta au petit homme. David sourit, s'empara du mignon slip et s'en fit une pochette.

– Puis-je vous proposer un verre ? demanda-t-il.

– Sans compliment ! refusa le marquis. Je viens vous parler de Mary.

Le nain acquiesça et attendit la suite.

– Elle a failli commettre une seconde tentative de suicide, reprit John.

– De quelle façon ?

– En vidant un flacon de soporifique dans sa tasse de thé ; par la grâce du Seigneur, notre femme de chambre a surpris son geste et a pu le lui arracher des doigts.

– Et ensuite ?

– Naturellement, elle m'a prévenu. Je n'ai fait qu'un bond jusqu'à la maison.

– Comment est-elle ?

– Disons prostrée. La honte de son acte raté ajoute à sa neurasthénie. J'ai exigé de sa caméristе qu'elle débarrasse les salles de bains de tous les produits pharmaceutiques qui s'y trouvent, à commencer par l'aspirine. Puis j'ai alerté son médecin qui va lui dépêcher une garde-malade. On ne peut pas hospitaliser mon épouse à chaque instant ! Qu'en serait-il de notre réputation !

Le petit homme opina. Il se demandait pour quelle raison son aîné venait lui raconter ses malheurs, alors qu'il ne lui avait jamais accordé la moindre attention.

Sa surprise fut de courte durée.

– David, fit le marquis avec un rien d'émotion, vous devenez mon ultime espoir.

– Je ne comprends pas...

– Voyons, reprit John, il y a peu, mère avait envisagé une croisière pour ma femme et vous. Ce projet avait eu l'heur de plaire à Mary, ce fut la seule fois où je la vis s'animer depuis sa première tentative de suicide. Je ne sais trop pourquoi ce projet a capoté. C'est fâcheux, car je suis certain qu'il aurait été salutaire.

– Ma foi, répondit David, j'étais allé lui en parler, mais elle s'est montrée si cinglante avec moi, si railleuse, que j'ai fui sans demander mon reste.

– C'est la timidité qui l'a fait agir ainsi, mon cher frère. Vous connaissez mal Mary : feu et glace. Chez elle, l'hostilité feinte est un système de défense. Cette femme, il convient sans cesse de l'apprivoiser.

Le petit homme écoutait les propos de son frère avec délectation.

– Son inimitié pour moi est si flagrante, objecta-t-il.

– Vous n'y êtes pas. Certes, votre infirmité l'a... heu déconcertée pendant un certain temps...

– Des années !

– En tout cas, maintenant votre personnalité la captive.

– Vous voulez dire mon personnage ! Elle s'attend à ce que l'on m'enferme dans une valise ou que je passe à travers un cerceau de papier comme un chien savant.

– Vous avez une tête de bois, David. Je sais ce que je raconte ! Après cette époque de froideur que vous évoquez, Mary n'aspire qu'à devenir une amie pour vous !

Sur la réplique, les marches de l'escalier menant à la chambre grincèrent et Victoria survint.

Elle portait une jupe très courte et un pull à col roulé noir. Une fois en bas, elle eut une inclination de buste à l'adresse du marquis.

– Bonne après-midi, sir.

L'autre qui, d'une façon générale lui battait plutôt froid se leva pour lui tendre la main.

– Vous êtes ravissante, ma douce amie.

Il était sincère. La nurse avait joliment maquillé sa pâleur, de façon à rendre sa bouche pulpeuse et son regard plus mystérieux. John paraissait la découvrir.

« Ce chien a envie d'elle ! » songea David.

Une pensée homicide le fit frémir, qu'il sut réprimer. « On ne tue pas ses proches ! Sauf cas de force majeure, bien entendu. »

Le marquis dit, s'adressant à la nurse :

– J'essaie de convaincre mon frère de partir en croisière avec lady Mary ; un voyage dans les mers chaudes ne vous inspire pas ? Vous en reviendriez toute bronzée.

Elle détourna la tête :

– Sir David décide.

– Dieu, que voilà donc une femme rêvée ! s'exclama l'aîné des Bentham en riant. Alors, c'est dit, vous embarquez tous les trois ?

– Puisque vous y tenez, mon cher frère, soupira le nain.

Une expression reconnaissante éclaira la grave physionomie de sir John.

– Vous me rendez un fier service, surtout, distrayez-la. Je veux qu'elle s'amuse, s'étourdisse. Mary est une femme trop austère.

Il se tut, puis reprit, affectant une gaîté piteuse :

– Vous m'avez proposé à boire, tout à l'heure, j'accepte volontiers.

– Toujours votre Drambuie-soda ? s'informa David.

– Si c'est possible.

Sans attendre que son amant le lui demande, Victoria alla préparer le drink de « son futur beau-frère ». Celui-ci ne la quittait pas des yeux, guettant, plein de convoitise, les mouvements de sa minijupe. Son cadet s'apercevait de cette concupiscence et réprimait des bouffées de haine.

Lorsque Victoria tendit son verre à John, il s'arrangea pour lui caresser les doigts.

La nurse jeta un regard à son amant dont elle devinait la rage incandescente. Elle fit une mimique apaisante qui dissuada le petit homme de se livrer à quelque éclat.

Afin de prolonger sa visite, sir John but deux autres verres. Après avoir vidé le dernier, il demanda la permission d'user des toilettes.

– Elles sont en dérangement ! dit vivement la nurse.

– Mais non ! protesta étourdiment David.

Son frère leur dit en souriant :

– Oh ! je n'ai pas de grandes exigences.

Il gagna la salle de bains.

Quand il fut sortit, le nain questionna :

– Pourquoi ce mensonge à propos des toilettes ?

– Vous ne voyez pas ? fit-elle.

Son amant tressaillit :

– Ô Seigneur ! quel imbécile je fais !

Ils ne parlèrent plus, attendant avec angoisse le retour de l'aîné.

L'absence de John dura plus que de raison. Lorsqu'il réapparut, il était livide et se déplaçait d'un pas flou. Il portait, tel un lourd fardeau, l'une des photos prises dans la garçonnière d'Olav Hamsun et que David avait, l'après-midi même, scotchée au mur de la salle d'eau. Il voulait conserver ce « trophée » à cause de la folle lubricité qui s'en dégageait. L'image représentait Mary accroupie sur Olav, dos à lui, en train de chevaucher son membre roide. Elle s'y montrait dans un abandon complet : dents crochetées, une main crispée sur chacune de ses cuisses, la scène dégageait une violence érotique extraordinaire.

Sir John fit d'une voix exténuée :

– Je ne comprends pas...

Il s'adressait à Victoria, qui détourna la tête sans répondre.

Alors David prit la situation en main.

– Navré que vous ayez découvert cette chose, Johnny. Reprenez-vous, je vais vous expliquer.

Il donna, avec un maximum de sobriété, sa version des faits : Olav Hamsun, le beau Norvégien, si séduisant par sa grâce et sa jeunesse, avait entrepris la conquête de Mary. Le démon de la quarantaine poussa cette femme si rigide à céder à sa cour pressante. En fait, il s'agissait d'un séducteur qui tirait argent de ses partenaires. Comme il avait rencontré la marquise par David, c'est à lui tout naturellement qu'il avait apporté les photographies compromettantes en échange de cinquante mille livres sterling. David avait payé sans sourciller, espérant préserver l'honneur de sa belle-sœur. Il n'avait pas détruit toutes les odieuses images parce qu'il projetait de se mettre à la recherche de l'infâme pour le confondre. Il avait fallu ce concours de circonstances pour que John trouve ce déplorable document.

Le nain tentait, par son histoire plus ou moins scabreuse, et par l'emploi de mots vidés de leur charge émotionnelle (il qualifiait la photo pornographique de « déplorable document ») de dédramatiser la situation, sans s'apercevoir que son aîné percevait à peine ses paroles. Il tremblait, bredouillait des choses inaudibles et surtout, sans arrêt, se repaissait de la photo. Il était clair que la stupeur ajoutait à la colère et au désespoir. Mary ! La hautaine, la calme Mary se ravalant au rang de catin ! Mary lubrique ! Mary déchaînée ! Mary, la grave dame patronnesse, à califourchon sur le sexe d'un beau jeune homme (sexe plus fort que celui du marquis, et pas qu'un peu !). L'univers s'écroulait pour ce grave juriste. Sa vie, si bellement rectiligne et unanimement approuvée, tournait à l'odieuse bouffonnerie. Pis que déshonoré, il se jugeait complètement ridicule.

Victoria lui mit d'autorité un nouveau Drambuie-soda dans la main ; cette fois ce n'était pas pour le griser mais pour le soutenir. Il le but comme on avale l'eau accompagnant un cachet.

Le couple regardait ce cocu effondré sans ressentir la moindre compassion, d'un œil profondément embêté.

Tout à coup, la nurse se ressaisit. S'approchant de son compagnon, elle chuchota :

– Allez donc chercher un livre dans la bibliothèque de votre père et mettez-y du temps, je vais essayer de le réconforter.

– De quelle manière ? demanda le petit homme, immédiatement jaloux.

Le sourire qu'elle lui adressa endigua ses craintes et il se retira sans un mot.

51

Lorsqu'elle se trouva seule avec John, Victoria lui prit délicatement la photographie-catastrophe des mains et se mit à la déchirer posément.

– Que faites-vous ! s'écria l'époux bafoué.

– Ce qui aurait dû être fait depuis un certain temps, répondit-elle, cette image établit une violation de la personne humaine ; la conserver plus longtemps serait une indignité pour tout le monde. Savez-vous, sir, que ce garçon droguait votre chaste épouse ?

– Comment cela ? balbutia-t-il.

– Il me l'a avoué au cours de la transaction, assura-t-elle en mettant au feu les morceaux de la photo. Je ne pouvais croire que la marquise se fût livrée à de telles turpitudes. Je l'ai pressé de questions pendant que votre frère réunissait l'argent du chantage ; ce voyou n'a pas fait de difficultés pour reconnaître la chose.

– Il mérite la mort, fit sombrement John, d'un ton si pénétré que la nurse se demanda s'il n'était pas porteur de gènes homicides, lui aussi.

– Tant de gens la méritent ! assura-t-elle.

Puis, reprenant le cours de son récit, elle broda un sublime mélodrame qui eût laissé sceptique un gardien de square, mais auquel un mari trompé et humilié ne pouvait que se raccrocher. L'unique faute de la marquise – mais n'était-ce pas une simple imprudence ? avait été de se rendre chez Hamsun sous prétexte de l'aider à choisir des tissus d'ameublement pour son appartement. Lorsqu'elle fut chez lui, il mit un produit hallucinogène dans le thé ; dès lors, l'honorable femme perdit tout contrôle et s'abandonna aux pires turpitudes exigées par Olav. Le sacripant avait astucieusement caché un appareil photographique à déclenchement automatique, ce qui lui permit d'obtenir les photos compromettantes.

Une fois rentrée chez elle, Mary, dégrisée, réalisa l'énormité de son acte et, aussitôt, voulut se donner la mort.

Victoria parla sans se reprendre une seule fois, dévidant son récit pour roman-photos d'une voix neutre qui ajoutait au pathétique. Ayant achevé le résumé « du drame », elle attaqua sa péroraison.

– Il ne faut pas avoir le cœur endurci contre cette épouse héroïque ; son calvaire est inhumain car, subir un viol, c'est l'une des plus terribles épreuves qu'une femme puisse endurer. Loin de l'accabler, il convient de la secourir avec un maximum de discrétion et de délicatesse. Surtout, ne lui faites jamais la moindre allusion à cette agression. Entourez-la d'un maximum d'attentions et de tendresse, sir. Son salut est à ce prix, ne l'oubliez jamais. Lorsque cette ignoble photographie aura totalement achevé de se consumer, il faudra que dans votre mémoire aussi ne subsistent que des cendres !

Elle cessa de parler, exténuée comme après un effort physique. Sir John semblait annihilé. Il avait des lèvres de pierre et son regard ne cillait pas. Ils demeurèrent longtemps face à face, chacun prisonnier de ses pensées.

Il finit par murmurer un bref « merci ». Alors la nurse comprit qu'elle venait de gagner la partie.

Elle s'était assise dans son fauteuil, sans réaliser que sa courte jupe se retroussait dans le mouvement. Sir John contemplait ses cuisses avec envie, souhaitant ardemment qu'elle lui découvre davantage de sa personne. Avec beaucoup de naturel, elle remua et il sut qu'elle portait un délicieux slip saumon s'harmonisant avec les taches de rousseur de ses cuisses.

– Ma chère, dit-il d'une voix rauque, j'ai l'impression de vous voir aujourd'hui pour la première fois. Vous dégagez une sensualité prodigieuse.

La nurse referma prestement ses jambes.

« Ce triste salaud est déjà guéri de sa jalousie », songea-t-elle.

Un confus désenchantement la prenait. N'existait-il donc pas de passions véritables, c'est-à-dire durables ? Fallait-il que les amants meurent pour que leurs amours deviennent éternelles ?

– Chère Victoria, fit John, grâce à vous je vais pouvoir poursuivre ma route. De grâce, continuez de m'aider à franchir ces terribles instants !

Il lui saisit la main, la porta à ses lèvres. Elle se dit qu'il était dépourvu d'intérêt, un nanti par hérédité. Il n'aurait jamais l'envergure de son père. Même diminué par l'âge, lord Jeremy Bentham conservait une dimension de grand aristocrate britannique, et sa roturière d'épouse avait su s'intégrer au clan sans l'altérer.

Sir John délaissa le baisemain cérémonieux pour passer à des transports qui, si elle n'y mettait bon ordre, conduiraient à des privautés excessives.

– Reprenez-vous, dit-elle. David va être là d'un instant à l'autre !

Il eut un geste d'agacement.

– Que pouvez-vous bien trouver à cet avorton ?

– Rien, convint-elle ; rien, sinon que je l'aime.

L'expression du marquis se fit sarcastique.

– C'est lui que vous aimez, ou bien le confort qu'il vous apporte ?

« Seigneur ! pensa-t-elle, comme sa pauvre épouse a eu raison de connaître l'amour avec son beau Norvégien ! »

Elle aurait aimé faire part de ce sentiment à John, mais il eût été stupide d'anéantir l'effet de sa belle plaidoirie ; aussi se contenta-t-elle de lui sourire avec pitié.

David revint opportunément pour abréger un tête-à-tête qui devenait difficile à assumer.

– Vous me semblez aller beaucoup mieux, fit-il à son aîné.

– C'est vrai, convint le marquis : votre nurse, mon cher, a su se montrer convaincante.

Il avait retrouvé son ton dédaigneux et ce sourire ironique que son frère jugeait insupportables.

– Curieuse journée, ajouta-t-il ; je m'en souviendrai.

Il fit un signe en guise d'adieu et se retira, le buste bombé.

– Que pensez-vous de ce type ? demanda le nain à Victoria.

Elle prit un temps de réflexion et déclara :

– Si vous m'épousez, sir, je vous le dirai peut-être un jour.

52

Ce fut Victoria qui servit d'intermédiaire pour régler en compagnie de la marquise dolente les modalités de leur voyage. Redoutant un nouvel affrontement avec sa belle-sœur, David donna carte blanche à la nurse, et bien lui en prit.

Miss Hunt, nous l'avons vu, savait se montrer diplomate et arrondir les angles. Elle choisit le mode enjoué pour débattre de ces questions et y mit tant d'entrain qu'elles furent en fin de compte captivées par le sujet. Elles se tenaient dans le salon de musique, autour d'une table de jeu couverte de dépliants représentant des paquebots immaculés sur une mer d'émeraude.

Elles optèrent d'un commun accord pour un navire italien de la compagnie Costa : le *Venezia* qui devait appareiller de Gênes quatre jours plus tard. Elles téléphonèrent, apprirent que deux cabines de grand luxe restaient disponibles et les retinrent par fax. L'imminence du départ leur donna alors la fièvre. Malgré les arrière-pensées qu'elles nourrissaient, elles cédaient à l'enthousiasme que crée ce genre de préparatifs et se mirent à parler valises, toilettes, itinéraires. Leur sang britannique s'échauffait à la perspective de voguer à la rencontre du soleil. Le nom des escales stimulait leur plaisir : Malaga, Funchal, Tenerife, Arrecife, Agadir, Casablanca. Elles les répétaient pour l'agrément de les sentir rouler dans leurs bouches. Quand elles se séparèrent, leur programme établi, elles se dirent au revoir avec chaleur.

***

De retour à Charles Street, Victoria rejoignit David qui l'attendait chez ses parents. Lady Muguette vivait dans le nuage bleu de la gloire. De nouveaux articles de presse consacraient son exposition et la B.B.C. venait de la contacter pour une émission de grande écoute. Son vieux mari, malgré l'embrumissement de son esprit, partageait sa joie. Dans son milieu, on l'avait passablement critiqué autrefois d'épouser une roturière, étrangère de surcroît ; aussi, chaque fois que Muguette remportait un succès, considérait-il celui-ci comme une victoire personnelle.

La nurse mit la famille au courant de la décision qu'elles avaient arrêtée, la marquise et elle. On trouva le choix de la croisière judicieux. Le lord déclara qu'un vieil ami de la famille s'était retiré à Madère et qu'ils devraient lui rendre visite. Le nain promit.

Pour fêter ces différents événements familiaux, il y eut du caviar au dîner. Lady Muguette conservait de sa jeunesse française un respect puéril pour la ponte de l'esturgeon ; quelque quarante années vécues près des grands du royaume britannique ne l'en avaient pas encore rassasiée, aussi ne perdait-elle jamais une occasion de sortir son rafraîchissoir à caviar en cristal de roche et pied d'or massif, offert aux Bentham, le siècle dernier, par un tsar dont elle ne se rappelait plus la raison sociale. Le repas fut enjoué. Quand la maîtresse de maison était en liesse le dîner pétillait comme le Dom Pérignon dans les flûtes.

Le dessert (toujours léger chez lady Bentham) venait tout juste de s'achever qu'elle se leva d'un air mystérieux, en annonçant qu'elle allait chercher une surprise. Son absence fut courte. Elle revint triomphalement, accompagnée d'un chien encore jeune qui n'eut rien de plus pressé que de lever la patte contre une desserte Regency ; il la leva peu car il s'agissait d'un basset hound.

– C'est lady Di qui vient de m'offrir cet animal pour me remercier de lui avoir donné ma toile intitulée *Maternité*. Elle a joint une lettre absolument mourante. Elle sortit un papier armorié de sa poche et lut :

Chère duchesse,

Il est juste que je vous offre le plus beau de la portée. Avec encore ma gratitude.

Diana

P.-S. : J'ai fait accrocher votre tableau dans ma chambre.

Visiblement, elle appréciait ce présent davantage que s'il se fût agi de l'Ordre de la Jarretière. Ne voyant plus la bête, elle se mit à l'appeler :

– Piccadilly ! Ici tout de suite !

Elle repartit de la salle à manger en continuant de crier.

Lord Jeremy libéra un profond soupir :

– Cette délicieuse fille aurait pu lui offrir une boîte de chocolats, c'est plus propre et ça remue moins.

***

En regagnant leur logis, ils trouvèrent une enveloppe sur le plateau destiné au courrier. Elle était à en-tête de l'étude de John Bentham et contenait un chèque de vingt-cinq mille livres ; un mot s'y trouvait joint :

Cher petit frère,

Je vous rembourse la moitié de l'infamie de votre singulier ami. Il est normal que l'autre moitié soit à votre charge. Cela pour deux raisons : vous apprendre à nouer des relations avec la première crapule venue et vous être délecté de l'intimité de la marquise.

Bien à vous.

John

Il montra le poulet à Victoria en disant :

– Décidément, nos parents n'ont guère de chance avec, pour toute descendance, un nain et un cocu minables.

Comme toujours, la tendre nurse sut trouver les mots du réconfort :

– L'on n'est pas un minable quand on possède la plus belle queue de Londres, sir.

Sa boutade éteignit le ressentiment du frère cadet.

– Et ce bureaucrate fétide qui voulait me faire supporter la moitié du pseudo-chantage, explosa-t-il ! Quel requin !

– Puis-je vous demander ce que vous comptez faire de cet argent, s'enquit la jeune femme.

– Le donner à une œuvre de bienfaisance, ma chérie, car je ne mange pas de ce pain-là !

Ils n'étaient pas au bout de leurs surprises. En pénétrant dans le living, ils trouvèrent une seconde missive placée bien en évidence sur le poste de télévision. Il s'agissait d'une enveloppe blanche, assez neutre, dont on avait simplement glissé le rabat à l'intérieur au lieu de la cacheter. Elle contenait deux feuillets. Le premier était une lettre manuscrite ; le second offrait un dessin représentant une silhouette d'homme sans visage. David revint à celui du texte et, avant d'en prendre connaissance, courut à la signature. Il fut interloqué en lisant le nom de Tom Lacase. Le nain pensa que son valet lui donnait sa démission. En fait, il n'en était rien.

Honorable maître,

Veuillez pardonner la grande liberté que je prends en vous écrivant. Comme préambule, je dois vous indiquer que j'ai fait des études d'orthopédiste à Boston avant d'être engagé par l'organisme que vous savez.

Depuis que j'ai l'honneur de vous servir, j'ai beaucoup pensé à votre problème de taille dont je me rends parfaitement compte qu'il vous pénalise plus que vous ne le laissez paraître. Mon service à vos côtés m'a permis de prendre vos mensurations. J'ai longuement réfléchi et beaucoup travaillé à un projet de prothèse d'un genre particulier qui vous hausserait d'environ soixante-quatre centimètres et demi, vous offrant dès lors la taille d'un individu moyen. Le système d'articulation que je suggère est celui inventé par Purth et Vinson de Pittsburg pour équiper les culs-de-jatte de la dernière guerre. Peut-être, au début, vous faudrait-il l'assistance d'une canne... anglaise, mais je suis convaincu que vous parviendriez très vite à vous en passer.

Reste, naturellement, l'objection clé : les bras, qui eux ne sauraient être amodiés. C'est pourquoi je ne vous propose qu'une taille totale d'un mètre soixante-huit et demi. En limitant notre ambition, nous resterions dans la perspective d'une silhouette normale ; d'autant qu'avec le concours de votre tailleur il doit être possible de corriger un éventuel déséquilibre, lequel affecte la majorité de nos contemporains.

Je vous prie de me pardonner cette lettre si elle n'a pas votre agrément.

Je reste, par ailleurs, Honorable maître, votre zélé et dévoué serviteur.

Tom Lacase

P.-S. : Une fois encore, j'aurai manqué à mon devoir en ne m'adressant pas à vous à la troisième personne. Mais nous autres, Américains, conserverons longtemps notre mentalité de détrousseurs de diligences.

Sutpéfait, David tendit la lettre à Victoria et revint au dessin. Cette fois-ci, le croquis fut lisible et il l'examina avec émotion. Souvent, au cours de sa vie, il avait rêvé d'une prothèse susceptible de l'amener au niveau de ses concitoyens.

Il lui était même arrivé d'écrire à une firme réputée pour ses équipements orthopédiques, qui lui avait adressé une fin de non-recevoir à la limite de l'impertinence, ayant probablement cru à une farce.

Et là, son propre serviteur venait à la rencontre de ses fantasmes. Son dessin apportait la solution rêvée. Plus il l'examinait, plus il se persuadait que le projet était réalisable.

Sa maîtresse lui rendit la lettre avec un haussement d'épaules incrédule :

– Ce brave Noir se prend pour Vaucanson, le faiseur d'automates.

– Pas du tout ! protesta le nain. Il tient là une idée révolutionnaire !

Il sonna Lacase, mais sans obtenir de réponse. Victoria lui fit remarquer que c'était son jour de congé, ce qui chagrina le cadet des Bentham. Il aurait aimé entrer immédiatement dans le vif du sujet avec le valet de chambre-inventeur. Nanti du croquis, il s'intalla à son bureau. Ses jambes brèves se balançaient sous le meuble, comme celles d'un garçonnet.

– C'est bien beau, fit la nurse que manifestement l'invention laissait sceptique, mais que deviendront vos pieds à vous, dans l'aventure ? Devrez-vous faire les pointes pour chausser vos fausses jambes ?

L'argument ne découragea pas David.

– Je porterai des pantalons de golf, comme mon père jadis. La mode est à relancer !

53

Leurs bagages se trouvaient déjà là quand ils prirent possession des cabines. Ils furent agréablement surpris en découvrant que ces dernières ne ressemblaient pas à celles des bateaux ordinaires. Il s'agissait de véritables appartements, situés au pont Bosphore, le plus élevé. Au lieu des sempiternels hublots, ils disposaient de portes-fenêtres donnant sur un balcon, où deux chaises longues permettaient de prendre des bains de soleil devant l'infini.

Victoria ne pouvait retenir son émerveillement. Jusqu'alors, elle ne connaissait en fait de bateaux que ceux assurant le service entre Hollyhead et Dublin. Elle gardait le souvenir de ferrailles trépidantes qui sentaient l'huile chaude. Là, ce n'était que luxe et harmonie. La cabine se composait d'un salon dans les teintes miel et bleu, délicatement meublé, et d'une chambre avec salle de bains attenante. Les murs des deux pièces s'ornaient de gravures anciennes consacrées à Venise. Rien ne manquait : le Rialto, la place San Marco, le Pont des Soupirs, ainsi que des vues de Torcello et de Burano, aux dentellières magiques.

La marquise les ayant quittés pour visiter son propre appartement, la nurse se laissa tomber à genoux devant David et posa sa joue contre ses parties nobles en murmurant :

– Oh ! sir, tout cela est si merveilleux que ça paraît irréel !

Il profita de la position qu'elle avait délibérément choisie pour dégrafer son petit pantalon et obtenir séance tenante sa première fellation de la croisière.

Ensuite, il la laissa défaire les bagages et s'installa sur le balcon pour suivre l'appareillage, qui constitue toujours un spectacle intéressant.

Très vite, il en vint à sa préoccupation dominante : ses fausses jambes. Il en avait longuement parlé avec Tom, convaincu de la réussite de son invention. Pour lui permettre d'avancer, il avait endossé le chèque de son frère à l'ordre de Lacase, se disant qu'il ne saurait lui trouver meilleur emploi. Il imaginait ce que seraient ses sensations quand il pourrait considérer l'existence un mètre soixante-huit et demi au-dessus du niveau de la mer, se grisait de cette perspective (plongeante). Brave Tom, discret et omniprésent, dévoué jusqu'à la témérité ; il ferait sa fortune, que ce sale nègre le veuille ou non !

Il devina une présence proche. Tournant la tête, il vit survenir Mary sur sa terrasse. Elle avait changé de tenue pour mettre un pantalon et une marinière de laine blanche agrémentée d'un écusson bleu.

Partis d'Heathrow le matin pour Gênes, ils s'étaient fort peu parlé pendant le vol. On aurait dit qu'ils regrettaient de voyager ensemble, à présent qu'ils voguaient.

Sa belle-sœur s'accouda à la rambarde afin de contempler l'effervescence du quai. On entendait les gémissements des treuils sollicités. Des hommes du port, gantés de cuir râpé, attrapaient au vol les énormes boucles des cordages. Les accompagnants demeurés à terre, adressaient d'ultimes grands gestes en criant des mots qu'on ne percevait pas dans le tohu-bohu.

– Une partance provoque toujours un petit pincement au cœur, n'est-ce pas ? lança David à sa voisine.

Elle eut un geste désabusé.

– Cette croisière ne vous dit plus rien ?

– Je ne sais pas, répondit Mary.

– Voulez-vous prendre un *drink* pour arroser ce départ ?

– Plus tard...

Elle rentra dans sa cabine. Le nain éprouva un étrange sentiment de tristesse, voisin peut-être du remords. De quel droit avait-il saccagé la sage existence de cette femme ? Pour se venger de l'antipathie qu'il lui inspirait ? N'était-ce pas disproportionné en fait de représailles ?

Les sirènes du *Venezia* ululèrent pour prendre congé de l'Italie.

***

David constata rapidement que la croisière l'ennuyait. En la souhaitant, il se faisait une idée fausse de ce qui l'attendait. Il fallait être fou pour choisir un espace clos bourré de gens désœuvrés, quand on est sans cesse en bute aux regards des gamins et des grandes personnes. Chacun de ses déplacements devenait une attraction. Certains piliers de bar échangeaient des propos à voix haute, l'appelant Tom Pouce, des enfants annonçaient son arrivée du plus loin qu'ils l'avisaient : « Voilà le " petit nain " ; à l'un d'eux qui s'enhardissait à lui demander son nom, il répondit : " Pléonasme " ».

Son cauchemar était la salle à manger, à cause du brutal silence qui saluait sa venue. Il décida de s'y rendre au tout début du service. Quand il en partait, le repas battait son plein ; il se plaçait entre les deux femmes, espérant qu'on ne le voyait pas.

Les velléités de gentillesse qui l'avaient assailli lors de son installation laissaient place à une haine généralisée, pleine de fiel et de besoins homicides. Mais il ne pouvait, sur un navire, assouvir ses instincts ; ses forfaits habituels y eussent été promptement décelés.

En outre, ce qui corsait son spleen, c'était la complicité entre ses deux compagnes ; sans parler d'amitié, on devinait chez elles quelque chose ressemblant à de la sympathie.

Elles ne se trouvaient jamais à court de sujet et il leur arrivait même de rire.

Une confuse jalousie s'ajoutait au mal-être du nain. Il perdait de sa frénésie sexuelle. Dans son programme de croisière, il avait accordé une grande place à l'érotisme. Hanté par les photos du studio, il se promettait des joutes amoureuses épiques avec sa belle-sœur. Avait-il assez fantasmé sur le sujet ! C'est pourquoi, son apathie à bord finissait par le plonger dans un marasme douloureux.

Au troisième jour de navigation, le bateau fit escale à Malaga. La veille, David avait prévenu qu'il ne descendrait pas. Victoria et Mary décidèrent de l'imiter.

Dès huit heures, le matin, une agitation emplit le *Venezia,* réveillant la marquise et ses deux compagnons. Les femmes sortirent sur leur balcon contempler l'accostage. Pour la première fois depuis le départ, un franc soleil embrasait l'Andalousie. Les dômes des églises scintillaient, des barques de pêche ventrues sillonnaient la baie. Les chaînes montagneuses enfermant le site composaient une citadelle d'ombre et de lumière ; ce qui dominait, davantage peut-être que la mer ou le ciel, c'était l'enchantement du matin. On sentait passer des souffles aux odeurs d'épices. La peau subissait d'étranges caresses, ténues comme une haleine d'enfant. Les sons possédaient quelque chose de « soyeux » qui, confusément, dépaysait.

Le nain finit par rejoindre ses amies. Il ne le regretta pas. Ces dernières portaient des déshabillés qui ne celaient rien de leurs formes. Il croyait même discerner leurs poils pubiens à travers les voiles délicats.

Elles ne l'avaient pas vu et échangeaient des propos légers. David sentit revenir son appétit de vivre.

54

Quand la marquise tapota à la porte de leur cabine, David était en train de faire minette à sa nurse.

– Entrez ! cria-t-il, la bouche pleine, ce qui était absolument contraire aux bons usages qu'on lui avait enseignés.

Mary obéit et pénétra dans la partie salon.

– Venez ! venez, chère sœur ! lança le nain d'une voix dont nous savons pourquoi elle était étouffée.

La belle âme s'avança dans la chambre contiguë et fut surprise d'y trouver Victoria allongée au travers du lit, les jambes ouvertes, le visage convulsé annonçant une pâmoison imminente. Elle soutenait sa position de ses deux mains placées sous les jarrets.

Mary, devant pareil spectacle, faillit rebrousser chemin mais le démon de la quarantaine la harcela ; un tel spectacle « la cueillit à froid », si nous osons dire ; elle demeura immobile, pâlissante et le cœur déréglé.

Elle dut convenir que son beau-frère jouait du clitoris comme Yehudi Menuhin du Stradivarius. Ce n'était pas le petit lapeur de banlieue que l'on rencontre au-delà de Wimbledon ou des Docklands, mais un authentique professionnel de cette délicate discipline amoureuse.

Sa langue souple et pointue adoptait des configurations multiples, se creusant en tuile romaine, ou bien s'élargissant en spatule. D'une prestesse étourdissante, elle semblait être partout à la fois, folâtrant en des plis ombreux, dérapant brièvement vers des régions plus ténébreuses, revenant à l'assaut d'un Fuji-Yama miniature, le quittant pour laisser ses lèvres prendre le relais et s'attarder longuement en des aspirations continues jusqu'aux rives de l'asphyxie. Deux doigts de sa dextre se mêlaient alors au jeu libertin : réunis comme dans la bouche d'un cockney qui siffle, actifs à en donner le vertige. Et d'ailleurs n'étaient-ce point eux qui motivaient les plaintes de la nurse, annonciatrices d'un orgasme que le gnome différait savamment par des phases d'inertie brutales transformant le plaisir en sevrage féroce ? Au bout de ce temps mort, la langue reprenait le contrôle des opérations ; plus sage, enrichie de calmes résolutions ; allant l'amble avec l'élégance d'un cheval de concours.

Mary ne pouvait qu'admirer ce cunnilingus magistral auquel son époux, avec sa physionomie en coin de rue sinistrée ne l'avait jamais initiée.

Pour apprécier de plus près ce travail d'orfèvre, elle s'était agenouillée au côté du nabot. Une vague d'excitation amenant une bouffée de désir, la noble créature ne put empêcher sa main de voguer sur le pubis de sa nouvelle amie.

Je ne voudrais pas inciter mon lecteur à des érections intempestives, surtout s'il me lit dans un lieu public (auquel cas il lui resterait la ressource de croiser les jambes) mais il doit savoir que ces manœuvres conjuguées attisaient le plaisir de Victoria dans des proportions inconcevables.

Ces choses-là étant communicatives, Mary Bentham se prit à baisoter à langue de chat la plage blanche de son ventre où frissonnaient des poils follets.

Lors, sir David interrompit ce qu'il avait si bien commencé.

Il abandonna le triangle d'or roux en disant, non sans noblesse (et pour cause) :

– Tenez, marquise : finissez-la !

Ce qu'entreprit la bru de lord Jeremy Bentham avec une fougue voisine de la voracité.

L'affaire fut rondement menée car la frénésie d'un néophyte prévaut toujours sur la routine d'un technicien.

Miss Victoria atteignit des sommets (jusque-là inviolés) de la jouissance.

Le nain attendait son heure, paré pour d'ardentes manœuvres. Mais lorsqu'il entendit faire valoir ses droits au bonheur, Mary se déroba tout net.

– Non ! déclara-t-elle, péremptoire.

– Mais pourquoi ? gémit David.

– Pas maintenant, pas ici !

Et comme sa faramineuse érection le réduisait en hébétude, elle ajouta, tout en la flattant du bout de ses doigts, dont l'un se trouvait équipé d'un solitaire de huit carats :

– Il me faut un climat particulier, David. Rejoignez-moi après-demain à minuit dans ma cabine ; et venez-y seul car je ne saurais me donner à vous, du moins au début, pendant qu'un tiers regarderait. C'est une éducation nouvelle que vous allez entreprendre : soyez patient !

Elle se retira, les tempes en sueur et les joues en feu.

Le nain proposa alors sa superbe bandaison à la nurse qui en fit ses choux gras.

En fin d'après-midi, ils se retrouvèrent au bar du pont Soleil. L'air était frais en cette saison hivernale, aussi ne purent-ils s'installer à l'extérieur. Malgré l'absence de buveurs, ils prirent place dans un renfoncement, près du piano silencieux. Une étrange complicité les unissait. Curieusement, c'était Mary qui, des trois, se montrait le plus à son aise. Elle grignotait des pistaches grillées en savourant un dry Martini dans lequel s'ennuyait une grosse olive verte. A son côté, Victoria, harassée par leurs débordements amoureux, ressemblait à une pensionnaire d'internat à qui ses parents rendent visite. Elle se tenait tassée sur elle-même, les mains croisées entre ses jambes. Sir David paraissait rêveur. Il coulait des yeux admiratifs sur la marquise et la trouvait plus « classe » encore que d'habitude. Ayant passé une partie de la journée sur sa terrasse privée, elle possédait déjà un hâle qui sublimait sa peau et donnait davantage de profondeur à son regard. Cette offrande à Lesbos semblait lui apporter une assurance nouvelle.

– Cela fait des semaines que je ne me suis sentie aussi bien, dit-elle soudain, après avoir bu une gorgée de martini.

– Vous nous en voyez ravis, ma chère ! assura David. De fait, je vous trouve transfigurée.

La belle-fille de lord Bentham portait un pantalon écru avec une espèce de casaque caramel. Elle avait rejeté ses cheveux en arrière et les maintenait avec un serre-tête de métal doré à l'aspect de diadème. Sa distinction innée subjuguait.

Le petit homme dit, après l'avoir longuement contemplée :

– Vous ressemblez à la reine Astrid de Belgique. Avez-vous vu de ses photographies ? Elle n'était que grâce et beauté. Elle est morte dans un accident d'automobile en Suisse...

Il réfléchit et ajouta :

– Si elle vivait encore, ce serait aujourd'hui une très vieille dame parcheminée.

– Conclusion, il est préférable de mourir jeune, fit Mary ; on y gagne une légende plus durable.

On entendait une rumeur sur le quai, des ronflements de moteur.

– Voilà le retour de nos terre-neuvas, annonça le nain, verriez-vous un inconvénient à ce que je regagne ma cabine ?

Il signa le coupon du bar et détala. Elles suivirent sa fuite dandinante du regard.

– Vous l'aimez sincèrement, n'est-ce pas ? demanda la marquise.

– Quand on aime, c'est toujours sincèrement, répondit Victoria.

– Vous tenez à lui à cause de son sexe ?

– Je l'ignore... Oui, peut-être. Qui peut le dire ?...

Mary posa sa main sur celle de sa compagne de table.

– J'ai adoré vous embrasser, murmura-t-elle.

La nurse eut un pâle sourire et retira sa main.

55

La journée du lendemain se passa en lecture au soleil. Leurs balcons marins, distants l'un de l'autre d'un mètre cinquante, leur permettaient de converser sans élever la voix. Le bateau bougeait peu, grâce à ses stabilisateurs ; son léger tangage renforçait la sensation de bien-être qu'ils ressentaient. Parfois, Mary abaissait son livre pour suivre le moutonnement des vagues aux crêtes blanches. L'air vivifiant gardait une savoureuse fraîcheur ; tout n'était que félicité autour d'eux. Le ciel pâle conservait une empreinte de lune presque ronde. On pouvait apercevoir, au nord-est, la ligne ocre des côtes d'Espagne.

– Devant cet infini si pur, déclara-t-elle, je me demande pourquoi l'on s'obstine à vivre dans des cités tentaculaires ; pour ma part j'ai toujours rêvé de lumière et d'espace.

– Vous finiriez par vous y ennuyer, assura Victoria. La monotonie du beau est usante car elle désamorce notre combativité.

La nurse avait apporté un ouvrage d'adolescente. Elle brodait au point de croix une étoffe tendue sur une espèce de tambourin. Le motif représentait un cerf aux abois, forcé par des chiens, et s'annonçait d'un pompiérisme ridicule.

Quant au nain, il feignait de somnoler pour éviter de parler. Il attendait que sa belle-sœur lui donne le « feu vert » avec une brûlante avidité. Son envie de la posséder tournait à l'idée fixe ; il était impatient du lendemain, jour de l'escale à Tenerife. Cette fois, il descendrait à terre et essaierait de supprimer quelqu'un car la pleine lune imminente stimulait ses instincts homicides. Si les femmes, comme c'était probable, l'accompagnaient, il trouverait une raison de leur fausser compagnie un moment. Il lui faudrait improviser rapidement concernant l'arme et la victime ; mais cette double perspective augmentait son plaisir.

Sur la fin de l'après-midi, la nurse les laissa afin de se rendre au salon de coiffure du bord car, en raison de sa blessure, elle veillait à l'entretien quotidien de sa chevelure. Quand elle fut partie, sir David demanda à sa voisine :

– Notre rendez-vous nocturne de demain tient-il toujours ?

– Naturellement, fit-elle spontanément.

– J'y pense sans relâche.

– Moi aussi.

– Je sais que ce sera somptueux.

– Si je ne craignais de sembler impie, je vous dirais « Dieu vous exauce ».

Ils réfléchirent en regardant la mer. Les ultimes mouettes qui, longtemps, avaient suivi le sillage du bateau venaient de regagner l'Europe.

– Je redoute de m'éprendre de vous, murmura sir David.

Elle sembla ne pas entendre et se leva en annonçant qu'elle allait se débarrasser de ses crèmes solaires.

***

Ils attendirent que le flot des excursionnistes se soit écoulé du *Venezia*. Ils venaient aux Canaries pour la première fois, cette terre volcanique, noire et pelée les déconcertait. Le Teide, la montagne de l'île culminant à trois mille sept cents mètres, couronnée de neige, paraissait anachronique sous le soleil du tropique.

Ils descendirent à terre ; la gêne du badaud freinait leurs pas. Le touriste qui met le pied sur un sol inconnu se sent à la fois conquérant et traqué. Il trimbale son appareil photographique comme un bouclier dérisoire, avide de le gorger d'images sans intérêt. Sans doute éprouve-t-il la griserie du chasseur ? Il ignore, sur le moment, que ces rouleaux de pellicule, une fois développés et infligés à quelques amis, ne resserviront jamais.

– Vous êtes triste, sir, murmura Victoria. Si vous regrettez d'être descendu, nous pouvons remonter à bord ?

– Du tout ! répondit David ; je réfléchissais.

Comme d'habitude, elle sut se contenter de ces réponses qui n'en étaient pas et ils poursuivirent leur errance dans le port.

Rarement les pulsions meurtrières du nain avaient revêtu un tel caractère d'urgence. Une immense fibrillation créait en lui un courant électrique qui déferlait par vagues brèves et violentes dans tout son corps. Au point qu'il devait s'arrêter par instants pour rajuster son souffle. Inquiète, la nurse l'observait du coin de l'œil. N'y tenant plus, il la prit à l'écart et lui dit :

– Emmenez cette imbécile de marquise, j'ai besoin de tuer quelqu'un.

– C'est ce qu'il me semblait, chuchota-t-elle avec sa grande sérénité immuable. Mais je vous en conjure, sir : soyez très prudent ! Ces Espagnols sont des gens si vifs qu'ils surgissent à l'improviste, comme des mouches !

Elle se rapprocha de leur compagne qui contemplait les œuvres d'un peintre de la rue, accrochées à une cimaise de fortune en toile de jute, lui dit que David se sentait fatigué et qu'ils se retrouveraient à bord. Gaiement, elles poursuivirent leur visite. Après un temps de déambulation, Mary mit sa main à la taille de Victoria. Un débardeur qui chauffait sa fatigue au soleil leur adressa une mimique obscène en faisant frétiller sa langue entre les parenthèses de ses grosses mains. Ce qui les fit pouffer de rire.

***

Demeuré seul, sir David « prit le vent ». Il comptait sur son instinct pour lui dicter la direction à adopter. Comme toujours, comme partout, on le regardait avec curiosité. Il s'efforçait à l'indifférence. Malgré cette bonne résolution, il comprenait que l'intérêt dont il était l'objet décuplait les risques. On se souviendrait de lui.

Il s'assit à l'écart, derrière des cageots à fruits vides accumulés. Là, au moins, il se sentait protégé. La solitude lui apportait toujours un sentiment de sécurité.

Il évoqua les fausses jambes auxquelles travaillait Tom Lacase. Fasse le ciel qu'il parvienne à les réaliser ! Certes, il aurait du mal à assimiler cette prothèse, mais son obstination triompherait ; il n'en doutait pas.

Son esprit retrouva l'obsession du moment qui était de tuer vite et sans se compromettre.

Sur sa gauche, à moins de dix mètres, s'ouvrait une venelle. L'extrême modestie de la voie lui parut engageante. Avant de s'y rendre, il se mit en quête d'une arme possible. Il l'aperçut aussitôt : cela tenait du prodige. Parmi les immondices rassemblés là se trouvait une penture de porte mangée par la rouille, susceptible de constituer une arme. A cet instant, un vieil homme parcheminé, à la figure jaunasse et à la forte moustache blanche sortit de la ruelle où le gnome comptait s'engager et vint se planter derrière la montagne de cageots pour uriner. Une âcre joie s'empara de sir David. Il tira de sa poche les coupures de pesetas dont il s'était muni, en prit une qu'il jeta sur le sol à deux mètres de lui. Après quoi, il saisit l'extrémité pointue de la penture avec son mouchoir et attendit que le vieillard eût terminé sa miction.

Quand il se fut rajusté, le nain attira l'attention du bonhomme d'un bref sifflement. Ce dernier qui ne l'avait pas encore aperçu, lui adressa un geste aimable et commença à s'éloigner.

– Hep ! insista Bentham junior.

Il désignait le billet rose de deux mille pesetas gisant sur le sol. Dès lors, l'insulaire s'approcha. Il posa une question. Sans doute lui demandait-il si cet argent lui appartenait. Le nain eut un mouvement de dénégation. Alors le vieux se baissa pour ramasser la coupure. C'est ce qu'attendait le meurtrier. Il leva la penture et l'asséna de toute sa force sur la nuque creuse et ridée qui s'offrait. L'homme s'affala à plat ventre, sans la moindre plainte.

Loin de l'avoir calmé, son geste déclencha en lui un torrent de fureur. Il continua de cogner sur la tête du vieillard jusqu'à ce qu'elle devînt un abominable magma rouge. Après quoi, il lâcha la pièce de fer rouillé et rempocha son mouchoir. Il se sentait soudain très calme ; cela ressemblait au silence lorsqu'il succède au brouhaha de la rue quand on ferme la fenêtre. Une espèce de bien-être d'enfant choyé l'emmitoufla. Il aurait voulu s'étendre au soleil et rester près de sa victime sans bouger.

56

Il venait de tuer pour la première fois « en direct », c'est-à-dire en contact physique avec sa victime. Auparavant, ses assassinats relevaient de la chasse : il visait, appuyait sur une détente et la mort s'accomplissait. Il existait toujours au moins la largeur d'une seringue entre sa proie et lui. Cette fois, il n'en allait pas de même : il avait pressé un corps d'homme entre ses courtes jambes pour l'exécuter à coups redoublés. C'était pour lui une prodigieuse découverte. Ce qu'il éprouvait lui paraissait bien plus intense que l'éjaculation : plus complet. Jusqu'alors, il n'avait commis que des brouillons de meurtre. A présent, il savait.

David se releva, chaviré comme après une forte prise d'alcool. Il regarda entre les cageots accumulés, n'aperçut rien d'autre que la foule du port à quelque distance. Son dépotoir repoussait les gens. Il examina ses mains. La droite était rouge ; il crut s'être blessé en frappant, mais comprit vite qu'il ne s'agissait pas de son sang. Il s'essuya avec les vêtements du vieux Canarien.

Une autre désagréable constatation l'attendait. Voulant boutonner son blazer bleu ciel, il y surprit des traînées sanglantes d'un très mauvais effet. Il l'ôta, le plia côté doublure et le plaça sous son bras gauche. Le pantalon avait également été éclaboussé, mais comme il était bleu marine, on ne pouvait réaliser la nature des taches.

Après un coup d'œil circulaire, il sortit de sa cachette et se hâta de rejoindre la populace pour s'y engloutir.

***

Il allait atteindre l'échelle de coupé quand une voix féminine le héla depuis le quai.

Il crut à l'une de ses compagnes de voyage, et resta sidéré en apercevant Jessie Lambeth. Elle se tenait à quelques mètres du navire, un foulard noué autour de la tête. Elle portait un bermuda dont une moitié était rouge et l'autre blanche, avec un tee-shirt aux couleurs inversées. Un appareil photographique équipé d'un zoom monumental ballottait sur son ventre plat. L'engin semblait indécent car il évoquait un sexe de pachyderme.

– Est-ce le hasard ? questionna le nain avec quelque âpreté.

– Plus ou moins, répondit-elle en riant.

– C'est-à-dire ?

– Nous avons dîné chez vos parents, avant-hier ; votre mère nous a parlé de votre croisière à trois, en nous donnant quelques précisions que j'ai mises à profit. J'avais envie de vous revoir. Est-ce un crime ?

– Non, reconnut-il : tout juste une indélicatesse.

Elle piqua son fard et balbutia :

– Oui, je sais, mais ç'a été plus fort que moi.

– Vous embarquez sur le *Venezia* ?

– Rassurez-vous, je ne vais pas jusque-là. D'ailleurs un ami de faculté m'attend à l'hôtel.

Il fut soulagé.

– Vous voulez monter prendre un *drink ?*

– Volontiers.

L'un suivant l'autre, ils escaladèrent la passerelle garnie d'un tapis en jute.

Quand ils furent à bord, David guida sa visiteuse jusqu'au bar du pont Soleil.

– Commandez-vous une boisson pendant que je cours me changer.

– Pourquoi ? Vous êtes parfait ainsi, mon cher.

– J'ai taché mes vêtements en visitant la ville.

– Vous vous êtes blessé ? questionna la jeune fille. Vous avez du sang sur le front...

– Un insecte qui m'aura piqué.

Elle pouffa :

– Mon Italienne de mère confond toujours les verbes *piquer* et *mordre* ; quand elle raconte qu'elle a été mordue par une guêpe, elle obtient chaque fois son petit succès.

Il sourit sans joie, agacé par son verbiage et s'éloigna, mais elle l'appela.

– Vous ne voulez pas que je vous accompagne ? demanda-t-elle.

Il fit un signe négatif, à la limite de l'exaspération, et se mit à trottiner en direction de l'ascenseur.

Une fois seul, il se dévêtit, ne conservant que son slip, plaça ses vêtements dans un grand sac de plastique destiné aux effets à nettoyer et cacha le tout dans son armoire, décidé à le jeter par-dessus bord pendant la nuit.

Quand il retrouva Jessie Lambeth, il arborait un costume de lin grège sur une chemise plus foncée.

Elle avait quitté son siège et prenait des photos du port, accagnardée au bastingage.

– Vous faites partie de ces dévoreurs de pellicules qui ne sauraient admirer la vie autrement qu'à travers le viseur d'un objectif ? ricana David.

– J'adore la photographie, admit la jeune fille. Chaque image captée est une œuvre qui vous devient personnelle. Le sujet importe peu, ce qui compte c'est la part de soi investie dans ce « clic ».

Comme il restait dubitatif, elle ajouta en riant :

– Vous verrez. Quand nous serons mariés, je vous initierai à ce noble art...

Aussitôt il se contracta et un mauvais regard l'assombrit.

– Miss Lambeth, murmura-t-il, votre idée fixe me devient insupportable. Si vous souhaitez préserver nos relations, je vous demande d'abandonner ces allusions stupides !

Elle continua de le regarder en souriant.

Puis, changeant de sujet, demanda :

– Ça se passe bien avec la chère neurasthénique ?

David haussa les épaules.

– Voyez-vous, Jessie, nous autres nantis sommes la proie d'un mal bien plus redoutable que le socialisme : l'ennui. Conquérir des biens est stimulant, les faire fructifier ou les dilapider est accablant.

– Vous regrettez d'appartenir à l'une des plus riches familles d'Angleterre ?

– Je m'en félicite, mais quel pensum !

Ils burent un grand verre de jus de fruits frais ; après quoi Jessie manifesta l'intention de s'en aller, car, assura-t-elle, elle ne souhaitait pas rencontrer ces dames.

En fin de compte, il redescendit à terre sous le louable prétexte de lui faire un bout de conduite.

Quand il eut parcouru quelques centaines de mètres en sa compagnie, David prit congé d'elle et se mit en quête d'une cabine téléphonique d'où il pourrait appeler l'Angleterre. Il ne voulait pas que sa communication laisse de trace, ce qui aurait été le cas s'il avait appelé du bord.

Le petit meurtrier songeait que depuis plusieurs semaines, il ne donnait plus signe de vie au sieur Charles Newgate, ce kinési de City Road qu'il projetait de supprimer.

La situation l'avait provisoirement détourné de son programme. A présent, son désir de le tuer le cédait au besoin de le tourmenter.

– Newgate ! annonça l'athlétique personnage.

Et il attendit.

– Ici la personne qui doit vous mettre à mort, fit David. Je suis resté un certain temps sans vous contacter, mais rassurez-vous, votre tour va venir !

Il raccrocha, soulagé d'avoir jeté la panique dans l'existence d'un innocent.

57

Bentham junior arrivait du pont Promenade d'où il venait de jeter ses vêtements tachés de sang dans l'énorme remous que la poupe traînait à sa suite. Il se sentait rassuré, prêt à poursuivre avec allégresse son destin malfaisant.

Dans leur cabine, Victoria lisait un roman d'amour à la couverture illustrée. L'on y voyait une agréable jeune fille blonde en train de se débattre dans les bras d'un corsaire borgne.

– Tout s'est bien passé ? s'enquit la nurse.

– Extrêmement simple, répondit-il.

Il s'assit, prit une bouteille sur la table basse et se servit un Canada-dry.

Sa compagne corna la page du livre où s'arrêtait sa lecture.

– Etes-vous bien sûr de n'avoir rien laissé de compromettant sur les lieux, sir ?

– Certain.

Toutefois, la question le titillait. Il se mit à revivre au ralenti la scène du meurtre, revoyait l'arrivée du vieux Canarien, sa manière de se tenir pendant sa miction, la façon lente, comme harassée, dont il avait reboutonné son pantalon. David avait dû le héler à deux reprises pour lui désigner le billet de deux mille pesetas sur le sol.

Il stoppa son évocation en songeant soudain qu'il était parti sans récupérer son argent. Cela tirait-il à conséquence ? Quoi de plus anonyme que des billets de banque, surtout aussi modestes que celui-là ?

Consultant sa montre, il constata que minuit approchait. Alors il se rendit sur leur balcon pour « guigner » chez Mary, mais la marquise avait abaissé le store roulant de sa porte-fenêtre.

– Eh bien, je vais donc au rendez-vous de cette belle, fit-il en rentrant.

Victoria avait les mains nouées sur ses genoux croisés.

– J'espère que vous prendrez beaucoup de plaisir, sir.

Il s'approcha d'elle pour déposer un baiser sur ses lèvres.

– Je vous devine jalouse, ma tendre chérie. Il ne faut pas. L'étais-je, l'autre après-midi pendant que Mary vous dévorait ? Ce sont là des jeux libertins, comme au XVIIIe siècle. Elle préfère se donner sans témoin, par un reste de pruderie due à son éducation.

Avant de sortir, il se regarda dans la glace en pied du salon et se trouva vraiment petit.

***

Il croyait être attendu dans les règles. Sans aller jusqu'à espérer une guêpière et des bas noirs, il pensait qu'elle mettrait un déshabillé vaporeux, plus ou moins transparent, comme celui qu'il lui avait vu à Malaga. Aussi fut-il déconfit de la trouver vêtue d'un pantalon-fuseau et d'un pull noir qui la faisaient ressembler à une souris d'hôtel.

– L'exactitude même ! apprécia-t-elle. Fermez la porte, j'achève de nous préparer des *drinks*.

Il donna un tour de verrou, puis la rejoignit au salon. Elle mettait des zestes d'orange dans une boisson de couleur engageante.

– Américano ? demanda-t-il.

– Pimm's numéro 1. Vous aimez, j'espère ?

– J'adore, mais j'en prends rarement plus d'un, car cela m'enivre rapidement.

Elle lui présenta l'une des coupes, s'empara de l'autre et l'éleva pour porter un toast à son visiteur.

– A nous ! fit-elle.

Ils s'assirent dans le petit canapé à deux places.

– Vous vous êtes vêtue de façon bien sévère, ne put s'empêcher de murmurer le nain.

– *La joie venait toujours après la peine*, a écrit je ne sais plus quel poète. Rassurez-vous, je l'ai fait exprès car j'entends que l'ambiance se crée lentement. En amour, souvent, la précipitation gâche le plaisir.

Elle vida la moitié de son verre.

– Et je compte sur la contribution de l'alcool pour corser la nôtre.

Il but à son tour, les oreilles déjà rougies par l'impatience.

Cette femme répandait un charme qui le troublait de plus en plus.

– Je suppose, reprit-elle, que l'adorable Victoria apprécie peu notre tête-à-tête de ce soir ?

Il haussa les épaules :

– Vous dire qu'elle en est heureuse serait mentir.

– La jalousie est le corollaire de la passion ; vous ne devez pas être agacé par cette réaction, mais la prendre pour ce qu'elle est : une preuve d'amour.

Il hocha la tête, mal convaincu, puis posa sa main sur le pubis de sa belle-sœur.

– Vous voulez bien ôter ce pantalon, ma chérie ? J'ai l'impression de lutiner une guerrière en armure !

– Chaque chose en son temps ; j'ai auparavant besoin de m'étourdir. Vous rendez-vous compte que je m'apprête à tromper mon époux avec son propre frère ?

– Sont-ce nos liens familiaux ou mon nanisme qui vous incitent à vous griser, Mary ?

Elle haussa les épaules et alla « recharger » les coupes. Un sourire crispé donnait à sa physionomie une expression de tristesse amère. Elle montrait quelque maladresse à la confection de ses cocktails car elle ne s'occupait jamais de ce genre de chose. Quand elle revint s'asseoir, le nain paraissait distrait, presque gêné. Il semblait vaguement regretter d'être venu.

– Vous êtes chagrin, remarqua-t-elle. Préférez-vous regagner votre cabine ?

– Mais non, pensez-vous !

Il prit son verre et but à longs traits.

– Le saumon fumé du dîner était trop salé, assura David. Ne pourriez-vous me servir un peu d'eau ?

– Naturellement !

Elle alla au réfrigérateur chercher ce qu'il lui demandait. Il but rapidement.

– Cela va mieux, annonça-t-il.

Puis il saisit la dextre de sa compagne pour la porter à sa bouche.

– Votre main est glacée ! s'écria-t-elle. Vous n'êtes pas bien, mon ami, il faut aller vous coucher, peut-être appeler le médecin.

Cette fois, il ne protesta plus, voulut se remettre droit, n'y parvint pas.

– Je ne sais pas ce qu'il m'arrive, balbutia le nain.

Mary quitta le canapé pour s'installer dans le fauteuil lui faisant face.

Elle retrouva sa posture du début : jambes croisées, buste droit. Son regard ne quittait pas David qui s'assoupissait doucement.

– Non, retenez-vous, ordonna-t-elle : j'ai à vous parler.

Il fit un effort, ouvrit grands ses yeux qui s'emplissaient de stupeur.

– Je sens que vous commencez à comprendre. Oui, je viens de vous faire avaler un hypnotique très puissant qui est en train de vous endormir. Dans quelques minutes, vous aurez totalement perdu connaissance. Alors je vous précipiterai par-dessus mon balcon. Votre mort, depuis que vous m'avez séparée d'Olav, est ma seule raison d'exister. Je prétendrai que vous êtes tombé en vous penchant, et si l'on ne me croit pas, cela n'aura aucune importance. Je ne me soucie plus de vivre, désormais. Vous accompagner, vous parler, subir vos attouchements fut un calvaire. Je l'ai enduré uniquement pour savourer cet instant présent. Je voulais vous tenir à ma merci, sale nabot. J'ai connu un grand amour que vous avez détruit parce que l'instinct du mal est en vous. Vous n'êtes sur terre que pour souiller, pour corrompre, triste homoncule à sexe de monstre. M'entendez-vous encore ? Oui, je le vois à votre regard de poisson. Votre mort apportera un soulagement unanime. Qui saurait vous pleurer en dehors de Victoria ? La duchesse, elle-même, ne versera aucune larme devant un trépas aussi réjouissant.

Elle termina son second Pim's à gorgées délicates. La lucidité du petit homme achevait de s'engloutir. Il glissa de côté et eut bientôt pour oreiller l'accoudoir du canapé.

Mary se leva, saisit le verre de son invité pour le vider dans les toilettes, le lava longuement. Elle prit une fiole jaune sur sa table de chevet et s'en débarrassa de la même manière. Elle agissait calmement, comme une maîtresse de maison qui met de l'ordre dans son logis après une réception.

Lorsque son regard tombait sur le nain écroulé, elle lui adressait un petit sourire cordial, presque de connivence.

Il avait l'air plus pitoyable que la marionnette d'un ventriloque sur la malle des accessoires.

La marquise s'étonnait que son hostilité pour cet être maléfique ne faiblisse pas. Il avait beau gésir sur le divan, elle continuait de ressentir à son endroit une haine calme et ardente à la fois. C'était le sentiment le plus violent qu'elle eût jamais connu. Même sa passion pour Olav n'égalait pas en puissance ce qu'elle éprouvait concernant David.

A la fin de sa délectation sauvage, Mary éteignit toutes les lumières de la cabine avant de remonter le store donnant sur sa terrasse. Elle alla à la rambarde, s'y accouda pour évaluer la largeur qui la séparait du bastingage inférieur. Trois mètres tout au plus. Aurait-elle la force de propulser son beau-frère jusque-là ? Elle le croyait. C'était une femme qui entretenait sa forme dans des *fitness centers* et une volonté farouche lui insufflait l'énergie nécessaire.

Elle se prit à surveiller le pont du dessous. Elle aperçut un officier du *Venezia*, beau comme un acteur de *Cinec-cita*, en train d'embrasser une passagère. La musique de danse du grand salon lui parvenait, étouffée. La pleine lune brillait dans un ciel presque bleu malgré la nuit.

« Ce que je vais faire là est pure folie », songeait-elle.

Elle attendit. L'air, plutôt frais, semblait parcouru d'ondes tièdes.

En bas, l'officier essayait de pousser ses avantages, car sa compagne gloussait des *« Oh ! nein, nein, bitte »*. Au bout d'un moment de chuchotements, il dut la convaincre car ils quittèrent leur zone d'ombre d'une allure pressée.

La bru des Bentham regagna le salon. David continuait de dormir en respirant menu. La perspective de le saisir l'écœura ; pourtant elle devait le faire, absolument... Elle ne pensait pas plus loin que son acte ; ne se demandait pas ce qu'elle raconterait à Victoria par la suite. Sans doute inventerait-elle que son hôte avait décidé d'aller marcher un peu avant de se coucher et s'en tiendrait-elle mordicus à cette version. Le reste serait l'affaire de Dieu.

La marquise empoigna les chevilles de son beau-frère et le hala jusqu'à la terrasse. Leur déplacement produisait un sinistre glissement sur les lames de teck. Mary le découvrait beaucoup plus lourd qu'elle ne le supposait.

Parvenue à la balustrade, elle se rendit compte qu'il fallait le saisir différemment si elle voulait accomplir son dessein.

58

Après le départ de son noble compagnon, Victoria fut incapable de lire davantage. Elle posa son livre sur la moquette et ferma les yeux, tout en sachant qu'elle aurait du mal à trouver le sommeil avant le retour de David. Elle souffrait à l'idée qu'il faisait jouir cette femme. Elle le croyait quand il lui assurait que ce rendez-vous n'était qu'un divertissement de la chair. Seulement elle l'aimait.

Elle ne pouvait s'empêcher de tendre l'oreille, espérant recueillir quelques échos de leurs ébats, mais aucun bruit ne filtrait de l'appartement contigu. Son immobilité eut raison de sa jalousie ; elle finit par s'endormir.

Un sentiment de péril la réveilla. L'éclairage de la pièce brillait toujours et répandait une lumière cafardeuse. Elle regarda l'heure et constata qu'assez peu de temps s'était écoulé depuis le départ du nain. Elle tendit l'oreille une nouvelle fois, sans davantage de succès : tout baignait dans un silence que le perpétuel grondement des flots et le lointain bourdonnement du *Venezia* rendaient plus évident.

Chose surprenante, ce calme environnant lui rendit plus sensible son chagrin. Elle eût préféré des cris, des râles, et s'accommodait mal de cette souveraine apathie. Seul l'amour fornicateur est bruyant, l'autre, c'est-à-dire le véritable, se tisse de soupirs et de chuchotements.

Elle éteignit la lampe et gagna la terrasse. Elle réprima un haut-le-corps en apercevant Mary, solitaire, de noir vêtue, accoudée au balcon. Elle faillit lui parler, mais elle éprouvait une grande retenue, sachant que David se trouvait chez elle. Pour quelle raison s'étaient-ils séparés, ne fût-ce qu'un moment? Elle imagina le nain, endormi, anéanti par la fatigue; mais ne s'arrêta pas à cette hypothèse. Amant d'exception, il n'abandonnait jamais sa partenaire après l'étreinte. Il adorait s'attarder au côté d'un corps venant de recevoir sa semence. Pour ce jouisseur cela représentait une continuation du plaisir.

Après une longue attente, la marquise retourna dans la cabine. Elle revint peu après, tirant les courtes jambes de son visiteur. « Elle l'a tué ! » pensa Victoria. Ce fut comme si le bateau explosait. Tout devint improbable et un froid de crypte l'envahit.

D'un bond de chat, elle enjamba sa balustrade et sauta sur l'autre balcon.

En un éclair, elle vit sir David sur le sol, semblable à un chien écrasé (ce fut cette image qui s'imposa à elle), avec un bras curieusement bloqué sous lui.

La rage qui alors s'empara de la nurse la fit se jeter sur Mary Bentham avant même que cette dernière, toute à sa sale besogne, ne s'aperçoive de sa présence. Elle lui administra un coup de tête si violent qu'elles en défaillirent l'une et l'autre. Victoria se ressaisit la première. Se baissant, elle attrapa Mary par les jambes et, d'un mouvement de reins, la fit basculer par-dessus la rambarde.

Un bruit sourd, hideux, ponctua sa chute sur le pont inférieur. Sans perdre un instant, la nurse s'occupa de son amant. Elle posa la main sur sa poitrine : le cœur battait. Elle remit en place son bras tordu et le traîna jusqu'à la porte de la cabine, l'ouvrit. La brève coursive était déserte. Normal : il n'existait que trois appartements de luxe par bord et le dernier n'avait pas trouvé preneur. Elle alla ouvrir le leur et y tira sir David. Après quoi, elle revint dans celui de Mary qu'elle referma en ajustant le verrou.

Il lui restait à franchir à nouveau la distance séparant les deux balcons. Ce lui fut plus difficile qu'à l'aller car les efforts qu'elle venait de produire, joints à l'émotion, lui coupaient les jambes. Elle tremblait. Une peur qu'elle ne parvenait pas à dominer lui donnait envie de vomir. Elle se contraignit à rester immobile pour laisser son corps s'apaiser. Puis elle prit son élan. Le premier saut, exécuté sous l'empire de l'affolement, lui avait été naturel ; mais celui du retour la faisait chanceler.

Victoria entendit des rires en provenance de la proue : quelques noctambules plus ou moins ivres rentraient se coucher. Elle ne pouvait plus différer ; alors elle respira profondément, enjamba de nouveau le balcon de Mary et s'élança.

Elle eut comme une éclaboussure de lumière blanche dans la tête. « Je me suis cassée », songea-t-elle. Mais elle sentait la rampe sous ses doigts. A présent, elle devait passer par-dessus. Ce fut atroce à cause des élancements douloureux vrillant sa jambe. Elle y parvint cependant et gagna la chambre à cloche-pied. Elle eut la force de baisser le store roulant.

Exténuée, elle rejoignit le corps inanimé de sir David et réussit à l'amener jusqu'au lit. Elle le dévêtit rapidement, le coucha et le borda ; ensuite elle rangea ses vêtements sur le serviteur muet de la pièce.

Lorsqu'elle eut terminé, elle ouvrit le lit de son côté, au lieu de se déshabiller, elle s'y allongea, ferma les yeux et guetta les bruits du bord.

***

Cela prit beaucoup plus de temps qu'elle ne le pensait. Elle s'attendait à une réaction immédiate, mais ce ne fut qu'une heure plus tard que le téléphone sonna. Elle laissa carillonner un moment pour la vraisemblance et décrocha.

– J'écoute ? s'enquit-elle d'une voix incertaine.

– Ici le commandant, mademoiselle, répondit une voix plus que maussade.

Elle feignit l'ahurissement.

– Le commandant ! Mais quelle heure est-il ? Mon Dieu, presque trois heures ! C'est une blague ?

– Non, mademoiselle, fit le maître du navire avec son merveilleux accent.

Elle lui trouvait la voix de Mastroianni.

Il reprit :

– Il faut que je vous parle. Puis-je me présenter à votre cabine ?

– Eh bien... Oui, venez !

Elle se leva. Sa cheville doublait de volume ! Elle pensa qu'elle était peut-être brisée et s'affola à cette perspective. On allait trouver singulier qu'elle se soit blessée au moment où...

La sonnette discrète de la porte. Elle sautilla pour aller ouvrir.

Le commandant se trouvait flanqué d'un jeune officier. En bras de chemise, sans sa casquette, il donnait l'impression d'avoir quitté la fête en catastrophe. Elle pivota sur sa bonne jambe pour les laisser entrer.

Comme ils marchaient devant elle, ils ne la voyaient pas clopiner.

– Pourrait-on réveiller Mr. Bentham ?

Elle prit l'air contrit :

– C'est que...

D'un hochement de tête, elle leur désigna les bouteilles de Campari et de Cinzano sur la table, près d'une coupe emplie de rondelles d'orange.

La porte coulissante séparant les deux pièces restait ouverte et l'on apercevait le nain endormi.

– Il est impossible de le réveiller quand il est ainsi, assura Victoria, mais expliquez-moi ce qu'il se passe ?

– Un accident regrettable, dit le Pacha.

– Mais quoi ? Parlez !

– Mrs. Bentham est tombée de son balcon.

La nurse fut parfaite (elle le sentit).

– Mary ! s'écria-t-elle. Elle s'est fait très mal ?

– Pire que cela, soupira le commandant. D'après le médecin, elle se serait rompu les vertèbres cervicales.

Victoria émit une espèce de cri avorté pareil à une plainte.

– Vous voulez dire qu'elle ?...

– Hélas, oui. Pouvez-vous nous accompagner jusqu'à l'hôpital du bord ?

Elle acquiesça tout en se demandant ce qui allait bien pouvoir la sauver.

Les choses jouèrent en sa faveur. Jusqu'à la porte, elle était parvenue à rester derrière eux ; ils s'effacèrent pour la laisser passer. Elle marqua un temps, puis se risqua. Simultanément, le jeune officier voulut sortir, ils se heurtèrent. En une seconde, elle comprit le parti à tirer de l'incident. Elle s'abattit dans la coursive en poussant des cris de douleur, non feints. Les officiers, consternés, bredouillèrent des excuses qui laissèrent place à des invectives du commandant à son second.

Consciente qu'avec des Italiens elle pouvait forcer la dose, la nurse se prit à extérioriser sa souffrance par des clameurs dignes d'une maternité napolitaine.

59

Le nain reprit conscience aux premières lueurs de l'aube. Par la baie aux rideaux tirés, il vit le ciel indigo dans lequel se pourchassaient de mutins nuages blancs. Il souffrait d'un fort mal de crâne et des nausées grondaient dans son corps.

Il tenta de clarifier ses pensées, ce n'était pas aisé. Des sentiments violents et confus se bousculaient dans son esprit.

– Vous êtes réveillé, sir ? fit la voix unie de Victoria.

David tourna la tête et l'aperçut, assise dans un fauteuil, le pied posé sur une chaise. Un bandage lui enveloppait la cheville.

Il comprenait de moins en moins la situation. Puis des lueurs d'entendement éclairèrent son esprit. Il se revit dans la cabine voisine face à Mary avec ce regard qu'il ne lui avait jamais vu. N'avait-elle pas déclaré qu'elle s'apprêtait à le supprimer ? La chienne qui, non contente de tromper honteusement son époux, voulait de surcroît tuer son frère !

Il murmura :

– Et elle ? en ponctuant d'un mouvement de tête vers la cloison séparant les deux appartements.

– Morte ! murmura sa compagne.

Son expression stupéfaite amena un sourire sur ses

lèvres. Elle lui narra par le menu les péripéties de la nuit. Il l'écouta sans l'interrompre, passant de la fureur devant la froide détermination de sa belle-sœur à l'émotion au récit de l'intervention in extremis de Victoria.

– Je vous dois la vie, murmura-t-il.

Il y eut un instant ineffable au cours duquel ils prirent conscience de la réalité et de la force de leur amour.

– Vous êtes ma femelle ! dit David d'un ton pénétré.

Puis, revenant au problème de l'instant :

– Comment ont réagi les autorités du navire ?

– Le mieux possible, surtout lorsque j'ai expliqué que lady Bentham avait fait naguère deux tentatives de suicide et que le but de cette croisière était de lui changer les idées.

– Magnifique ! approuva le nain. Qu'allons-nous faire maintenant ?

– Tout à l'heure nous ferons escale à Arrecife. La police espagnole montera à bord pour une enquête de routine. Ensuite nous débarquerons et prendrons un vol pour Londres.

– Et... la marquise ?

– Le commandant n'a pu me préciser. Son retour nécessitera des formalités fastidieuses mais, dans quelques jours, son corps sera rapatrié en Angleterre. J'ai pu joindre votre mère par téléphone satellite. Quelle maîtresse femme ! Elle a encaissé la nouvelle sans broncher.

– Elle n'a jamais raffolé de sa bru, assura David.

Il se leva pour gagner la salle de bains, titubant plus que ne l'y contraignaient les mouvements du bateau. Sa douche lui redonna vigueur ; il s'habilla avec soin et partit à la recherche du pacha.

***

En découvrant son corps, David se demanda pourquoi sa belle-sœur portait des plaies à l'avant et à l'arrière du crâne. Mais le commandant, conscient de cette anomalie, avait trouvé une explication : la marquise s'était d'abord fracassé la tête contre un cabestan pour terminer sa chute sur le rebord de la coque dont l'effet fut celui d'une hache.

Il écouta ces déductions avec une dignité toute britannique, en approuvant du chef.

Le nain ne détachait pas son regard du cadavre allongé sur une civière pliante. Une intense allégresse s'emparait de lui. Cet ultime face-à-face ressemblait à celui qu'ils avaient eu au cours de la soirée précédente, à cela près qu'il tenait à présent « le couteau par le manche ».

La mort l'enlaidissait. Ce visage saccagé aurait pu être celui d'une quelconque poivrote miséreuse. Les parties non entamées bleuissaient, du sang séché laissait des traînées sinueuses qui partaient des oreilles et du nez pour former au-dessus de sa poitrine un delta carmin.

Le plus terrible résidait dans le regard : son œil gauche à demi fermé, laissait filtrer un trait blanc comme sur certaines affiches de films d'horreur, tandis que le droit restait exorbité et braqué vers l'infini.

Il remuait les lèvres pendant sa contemplation et le commandant, croyant qu'il priait, sortit du faible espace servant de morgue. « Douce Mary et fieffée garce, chuchotait David. Vous voici réduite à moins que rien par votre faute. J'eusse aimé vous enfoncer mon énorme membre dans le con et vous faire hurler de jouissance, mais peu importe. Vous fûtes belle et altière ; vous emportez dans la tombe une figure de cauchemar, marquise-gorgone ! Femme si fière dont, aujourd'hui, la vue soulève le cœur. Quelle serait la réaction de votre archange norvégien s'il vous voyait ainsi ? Il se sauverait et irait tremper son sexe dans l'alcool pour le guérir de vous avoir pénétrée ! Votre mort est une fête ! Merci de me fournir encore des raisons de vous haïr dans le triste état où vous vous trouvez. Quel dommage que vous ne soyez point tombée dans l'Atlantique où mille poissons vous eussent dévorée et déféquée ! Mais je saurai me contenter de votre présente charogne comme ultime souvenir. Amen ! »

Il retint un signe croix, s'inclina, et rejoignit l'officier occupé à se recoiffer devant la glace d'un lavabo qui passait par là.

60

On l'inhuma dans le caveau des Bentham à Green Castle, le berceau de la famille, un village qui avait été délicieux jadis mais que l'implantation d'une usine de pièces détachées pour camions défigurait. Le duc s'était battu comme un lion pour préserver sa contrée d'une lèpre aussi honteuse, mais à l'époque, les travaillistes tenaient le haut du pavé et l'ennemi le plus virulent de lord Jeremy, un certain Dick Malstone, était parvenu à lui faire ce cadeau empoisonné. Depuis, lord Bentham n'apparaissait pratiquement plus dans cette région souillée, sauf en des occasions exceptionnelles, et il n'avait pas jugé que l'inhumation de sa belle-fille en fût une.

Ces funérailles à la sauvette, réglées par lady Muguette, (les parents de la morte ne purent être joints car ils chassaient dans un coin perdu de l'Afrique où l'on permet encore de participer à l'extinction de quelques espèces animales) eurent lieu dans la plus morne intimité. Hormis les notables de la région et le personnel du château, il n'y eut que de rares familiers. L'hiver piquait une recrudescence et les fossoyeurs avaient eu un mal de chien à rendre le caveau accessible.

Discrètement, les assistants battaient la semelle, les mains dans les poches de leur manteau.

Le veuf conduisait le deuil, entre sa mère et son frère.

Il portait une confortable pelisse à col et doublure de vison sauvage. Son visage demeurait calme et vigilant. Lady Muguette avait hésité à emmener Robespierre aux obsèques ; tout compte fait, elle avait préféré le laisser à Londres, d'autant que, ce jour-là, on donnait *Benny Hill* à la télévision, émission que le futur marquis ne ratait sous aucun prétexte.

Le prêtre qui officiait libérait de gros nuages de vapeur en procédant à l'ultime phase de la cérémonie.

Enfin ce fut terminé et les personnes présentes, soulagées, se ruèrent vers la chaleur, du temps qu'elles vivaient encore.

***

Tom attendait David au volant de la Rolls. Ils repartirent immédiatement pour Londres, la duchesse devant rentrer plus tard, dans la Daimler de son fils aîné.

Le nain s'assit sur le siège avant afin de pouvoir s'entretenir de sa prothèse en gestation. Son serviteur avait avancé ses plans durant les quelques jours d'absence de son maître ; il transcrivait son projet d'un crayon maîtrisé, allant jusqu'à travailler les moindres détails de la partie articulée sur plusieurs calques pour en expliciter le mécanisme.

– Pénible cérémonie, n'est-ce pas ? demanda le chauffeur.

– Lady Mary manquait de chance, assura David : un époux indifférent, un fils pratiquement demeuré, une santé vacillante, son enterrement est dans la logique des choses.

Après cette brève oraison funèbre, ils se mirent à discuter de son appareillage et ne changèrent plus de sujet jusqu'à leur arrivée à Charles Street.

***

La cheville de Victoria la faisait moins souffrir. La jeune femme, négligeant ses cannes, se déplaçait à cloche-pied dans la maison. Ayant sans doute pris froid au cimetière, son amant éternuait, elle insista pour lui confectionner un punch brûlant.

– Comment cela s'est-il passé ? questionna-t-elle.

– Ce fut aussi sinistre qu'elle, répondit sir David. J'ai rarement vu disparaître quelqu'un dans pareille indifférence.

Il rit, détendu :

– En tout cas voilà une bonne chose de faite ; elle a eu pour sa mise en terre un temps qui convenait à sa personnalité.

Il se mit à réfléchir, soufflant sur sa boisson trop chaude.

– Les autorités canariennes se sont montrées on ne peut plus coopératives, fit-il, allant même jusqu'à me présenter leurs condoléances... Quant à vous, mon amour, je n'oublierai jamais ce que je vous dois. J'ai hâte de vous donner mon nom et de vous faire des enfants qui, je l'espère, seront plus grands que leur père.

Ces paroles émurent la jeune femme, ce que voyant, le nain, dont la sensibilité rejoignait la sienne, s'assit sur ses genoux pour l'embrasser passionnément. Puis, sans transition, il passa de sa bouche à son sexe dont il aimait la délicate saveur. Les préludes furent longs. La nurse prit son plaisir à trois reprises dans un laps de temps assez réduit. Etait-ce l'annonce de leur mariage imminent qui accroissait sa sexualité ? Les femmes, contrairement aux hommes, ont des orgasmes plus cérébraux que ceux de leurs compagnons. Quand il la pénétra de son fabuleux appendice, elle faillit perdre connaissance.

Ce qui portait au zénith l'amour de la jeune fille c'était l'intention déclarée de David d'avoir des enfants. Jamais jusque-là, le fils cadet de lord Bentham ne s'était risqué à une aussi grave promesse. Pendant qu'il la prenait, elle pensait, se sachant fécondable, qu'il perpétuait peut-être son illustre lignée. Que son ventre plébéien hébergeât le descendant de personnages légendaires, sans lesquels la Grande-Bretagne n'aurait été qu'une pâle copie de la principauté monégasque, la plongeait dans un abîme de voluptés physiques et spirituelles.

Après le dîner pris chez eux, Tom Lacase acheva de desservir et annonça à David qu'il voulait lui offrir quelque chose.

– De quoi s'agit-il ? s'enquit ce dernier.

– Si vous le permettez, sir, je tiens à vous en faire la surprise.

Son maître y ayant consenti, il s'éclipsa un moment et réapparut, portant une paire d'échasses. A leur vue, le visage du gnome s'empourpra. Son domestique se moquait-il de lui ?

Mais Lacase dissipa vite son irritation :

– Ces instruments vont vous permettre de travailler votre équilibre. Je les ai fait faire aux mesures de vos futures jambes. Juchez-vous dessus et vous saurez très exactement ce que seront vos sensations par la suite. Si vous vous exercez plusieurs heures par jour, vous pourrez intégrer vos « prolongateurs » avec aisance, d'où gain de temps.

– Vous êtes absolument génial, fit David.

Il se servait d'échasses pour la première fois. Dans sa jeunesse il enviait les gamins du village perchés sur ces pièces de bois ; mais son rang ne lui permettait pas de s'amuser à ces jeux de pauvres.

Lacase l'aida à se hisser sur les repose-pieds, qui se

trouvaient plus hauts qu'il n'est d'usage. Ses premières tentatives furent lamentables. Sans l'assistance du domestique il se serait étalé sur le plancher. Le brave Tom l'exhortait avec calme, le conseillant sur la meilleure position à adopter. Le cadet des Bentham tendit sa volonté, s'efforçant d'être persévérant.

Au bout d'une heure d'application, il fut en mesure de parcourir trois ou quatre mètres sans faire d'embardées.

– Merveilleux ! s'écria le petit homme.

Il chercha sa compagne des yeux et la vit assise dans un coin du salon, son visage dans ses mains.

Elle pleurait.

61

C'était la première fois que le nain pénétrait par effraction chez autrui. Il craignait d'en concevoir une émotion excessive, aussi fut-il agréablement surpris de constater que jamais il ne s'était senti aussi maître de soi.

Onze heures venaient de sonner dans le quartier et cette partie de Londres produisait son ronron du soir, fait de rumeurs télévisuelles et de bruits de moteurs assagis par la fluidité du trafic. Comme il l'avait prévu, la porte du dentiste n'offrit qu'une timide résistance. Il réagissait beaucoup aux odeurs, c'est pourquoi celle du cabinet dentaire l'agressa dès l'entrée. Il en éprouva un vague malaise pareil aux préludes d'une nausée.

Sir David portait des gants d'un caoutchouc aussi mince que celui dont on fait les préservatifs et qui n'altère en rien le sens tactile. Son équipement, enfoui dans la poche de son pardessus, se composait d'un flacon de poison, d'un passe-partout et d'un spray soporifique tel ceux qui équipent certaines polices. Il possédait également une lampe électrique de faible dimension, accrochée à son cou ; il avait décidé de ne s'en servir qu'en cas de force majeure. Pour l'instant, elle lui était inutile, la demi-lune accrochée dans l'angle de la baie vitrée suffisant à éclairer les lieux.

Sir David s'approcha du fauteuil professionnel, trône des suppliciés. Une console chromée, ménagée sous le bras articulé, rassemblait des fioles dont la couleur tirait sur le brun. Le nain s'en saisit et versa dans chacune d'elles quelques millilitres du liquide contenu dans sa petite bouteille, en se demandant comment le dentiste pourrait se tirer de ce mauvais pas lorsque plusieurs de ses patients seraient incommodés par leur traitement. Comme il lui restait encore du poison, il le partagea dans différents autres produits rangés sur une étagère.

Une joie sereine allégeait ses gestes. Il se sentait heureux et sûr de lui. Il s'apprêtait à repartir quand il perçut le bruit d'une clé fourrageant dans la serrure. Quelqu'un venait. Cette certitude fut comme un coup de couteau entre ses côtes.

Il eut honte d'être pris au dépourvu. Il regarda autour de lui, en quête de salut. La porte d'entrée s'ouvrait déjà. Il se jeta sous le vieux bureau d'acajou, anachronique dans cette pièce à l'équipement moderne.

Une voix d'homme disait :

– Mon idiote d'assistante était si pressée de s'en aller qu'elle n'a pas fermé la porte à clé ; je lui dirai deux mots.

Une vive lumière blanche éclata dans la pièce.

– Oh ! non, n'éclairez pas, docteur, fit une voix de femme plutôt vulgaire, on va nous voir du dehors.

– Soyez sans crainte, ma belle amie, je n'ai aucun vis-à-vis, assura l'arracheur de dents.

Sa compagne n'insista pas.

Sir David retenait son souffle. Il entendit le couple s'embrasser avec des bruits de succion faisant penser à une déglutition.

Puis, l'homme ordonna, avec une impatience qui nuisait à sa courtoisie :

– Otez votre manteau !

Le vêtement fut jeté sur un siège. C'était une fourrure synthétique, imitation de léopard.

Un froissement d'étoffe ponctuait le baiser vorace : il la pelotait. La femme geignait déjà.

Elle interrompit ses plaintes pour demander, vexée :

– Pourquoi sentez-vous vos doigts ? Je suis propre, vous savez !

– Je raffole de ce parfum, répondit-il.

– Où est-ce qu'on se met ? interrogea la fille. Vous avez un divan ?

– Sur mon fauteuil, fit le dentiste. J'adore...

– Ça ne doit pas être confortable ?

– Mais si, vous allez voir : je vais l'abaisser et le placer en position horizontale.

Elle eut un rire qui ne laissa plus aucun doute sur ses origines communes.

David percevait le ronronnement ténu de l'appareil auquel l'homme faisait prendre la position souhaitée.

– C'est bien la première fois que je vais me laisser chausser sur un machin de ce genre ! assura la donzelle.

– C'est moi qui vais m'étendre, prévint-il. Vous devrez dégager mon outil, tendre amie, le flatter au mieux pour qu'il devienne performant et, lorsque vous le jugerez suffisamment vaillant, vous vous empalerez dessus. D'accord ? Posez votre slip ma chère, donnez-le-moi à mâcher pendant que vous vous activerez.

Elle gloussa :

– J'ai déjà rencontré des vicieux, mais des comme vous... Vous pratiquez toujours ainsi ?

– Toujours, reconnut le praticien. Chacun a ses hobbies.

La fille s'exécuta. Réfugié sous son meuble, David devenait glacé. Il songeait à Victoria qui s'était soumise aux exigences du bonhomme. Il l'imaginait dans le cabinet dentaire, chevauchant le sexe de ce type pendant qu'il mordait son slip.

Une peine jusqu'alors inconnue le fouaillait. La vision

de sa maîtresse se prêtant aux caprices d'un maniaque lui arrachait l'âme.

– Comment vous nommez-vous ? demanda le dentiste.

– Emily.

– J'ai déjà possédé deux Emily. L'une, une mulâtresse aux énormes lèvres brûlantes, je devais me retenir de toutes mes forces pour atteindre la suite de nos ébats...

Sa mise en condition fut rapide. Au bout de très peu de temps, sa partenaire déclara :

– Regardez-moi comme ça fait sa belle ! On peut s'y mettre pour de bon, vous ne croyez pas ?

– Si ! répondit-il.

Elle troussa sa robe jusqu'à la taille et se jucha sur l'homme avec un petit rire idiot.

– J'espère ne pas me casser la figure, Doc : il est étroit votre fauteuil.

Elle se mit en position et commença sa besogne avec une lenteur appliquée, pour la grande satisfaction du dentiste qui se mit à lui débiter des encouragements sur le mode ordurier.

La fille s'activait le buste bien droit, les mains aux hanches comme pour montrer sa grâce en un instant si relâché habituellement.

Elle força légèrement l'allure. Elle allait l'amble sur le sexe de son partenaire, tel un quadrupède bien dressé.

Il s'agissait d'une professionnelle honnête, soucieuse de satisfaire ses clients.

L'autre continuait sur le dur chemin de la pâmoison, lançant des bordées d'injures pré-libératrices.

Soudain, cet aimable mécanisme amoureux s'enraya. La femme se mit à hurler. Elle s'arracha et voulut sauter de leur couche improvisée, mais elle chuta à demi, une jambe restant bloquée sous celles de son amant.

– Que vous arrive-t-il ? s'inquiéta celui-ci.

Il se tut en découvrant le nain sorti de sous son bureau. Cette apparition était si insensée qu'il en perdit la parole.

Sir David vint au couple en déséquilibre ; il ne parlait pas non plus et souriait d'un air tellement étrange que les amants en éprouvèrent une terreur irrépressible.

L'intrus saisit lentement son vaporisateur et s'approcha davantage. Il actionna la pompe de l'objet. Des giclées de bruine fine noyèrent leurs visages.

Le dentiste eut une ruade qui le débarrassa de sa compagne. La prostituée roula sur le plancher, tenta de se relever, mais à l'instant d'y parvenir, un vertige la saisit et elle retomba, face à terre.

– Qui êtes-vous ? demanda le paveur de mâchoires.

Sir David lui adressa une mimique vague, signifiant « quelle importance » . Et lâcha un dernier jet soporifique dans la figure de sa victime. Il eut le plaisir de voir le regard affolé de l'homme se révulser. Alors il remit le spray dans sa poche.

La lumière intense le gênant, il éteignit et attendit de se réhabituer au clair-obscur avant d'agir. Il songeait que la fatalité l'obligeait à tuer. Plus incongru que jamais dans ce cabinet dentaire, sanglé dans son pardessus d'enfant, il se demandait comment il devait s'y prendre pour ôter la vie à ce couple. Depuis qu'il connaissait les fantasmes de ce porc, il lui vouait une haine plus intense que celle le poussant à mettre à mal les autres amants de Victoria. Celui-là, *il l'avait vu à l'œuvre.*

Soucieux de ne pas réitérer le gâchis de Tenerife, il emprunta une blouse blanche suspendue à un portemanteau et mit un masque de gaze. Le lieu l'inspirait : c'était l'endroit idéal pour infliger des sévices.

Quand il se jugea suffisamment protégé, il décrocha de son support la fraise redoutable qui l'avait épouvanté dans son jeune âge. Il savait la faire fonctionner.

L'odieux vrombissement se produisit, sifflant, acide. L'instrument miaulait, emplissant sa main d'un léger frisson. Lentement, il l'approcha de l'œil droit de sa victime, il s'y enfonça comme dans une pâte molle.

Le dentiste n'eut pas un frémissement. L'outil creva la paupière baissée, le globe oculaire, plongeant à l'intérieur de la tête où il commettait d'irréparables dégâts.

Les dents serrées, David poussait toujours. Parfois, une résistance s'opérait qu'il neutralisait d'une pression plus forte. Il ne s'interrompit que lorsque le manche de la fraise fut engagé aux deux tiers dans la tête de celui qui l'avait tant maniée. Il la lâcha et le moteur se tut.

Le nain examina la blouse dont le bas traînait au sol, n'y vit aucune tache de sang. Alors, il se consacra librement à l'affreux spectacle. Loin de s'en effrayer, il l'admira. Cet homme vieillissant, allongé sur la moleskine beige du fauteuil transformé en couche, avec son sexe sorti de ses brailles et l'outil d'acier planté dans la tête évoquait la couverture d'une publication vouée à l'horreur. Demain, la presse ferait un sort à l'affaire.

Sir David s'arracha à sa louche contemplation pour « s'occuper » de la femme. A cause de la fellation commencée, ses lèvres étaient barbouillées de rouge, ce qui la rendait ridicule. Il s'agissait d'une fille ayant franchi la quarantaine, aux joues molles et soufflées. Elle émettait des râles stupides dans son sommeil.

Le cadet des Bentham avisa une pile de bavettes en papier, soigneusement pliées dans un placard vitré. Il alla les prendre, ouvrit la bouche de la prostituée à l'aide d'un instrument chromé dont il ne décelait guère l'usage et se mit à enfourner les serviettes froissées au fond de sa gorge, une à une. Il eut la surprise d'en faire tenir huit. Il s'empara ensuite d'un rouleau de toile adhésive dont il se servit pour obstruer les narines.

La catin trépassa rapidement, la poitrine agitée de soubresauts sporadiques.

Content de lui, David revint au dentiste, lequel avait également cessé de vivre.

Rassuré, il se débarrassa de la blouse, la jeta sur la

figure du défunt et quitta le cabinet dentaire après avoir procédé à une minutieuse inspection des lieux pour vérifier qu'il n'y laissait aucun indice.

Il se retira, le cœur content.

62

Victoria l'attendait au volant de la Hilmann, dans une voie adjacente. Depuis deux jours, elle conduisait de nouveau en bandant très fort sa cheville. Elle commençait à s'inquiéter, trouvant qu'il mettait beaucoup de temps à exécuter son projet. La nurse pensait que s'il lui arrivait de se faire prendre, elle ne saurait plus vivre sans lui. Le petit homme occupait tous ses jours, toutes ses pensées. Qu'avait donc cet être minuscule pour exercer pareille attirance sur certaines femmes ?

A mesure que le temps passait, son angoisse croissait. Elle allait partir en reconnaissance quand la portière s'ouvrit sans qu'elle l'ait vu approcher. Il se glissa dans le véhicule furtivement, elle démarra sans un mot. Ce ne fut qu'au bout d'un moment qu'elle se risqua :

– Je commençais à m'alarmer.

– Vous n'aviez pas tort, répondit-il. Ce triste sire est arrivé à son cabinet, flanqué d'une prostituée avec laquelle il a forniqué.

Il ajouta d'un ton acerbe :

– Vous devez connaître son attrait pour son fauteuil de dentiste ?

Il se tourna vers elle, vit qu'elle était soudain pâle et crispée.

– Naturellement, vous eûtes droit à ces voluptés professionnelles lorsque vous étiez sa maîtresse ?

Comme elle se taisait, il glapit :

– Mais répondez-moi, putain !

Victoria se mit à pleurer si fort qu'elle dut stopper, aveuglée par les larmes. Alors il la frappa de ses petits poings durs. Il lui lançait des coups dans le visage, sur les oreilles, aux épaules, aux seins, emporté par une noire colère.

– Vous vous êtes comportée en traînée ! Il vous a assujettie à ses caprices ! C'était un profanateur dont le plaisir consistait à avilir.

Parce qu'il usait du temps passé, elle comprit que le dentiste n'existait plus, alors, malgré la fureur de David, malgré ses violences, elle ressentit un soulagement grisant.

– Vous l'avez tué, sir, n'est-ce pas ? Dites-moi que ce pervers n'est plus !

Le nain cessa de la battre, soudain honteux.

– Exact, fit-il : je lui ai enfoncé sa roulette dans l'œil jusqu'au cerveau.

– Oh ! merci, s'exclama-t-elle en baisant son poing. C'est le plus beau présent que vous pouviez me faire !

***

Ce fut une étrange nuit qu'ils passèrent à s'aimer et à pleurer. Ils firent l'amour, pris du besoin de s'engloutir. Le jour filtrait des rideaux tirés quand ils parvinrent enfin à s'assoupir, soûlés de chagrin, repus de plaisir. Ils gisaient au travers du lit, enlacés, meurtris, et y restèrent jusqu'à l'après-midi du jour suivant, selon une habitude maintenant bien établie.

Sans doute auraient-ils dormi davantage si la duchesse ne les avait arrachés à leur hibernation par un coup de téléphone péremptoire. Comme chaque fois, elle demandait à son fils de se hâter, sa vivacité naturelle se refusant à toute attente.

Par crainte de la voir débarquer et de s'entendre accabler de sarcasmes, le nain bondit dans ses vêtements et, inrasé, courut la rejoindre. Elle travaillait dans son atelier sur une toile dont il était encore impossible de définir ce qu'elle représenterait.

Elle paraissait mi-figue, mi-raisin (mais davantage raisin que figue). Un enthousiasme intérieur rendait son regard plus brillant que d'ordinaire.

– Que puis-je pour vous, mère ?

Elle déclara sourdement :

– Je suis heureuse, David, excessivement heureuse.

– Vous m'en voyez réjoui. Qu'est-ce qui provoque ce grand bonheur ?

– On vient de m'informer que je suis décorée du M.B.E. [1].

David eut une mimique sincèrement admirative.

– C'est un très grand honneur, mère ; peu de femmes peuvent se prévaloir d'une telle distinction.

– Attendez, ce n'est pas tout. Cette décoration me sera remise par Sa Majesté elle-même au cours d'un dîner à Buckingham Palace auquel sont également conviés le lord et mes deux enfants.

– Moi aussi ? fit le nain, abasourdi.

– Je n'ai pas d'autres enfants que John et vous, il me semble.

– Mais, mère, je ne puis...

– Ne commencez pas, David. Vous savez qu'il est IMPOSSIBLE de décliner une invitation de la reine !

Le petit homme baissa la tête.

– Voyons, vous m'imaginez assis à la table d'Elisabeth II ?

– Très bien, puisque telle est la volonté de Sa Gracieuse Majesté. Vous me montrerez votre smoking. S'il est quelque peu défraîchi, nous en commanderons un autre.

– Mais, chère mère, je connais ces tables d'apparat : mon nez n'arrivera pas au niveau du couvert !

– Je préviendrai pour qu'on vous prépare un siège

1. Ordre britannique réservé généralement aux artistes. M.B.E. signifiant « Membre de l'Empire Britannique ».

rehaussé, David. Comment font-ils quand ils reçoivent le roi Hussein ? Cessez de toujours ergoter.

David comprit qu'il ne saurait couper à la corvée et soupira, vaincu :

– A vos ordres !

– Parfait. Puisque nous voici en tête à tête, je souhaiterais vous entretenir d'une autre question, mon garçon.

– Je vous écoute ?

– Aussi surprenant que cela puisse paraître, j'ai reçu une proposition de mariage vous concernant. Je veux bien que ce soit l'homme qui formule habituellement cette requête, mais à cas particulier, méthode particulière.

– Je parie qu'il s'agit encore de Jessie ! gronda le cadet des Bentham ; cette demoiselle doit être névrosée pour s'enticher d'un phénomène de foire ! D'ailleurs, vous l'avez vue à l'œuvre dans son numéro de nymphomane !

– C'est effectivement de miss Lambeth dont il est question. Pardonnez-moi de vous le dire crûment, mais l'occasion est inespérée : cette petite est ravissante, titrée, riche, fille unique et non dépourvue d'esprit. Si elle est excessive dans ses amours, je suis convaincue que vous saurez l'apaiser : vous disposez de ce qu'il faut pour cela.

C'était la première fois que sa mère faisait une allusion aussi directe à l'énormité de son pénis. Il rougit, puis, brutalement, déclara :

– Ma réponse est non, mère ! Belle ou pas, cette folle m'insupporte. Mais une raison plus péremptoire motive mon refus : j'aime Victoria ; c'est avec elle que j'entends convoler et le plus rapidement possible. Surtout, ne vous donnez pas la peine de m'en dissuader. Ma décision est sans appel, comprenez-le !

Il s'exprimait avec une telle fermeté, en dardant ses yeux (de bas en haut) dans ceux de la duchesse, qu'elle détourna son regard.

– Vous êtes fils de duc, mon garçon ; pareille mésalliance est impossible.

– Je suis le fils du duc de Bentham et d'une certaine Muguette Lenormand, madame. Par ailleurs, si j'en crois les démêlés de la famille royale, vos préjugés de caste ne vont guère dans le sens de l'Histoire. Votre avorton de fils a reçu de la providence, à titre de dommages et intérêts sans doute, l'amour d'une roturière jeune, jolie et intelligente, ne me demandez pas de le sacrifier sur l'autel des conventions périmées dont tout le monde se moque, jusqu'aux vieilles bigotes de Saint Stephen Walbrook. J'épouserai Victoria, contre votre gré s'il le faut, car c'est l'essence de ma pauvre vie qui est en jeu.

La duchesse eut un sourire désenchanté.

– Je croyais entendre mon défunt père, dit-elle. Même virulence, même âpreté, même regard pareil à la flamme d'un chalumeau. Eh bien soit, mon fils, épousez donc Victoria puisque vous tenez tant à elle !

Pour la première fois il aperçut des larmes sur les joues maternelles et en fut bouleversé. « M'aimerait-elle ? » s'interrogea-t-il.

Ils eurent un court instant de magie. Puis Muguette essuya ses yeux du revers de sa manche.

– Pardonnez-moi, dit-elle, je pleure chaque fois que je parle de mon père.

63

La cérémonie fut extrêmement émouvante et empreinte d'une grandeur sans solennité excessive. La reine portait, pour l'occasion, une délicieuse robe mauve, plissée depuis la taille, qui accentuait son cul de marchande de gaufres. Le vêtement s'agrémentait de fleurs brodées représentant des hortensias aux inflorescences bleues. Elle était frisottée du jour, poudrée à blanc tel un pommier de printemps, avec des lèvres admirablement dessinées au pinceau par son pédicure chinois. Une expression de bienveillance indélébile renforçait la majesté de son visage qui septuagénait doucement.

En face d'elle, lady Muguette se tenait immobile, le chef incliné comme celui d'un athlète sur le podium de la victoire. Elle avait mis un Chanel noir gansé de rose et arborait le fameux collier des Bentham, offert à lady Dorothy, arrière-grand-mère du duc actuel, par Victoria Ire. Outre les trois mâles de la famille, assistaient à cet événement : le duc d'Edimbourg, le chancelier de l'Ordre du M.B.E., le ministre des Beaux-Arts, le directeur de la galerie exposant les œuvres de lady Muguette et leurs femmes, plus l'ambassadeur de France non accompagné, son épouse ayant été hospitalisée la veille pour une salpingite aiguë.

En l'honneur de la récipiendaire, on servit du champagne ; après quoi l'on passa dans la salle à manger.

Sir David avait préalablement guigné par les trous de serrure toujours à sa portée. Cet examen indiscret lui permit de mettre au point une aimable plaisanterie.

Quand, après l'apéritif, les portes s'ouvrirent et que le maître d'hôtel compassé eut annoncé : « Sa Majesté est servie », le nain, à l'abri de son « grand frère », s'arrangea pour gagner sa place en passant devant celle de la reine.

Comme il atteignait le siège provisoirement vide de la souveraine, il pressa une ampoule de caoutchouc préparée pour la circonstance. Un liquide blanc, à l'évaporation instantanée, se répandit sur la soie brochée de la chaise.

Il s'agissait très innocemment de fluide glacial, produit dont il n'avait plus usé depuis le collège.

Lorsque les convives furent arrivés à bon port, la gracieuse hôtesse donna le signal en s'asseyant. Chacun l'imita, non sans une certaine raideur. Lord Bentham était placé à la droite d'Elisabeth *number two*, l'ambassadeur de France à sa gauche. En face, le duc d'Edimbourg, homme plus affable qu'à femmes, se trouvait encadré de lady Muguette et de l'épouse du chancelier de l'Ordre, une haridelle avec une poitrine davantage en intaille qu'en relief.

Bien entendu, sir David occupait un bout de table. Sa glorieuse mère ne lui avait pas menti : il disposait d'une chaise surélevée.

La conversation gourmée, certes, mais empreinte de cordialité allait son train. L'ambassadeur de France, un homme jeune, à l'humour affûté, disait que cette décoration britannique décernée par la Grande-Bretagne à une ci-devant Française risquait de réveiller de vieux antagonismes puisqu'elle annexait définitivement le talent d'une artiste produite par l'Hexagone. On riait cérémonieusement, du bout des incisives. David ne quittait pas la reine des yeux, guettant ses réactions.

L'illustre femme dominait ses problèmes avec un sang-froid faisant honneur à la Grande-Albion. Néanmoins, son royal regard s'emplissait d'une interrogation mêlée d'inquiétude. Bientôt elle varia sa posture, prenant appui, mine de rien, sur une fesse, puis sur l'autre. Il lui arriva même, à un moment d'exception où elle ne mobilisait plus l'attention générale, de passer prestement la main sous son cher vieux cul soulevé de manière imperceptible.

Voyant et sachant interpréter son comportement, le nain jubilait. Il ne nourrissait aucun mauvais sentiment à l'endroit de la famille royale britannique qu'il jugeait préférable au bolchevisme, mais un goût prononcé pour l'irrévérence, hérité de ses origines françaises, l'incitait à se gausser de tout ce qui est pompeux ou emphatique.

Après un foie gras du Périgord arrosé d'Yquem 1867, on servit un gigot à la menthe admirablement trop cuit, puis, pour conclure, un dessert réunissant tous les ingrédients utilisés en pâtisserie. David nota que, parvenue à la phase terminale du repas, la reine avait les tempes en sueur. Son sourire semblait sculpté au burin dans un bloc de marbre. Elle ne tarda point à donner le signal de la décarrade. Profitant de la dislocation générale, elle souffla au maître d'hôtel de venir la quérir dans les meilleurs délais, sous n'importe quel prétexte, afin d'aller changer de culotte.

La dame en majesté s'éclipsa donc, les miches dévastées par un froid polaire.

En son absence, et pendant qu'elle s'immergeait le sud dans un récipient de faïence, le prince et consort parla pour ne rien dire, mission dont il s'acquittait avec brio depuis bientôt quarante-cinq ans.

La dame monarque réapparut peu après, le postérieur apaisé, en arborant ce sourire pour boîtes de caramels au lait qui contribue tant à sa popularité.

Certains messieurs de l'assistance burent du whisky sec, ainsi que la femme du chancelier, laquelle fumait le cigare depuis qu'elle ne voyait plus ses règles.

L'épisode des alcools dura peu, un huissier annonçant avec une voix de héraut d'armes que Son Excellence l'ambassadeur des îles Anikroche venait d'arriver et attendait le bon plaisir de la souveraine. Cette information déclencha la débandade immédiate.

Lady Bentham quitta le palais, comblée, avec ses trois hommes et sa médaille.

Lorsque la famille fut réunie dans la Rolls, ces messieurs félicitèrent Muguette pour la grande dignité qu'elle venait de recevoir. Le duc la confondait avec l'Ordre de la Jarretière, mais personne ne le détrompa car les vieillards obstinés finissent toujours par imposer leur gâtisme.

***

De retour chez lui, le nain eut le vif désagrément de trouver le logis désert.

Affolé, il explora les armoires, redoutant que Victoria ne fût partie sous l'empire d'un coup de folie ; tout y était en place et seul l'imperméable de la nurse manquait à l'appel.

Il appela Tom Lacase dans l'espoir qu'il saurait le renseigner sur le mobile d'une telle absence, mais ce dernier ne savait rien.

– Mademoiselle s'est peut-être rendue dans une pharmacie de nuit ? offrit charitablement le Noir. Ou bien a-t-elle éprouvé le besoin de prendre l'air ? Elle souffrait de la tête aujourd'hui.

Rongé d'inquiétude, son maître le congédia d'un geste agacé, puis il prit place dans le fauteuil où il aimait que Victoria lui accorde d'exquises fellations.

Dans le porte-revues flanquant le siège, il se saisit d'un hebdomadaire à sensation presque entièrement consacré au double assassinat du cabinet dentaire.

D'abondantes illustrations montraient le praticien avec sa fraise enfoncée dans la tête via la cavité orbitale, ainsi que la catin au nez et à la bouche obstrués. Cette morbide iconographie ravissait sir David. Il la consultait à tout instant pour en goûter le charme suave. Il contemplait son œuvre avec émotion, se grisant de son aspect terrifiant. Le fait que ce dentiste, dont le penchant pour les prostituées était connu, fût assassiné en compagnie de l'une d'elles orientait les enquêteurs sur un crime du Milieu. On interrogeait les « camarades de métier » de la fille, toute la pègre était en effervescence. Un psychiatre que la police consultait volontiers prétendait qu'il s'agissait de l'œuvre d'un déséquilibré.

Depuis la parution de l'article, plusieurs semaines avaient passé et l'affaire s'étiolait. Lorsqu'un journaliste évoquait « Le meurtrier à la roulette », il le faisait « pour mémoire », citant ce double assassinat à titre de référence, par rapport à des forfaits ultérieurs.

Le nain délaissa l'hebdo. Il songea à sortir pour guetter le retour de Victoria, mais la perspective que le téléphone sonne en son absence le tenait rivé chez lui.

Pour passer ses nerfs, il alla chercher ses échasses d'entraînement et commença à tourner dans la pièce. Il décida que lorsqu'il aurait accompli dix tours de living, la nurse réapparaîtrait.

Elle fut là avant la fin du troisième.

Elle entra sans bruit. Quand il la vit, il prit peur devant son expression hagarde. Victoria, tout à coup, ressemblait à ce qu'elle serait probablement vingt ans plus tard. Des rides venaient de l'agresser comme si elles eussent été une maladie foudroyante. Son front si pur, si lisse ordinairement, se plissait, des pattes-d'oie marquaient ses yeux. Mais le plus impressionnant restait sa pâleur qui rendait sa peau translucide. L'on croyait déceler le réseau des veines en filigrane.

– Chérie ! s'écria David, instantanément bouleversé.

Dans son imperméable ciré, on eût dit quelque fille en détresse cherchant la Tamise pour s'y jeter.

Il enserra ses jambes et se pressa contre elle, farouchement inquiet mais tellement soulagé qu'elle soit là !

Elle se mit à claquer des dents convulsivement. Alors il versa une rasade de *Drambuie* dans un verre et l'obligea à l'avaler. Puis il la fit asseoir sur le canapé et la reprit dans ses petits bras, s'abstenant de la questionner car il respectait son « blocage ». Le couple demeura longtemps immobile, blottis l'un contre l'autre dans la posture de certains animaux sur le qui-vive.

Au bout de leur silence, Victoria chuchota d'une voix lasse :

– Je n'ai pas pu.

– Racontez-moi, mon amour...

– Je le voulais tellement, et puis ça m'a été tout à fait impossible.

– De quoi parlez-vous ?

– De mon père.

– Comment, votre père ?

– Je suis allée le voir pour le tuer. J'ai passé des heures devant son bar sans pouvoir entrer, et quand j'y suis parvenue, je l'ai découvert à moitié ivre dans son estaminet. Il m'a à peine reconnue...

– Pourquoi cette démarche, chérie ? Ne vous avais-je pas proposé de le supprimer ? A l'époque vous aviez refusé.

Elle haussa les épaules :

– Je devais le faire moi-même.

– Pour quelle raison ?

Elle s'écarta de David afin de pouvoir le fixer.

– Il m'a violée lorsque j'avais à peine dix ans. Cela a duré jusqu'à ce qu'il quitte son foyer. C'est un être abject, l'homme le plus vil qui se puisse rencontrer. Si je vous disais tout...

Elle se tut ; son regard parut insoutenable à son compagnon.

– Expliquez ! ordonna le nain.

– Pendant que ma mère travaillait, il arrivait à la maison, les jours où il n'y avait pas classe ; il amenait des amis. Ils étaient tous plus ou moins soûls et abusaient de moi à tour de rôle.

– Vous ne m'en avez jamais parlé, reprocha David.

– Pensez-vous qu'une telle horreur soit avouable à l'homme qu'on aime ?

– Lorsque je vous ai demandé la liste des gens avec lesquels vous aviez fait l'amour, vous ne l'avez pas mentionné.

– Mais parce que c'était mon père, sir. Vous entendez : mon propre père ! Et aussi parce que c'était un viol ! Notre mariage approchant, je me suis mis dans l'idée qu'il fallait détruire ce monstre avant de vous épouser. Ce soir, quand vous êtes partis au palais, j'ai décidé d'agir mais je n'ai pas pu. Je lui parlais, je le regardais et ma détermination fondait. Pourtant, il me caressait les cuisses sous la table. Malgré cela, je m'en suis retournée, désespérée. Après une telle révélation, vous n'allez plus vouloir de moi, n'est-ce pas ?

– Il habite le quartier de Wapping ?

Elle acquiesça.

– Allez chercher la Hilmann au garage, ordonna-t-il sèchement.

65

– C'est là ! dit Victoria en désignant le débit de boissons situé à une centaine de mètres de leur voiture.

De la lumière sourdait du bar, assez faible car le tenancier avait « désarmé » l'établissement pour la nuit. Ne subsistait que l'éclairage au-dessus de la caisse.

– Avancez doucement ! lui enjoignit sir David.

Lorsqu'ils parvinrent devant les vitres en partie dépolies, le nain s'agenouilla sur son siège pour mieux voir à l'intérieur. Il aperçut la salle en longueur, avec son comptoir hérissé de pompes à bière. Il ne restait plus qu'un groupe de trois marins ivres titubant sur place. De l'autre côté du zinc, il découvrit un personnage trapu et roux, en bras de chemise, qui portait un gilet de cuir fauve et un poignet de force à l'avant-bras droit.

– C'est votre père, l'homme au front dégarni ?

– Oui, souffla-t-elle.

Il la pria de reculer, voulant être dans le bon sens pour voir partir les buveurs attardés.

Les amants ne parlaient pas. Jamais ils ne s'étaient sentis à ce point désunis. Ce sentiment cruel leur causait un malaise.

Des minutes passèrent. Des ombres hantaient un instant la voie et se fondaient dans l'obscurité. Elles semblaient irréelles.

Une sombre impatience donnait un tic à sir David : sa

jambe gauche tremblait comme la patte d'un chien dont on gratte le ventre. Il évoquait inlassablement le viol de la petite fille par son effroyable père, puis par les amis que le proxénète rabattait chez lui. La mère était-elle au courant de ce qui s'opérait à la maison en son absence?

Il posa la question à la nurse.

– Je ne crois pas, répondit-elle; rien ne permet une telle supposition.

Le nain eut confusément l'impression qu'elle lui cachait son véritable sentiment. Il se promit de revenir à la charge plus tard.

Il y eut soudain un grand rectangle de lumière sur le pavé de la rue, un vague brouhaha, puis les trois hommes sortirent de l'estaminet en vacillant et s'enfoncèrent dans d'autres ruelles, à la recherche d'une dernière chope de bière.

David sonda les environs, toujours agenouillé sur son siège.

Brusquement, il quitta la Hilmann et fonça jusqu'à l'établissement de Jack Hunt. La porte était verrouillée. Il tambourina avec impatience. Sur le moment personne ne répondit mais comme la lumière demeurait, il ne se découragea pas et continua de frapper. En fin de compte, le tenancier parut en rajustant son pantalon. Le nain l'entendait jurer et sacrer. Sans se laisser impressionner par l'air furieux du bonhomme, il cogna à coups redoublés.

Hunt vingt écraser sa face avinée contre la vitre.

« Seigneur ! songea le cadet des Bentham, comment cet ignoble type peut-il être le géniteur de ma tendre Victoria ? »

De l'autre côté de l'huis, Hunt cherchait le visage de son interlocuteur à hauteur d'homme et ne le voyait point. En fin de compte, David leva le bras, brandissant un billet de dix livres sterling.

Le cabaretier se hâta d'ouvrir, vit son petit interlocuteur et en fut saisi.

– Qu'est-ce que c'est que ça? demanda-t-il d'un ton pâteux.

– Si c'est de moi dont vous parlez, c'est un nain, répondit David ; si c'est du billet, c'est dix livres. Je peux entrer ?

Interloqué, Hunt s'effaça et referma la porte derrière sir Bentham.

Ce dernier tendit la coupure à Hunt.

– Permettez-moi de vous l'offrir.

Mais l'autre s'abstint de la prendre.

– J'aime guère ces façons, Tout-p'tit, ronchonna-t-il.

Le nain se souvint qu'il était en présence d'un ancien flic.

– Je souhaiterais vous parler, assura-t-il calmement.

– Attendez ! s'exclama le tenancier. Ne seriez-vous pas le nabot de la haute dont ma fille s'occupe ?

– Exactement.

– Ouais, ouais, ouais, je vois. Ça veut dire quoi ce trafic ? Vicky qui me rend visite dans l'après-midi, vous ce soir. Ça cache quelque chose. Que me voulez-vous ?

– Un simple entretien : je souhaite épouser Victoria.

Son interlocuteur ouvrit de grands yeux, puis partit d'un gros rire insultant.

– Vous ! C'est la meilleure !

Sir David parvint à se contenir.

– Vous estimez que ma taille rend la chose rédhibitoire ?

Son interlocuteur repartit dans une nouvelle explosion d'hilarité.

– Epouser Vicky ! Mais vous entreriez tout entier dans son con ! Hé ! là... Que faites-vous ?

Le nain qui repérait les lieux venait d'apercevoir le tableau électrique derrière le bar. Il s'empara d'une chaise qu'il s'en fut placer sous les interrupteurs et enfonça les touches en interposant son mouchoir. L'obscurité se fit. Seule, la lumière du dehors éclairait désormais la pièce.

Jack Hunt, médusé, ne trouvait pas suffisamment d'énergie pour réagir.

Il se mit en colère en s'abstenant toutefois de charger son visiteur nocturne.

– Qu'est-ce qui vous prend, sale avorton de la haute ? Je vais vous attraper par la peau du cul et vous dégager en touche !

– Essayez ! répondit calmement son interlocuteur.

Il se tenait maintenant près du comptoir dont les énormes pompes à bière gardaient d'étranges scintillements.

– Vous me cherchez, vermine ! bredouilla l'autre.

– Vous avez abusé de votre fille, mister Hunt, ce qui est un crime. Non content de cette abomination, vous l'avez livrée à d'autres porcs de votre espèce.

Hunt eut un gargouillis de la gorge tant sa stupeur l'étranglait.

Il balbutia des protestations peu convaincantes que sir David n'écoutait pas. Promptement, le nain se saisit de son vaporisateur et l'actionna sous le visage de l'ivrogne.

– Mais qu'est-ce que vous fabriquez, maudite crevure !

– Vous allez voir, fit calmement l'homoncule.

Et il pulvérisa un surcroît de gaz neutralisant sous le nez en forme de groin de son futur beau-père.

Hunt voulut crier, une onde noire le submergea et il s'écroula. Pour sa satisfaction intime, David plaça deux coups de pied derrière la tête de sa victime. Après quoi, il sortit de sa poche une paire de gants en caoutchouc (ceux-là même dont il s'était servi chez le dentiste) et les enfila lentement. Une intense satisfaction mettait son âme en liesse.

Il s'agenouilla devant l'ivrogne, le fit basculer sur le dos et entreprit de dégrafer son pantalon. Cette besogne lui souleva le cœur, surtout lorsqu'il saisit les bourses de sa victime pour les extraire de son slip. Néanmoins, il alla au bout de son propos. Armé d'un rasoir à manche, il sectionna les génitoires de l'autre, au ras de son ventre velu. Comme la plupart des roux, Hunt dégageait une âcre odeur animale. David agissait avec application, le sang coulait d'abondance, sans gicler ; le nain s'en protégeait en inclinant sa victime dos à lui. Il tranchait méthodiquement.

Au bout d'un temps assez long, les attributs de l'ancien policier lui restèrent dans la main. L'homme râlait vilainement, la bouche béante ; David enfonça les chairs sanguinolentes dans sa gorge, poussant l'infâme masse molle le plus loin possible.

Après quoi il attendit, assis en tailleur près de l'ancien flic.

Il quitta le bar une heure plus tard, content de lui : le père de sa fiancée venait de trépasser sans s'être réveillé.

Quand il rejoignit la Hilmann, il fut bouleversé en constatant que la nurse s'était endormie pendant qu'il assassinait son père.

66

Le lendemain matin, sur le coup de dix heures, Tom se permit une chose qu'il n'avait encore jamais faite : réveiller son maître sans en avoir reçu l'instruction.

Sir David dormait en travers de son grand lit, utilisant le ventre de Victoria en guise d'oreiller.

Il sursauta à l'appel feutré du valet, se mit sur son séant, le regard brouillé.

– Qu'y a-t-il ? demanda le nain d'une voix hargneuse.

– Je me suis permis de vous appeler car j'ai une bonne nouvelle pour vous, sir.

Comme le fils Bentham le considérait d'un air incertain, il déclara :

– On vient de me livrer vos jambes.

– Non ! s'exclama David. Je croyais...

– Oui : on me les avait promises pour le début du mois prochain. Mais vous sachant pressé, j'ai demandé qu'on les fournisse sans leur carénage, qui est d'une exécution très délicate. Lorsque celui-ci sera terminé, nous les rendrons pour l'habillage ; en attendant, vous allez pouvoir vous entraîner.

Le nain se vêtit rapidement, sans se donner la peine de faire un brin de toilette. Il irradiait de joie.

– Je pense, sir, que vous devriez profiter de ce que vos parents sont en voyage pour vous entraîner dans la galerie de leur hôtel, assura Lacase. Vous disposerez ainsi d'un terrain mieux adapté que cet appartement.

– Excellente idée, approuva Bentham junior.

Il voulut prévenir sa fiancée, mais elle dormait si profondément et avec tant de candeur qu'il y renonça. Il se contenta de déposer un baiser furtif sur son ventre et partit.

Il ne devait jamais plus la revoir.

***

Les essais furent infructueux au début, à cause du poids des prothèses. Construites en alliage résistant, ces moitiés de jambes paraissaient plus lourdes que des chaussures de scaphandrier. Leur mécanisme et l'armature réunis pesaient six kilos par pied. Qu'en serait-il lorsque l'habillage s'y ajouterait !

Le Noir prodiguait des exhortations, faisant appel au courage de sir David. Qu'un Anglais se laisse arrêter par un problème aussi véniel semblait impensable. Il célébrait les mérites de l'accoutumance. L'homme est capable d'exploits autrement difficiles.

– Marchez ! sir. Marchez beaucoup, jusqu'à ce que cet appareillage vous devienne aussi léger que des Weston. Votre problème se résoudra par un entraînement intensif, vous le savez bien.

David fit des efforts. Il parcourut les douze mètres du hall à l'allure d'un robot. S'arrêta pour souffler, adossé au mur. La sueur détrempait ses cheveux.

– Magnifique ! s'extasia Tom. J'affirme qu'en moins de huit jours vous vous déplacerez comme un homme atteint de rhumatismes articulaires.

Dopé, le nain repartit pour une seconde traversée. Sans doute aurait-il poussé plus avant l'exercice, si Lino, le valet-maître d'hôtel n'était survenu. Un instant médusé à la vue d'un tel numéro, il déclara :

– Il y a là un policier qui demande à vous parler, sir : le superintendant Peter Midland.

Planté sur ses prothèses, David se réfugia aussitôt derrière son expression de débile congénital. Lacase qui ne le quittait pas des yeux s'aperçut du changement et réprima un sourire.

– Eh bien, faites-le entrer ! jeta-t-il à son homologue.

Quand il s'avança dans le hall, le policier fut déconcerté par l'étrange spectacle qu'offrait ce nain juché sur des demi-jambes articulées.

Peter Midland avait la chevelure argentée, une moustache teinte en brun foncé, des fanons accrus par un col dur, les joues violettes et le regard en alerte. Il tenait son chapeau à bord roulé posé sur son avant-bras gauche, comme font certains personnages en habit avec leur gibus.

– Sir David Bentham ? demanda-t-il d'une voix exténuée.

David aquiesça, l'air incertain. Nul mieux que lui ne savait jouer au simple d'esprit. Il n'en « remettait » pas, au contraire, prenait la mine appliquée, signe de sa bonne volonté naturelle.

– Nous sommes venus quérir miss Victoria Hunt pour enregistrer son témoignage, déclara Midland. Son père, le dénommé Jack Hunt, tenancier de bar, a été assassiné la nuit dernière. Miss Hunt lui a rendu visite d'une façon inhabituelle dans la soirée. Puis elle l'a quitté, mais elle est revenue beaucoup plus tard, peu avant la fermeture de l'établissement. Des témoins l'ont aperçue, attendant au volant de son automobile.

Il lâchait sa tirade tout en fixant le nain. Celui-ci conservait la bouche ouverte, avec la langue en partie sortie. Son regard désert n'exprimait aucun sentiment.

– Peut-être serait-il préférable que je réponde pour sir David ? intervint Lacase d'un ton plein de sous-entendus.

– Je le pense, convint le visiteur. Savez-vous si votre employeur a quitté son appartement, la nuit dernière ?

– Absolument pas. Je l'ai moi-même mis au lit après lui avoir fait prendre son sédatif.

– Et miss Hunt ?

– Elle s'est absentée et n'est rentrée que dans la nuit, mais je suis incapable de préciser l'heure de son retour.

Le nain poussa un glapissement et se remit à marcher avec ses prothèses. Sa silhouette singulière mobilisait l'attention du policier.

– Vous y croyez à ce truc ? demanda-t-il au domestique en désignant ces fausses jambes.

– Pourquoi pas ? En tout cas ça l'occupe, répondit ce dernier.

67

Victoria Hunt ne fit aucune difficulté pour reconnaître le meurtre de son père. Elle passa des aveux complets. Sa version des faits ne différait de la réalité que sur l'essentiel : sa culpabilité. Pour le reste, elle s'en tint à la vérité. Elle révéla les sévices sexuels que l'ancien policier lui avait fait subir. Au moment où son mariage avec sir Bentham fut décidé, une irrésistible pulsion la poussa à anéantir son géniteur afin d'exorciser le passé.

La veuve Hunt, interrogée par la police, corrobora les dires de sa fille. Elle n'ignorait rien des agissements incestueux de son époux; leur existence en avait été brisée, à l'une et à l'autre.

Ni pendant l'instruction, ni au procès, David ne se manifesta. Quand une commission rogatoire l'interrogeait, la chose se passait chaque fois dans la demeure familiale où il était flanqué d'un illustre avocat. Il se réfugiait dans cette attitude de semi-débile adoptée dès la première visite policière. Son valet de chambre l'assistait dans ce rôle ingrat et se comportait en tout point comme si son maître eût été un malade mental. Quant à Victoria, nul ne s'en préoccupa. On lui commit un défenseur d'office qui ne devait jamais devenir un maître du barreau. Grâce à la maîtrise de lady Muguette, l'affaire ne connut aucun retentissement notoire. Lord Bentham qui s'enfonçait de plus en plus dans le brouillard (il faisait de l'hypertension artérielle) l'ignora. Son fils aîné, de par sa position de juriste, aida beaucoup sa mère à banaliser et à étouffer ce « regrettable incident ».

Il est probable que la nurse s'en serait mieux tirée si elle n'avait pratiqué ces horribles mutilations sur le corps de Jack Hunt. L'ablation de ses organes et l'usage qu'elle en avait fait pour l'étouffer révélaient un naturel sadique qui pesa lourd dans la balance de la justice. Le jury la déclara coupable avec circonstances atténuantes, cependant la gentille nurse fut condamnée à dix ans de réclusion. Elle n'écrivit pas une seule fois à son petit amant. Il leur semblait, à l'un comme à l'autre, que leur ardente histoire s'était irrémédiablement interrompue à la suite d'un fatal court-circuit. Ils éprouvaient un sentiment de vide vertigineux.

Bien avant le procès, lady Bentham envoya son fils à Green Castle pour qu'il soit inatteignable.

Elle se montra comme toujours d'une grande efficacité, n'adressa aucun reproche à son cadet car elle devinait son désespoir.

Sir David partit donc habiter le château médiéval de la famille, accompagné de Lacase. Il refusa d'emporter ses demi-jambes articulées qui lui paraissaient maléfiques depuis l'arrestation de Victoria.

La bibliothèque de Green Castle comptait parmi les plus importantes du royaume. Elle rassemblait des trésors, dont un incunable relatant le procès de *Joan of Arc* datant de 1448. Bentham junior y recouvra le plaisir de la lecture et se prit à vivre le plus clair de ses journées dans les austères boiseries de ce lieu de savoir.

Il s'y enfermait dès le matin, après une rapide toilette. A l'heure du lunch, Tom lui apportait un plateau. L'après-midi, les deux hommes accomplissaient de longues promenades dans les forêts alentour, infestées de renards que l'on ne chassait plus depuis des lustres. Le soir, ils prenaient de concert un substantiel repas.

Leurs rapports changeaient, ce n'étaient plus des relations de maître à domestique, mais une espèce de complicité naissait entre eux. Tout en sachant garder ses distances, le valet se montrait amical et devenait indispensable. Le temps était révolu où David administrait des coups de fouet tarifés à son valet.

Quelquefois, ils suivaient un match de cricket ou de rugby à la télévision en buvant du scotch sec. Curieusement, les instincts meurtriers du nain s'étaient taris. Cette terrible pulsion qui s'emparait de son être, ne se manifestait plus, comme si, en tuant le père de sa maîtresse, il s'en était débarrassé à jamais. Probablement, l'arrestation de Victoria en ses lieu et place avait-elle traumatisé cet être qui, jusqu'alors s'était cru intouchable.

Sa sexualité se tenait elle aussi en sommeil. Lorsqu'il lui venait des érections matinales, sa douche les dissipait. Au fur et à mesure qu'il s'installait dans sa nouvelle vie il y prenait goût. Un couple de serviteurs chenus s'occupait de l'entretien, non pas du château tout entier, mais de la partie utilisée qui se limitait à une demi-douzaine de pièces. Ces vieux ancillaires, intimidés par le nanisme de leur maître et la couleur de son laquais se signaient invariablement après avoir recueilli leurs ordres. Il leur semblait que des présences démoniaques perturbaient la torpeur grise de la vaste demeure.

Il arriva que sir David se rendît au cimetière, sur la tombe de l'infortunée Mary. Il y alla seul, s'assit sur la dalle froide et pleura, la tête entre ses mains. Il implora le pardon de la morte pour les affreux tourments qu'il lui avait causés.

Il ne s'agissait pas exactement d'une rédemption ; seulement d'une prise de conscience. Pourtant, quelque chose en lui regrettait la griserie des forfaits qu'il avait perpétrés, comme on regrette une période heureuse mais irrémédiablement évanouie.

Un matin, au réveil, la pensée lui vint d'écrire un livre. Le sujet s'imposa de lui-même : « Le Nanisme ». Il ne se rappelait pas avoir jamais lu de récit autobiographique sur la question. Il fit part de ce projet à Tom qui l'encouragea vivement, trouvant l'idée excellente.

Comme toujours dans ces cas-là, il chercha un titre à cette œuvre en devenir. Il penchait pour le mot « Nain » tout court, mais Lacase le jugea trop laconique. Il fit des contre-propositions telles que : « Moi, un nain », « La Vie à ras de terre », ou alors « Du bas de ma Hauteur » qui plut énormément au futur écrivain.

68

Lord Bentham avait vu juste quand il incitait son fils à s'occuper. Après trois jours passés sur le départ de son livre, David se sentait déjà mobilisé par une force créative. Il découvrait avec une surprise extasiée que tout homme porte en soi les remèdes à sa solitude. Son introversion l'empêchait de se développer et décuplait son mal-être. En écrivant, il allait pouvoir compenser les centimètres qui lui manquaient, se hisser au niveau d'un individu normal et, qui sait ? le dépasser pour peu qu'il y mît du talent.

Lors d'une promenade vespérale, Lacase et lui découvrirent un chaton perdu sur un sentier. Sa fourrure étant de trois couleurs (jaune, noir et blanc) ils surent qu'il s'agissait d'une femelle car elles seules sont tricolores. Ils la ramassèrent, l'emmenèrent au château où ils la réconfortèrent à grand renfort de lait et de blanc de poulet. Trouvant la petite bête émouvante, ils l'adoptèrent.

Sir David s'y attacha rapidement et la chatte lui voua une touchante tendresse. Il était loin, le temps où il étranglait l'angora de Mrs. Macheprow. La bête restait blottie à l'intérieur du blouson de daim qu'il passait pour écrire, ronronnant de bonheur. La nuit, elle dormait sous son édredon campagnard. Elle n'acceptait ses repas que de lui, miaulant plaintivement lorsqu'elle avait faim, le dos arqué et la queue droite. Il ne lui donna pas de nom puisqu'il n'avait jamais besoin de l'appeler. C'était « le chat », tout simplement. Cette présence constante lui apportait une quiétude bienfaisante.

Le petit homme songeait qu'il suffit de peu pour rendre la vie attrayante. Le chuchotement de sa plume sur du papier blanc, la respiration de l'animal, des chants d'oiseaux au-dehors l'emplissaient d'une paix inconnue jusqu'alors.

La vieille servante ne pratiquait qu'une cuisine insipide et grossière, à base de gros pois et de viande bouillie ; Tom finit par s'y coller. Sa mère l'avait initié à des plats de la Louisiane riches en épices et en sauces brunes. David s'aperçut qu'il raffolait de ces mets relevés. Il prit quelques kilos qui accrurent sa sérénité. Il se fit livrer les vins français chers à la duchesse, apprit rapidement à les apprécier. Il comprit vite la magie de ce breuvage dont le goût variait selon ses origines. Il se piqua au jeu, réclama par téléphone des ouvrages exhaustifs sur les grands crus de rouges et de blancs.

La fuite des jours le guérissait de Victoria. Il y pensait comme l'on pense à une héroïne de roman. Elle habitait ses souvenirs sans toutefois les rendre encombrants. Elle représentait une période tumultueuse de sa vie, très intense et somme toute assez brève. Le destin de sir David se poursuivait, tissé de sentiments nouveaux, d'aspirations qu'il n'avait jusqu'alors jamais envisagées. Dans le fond, ce qui prévalait maintenant dans son existence, c'était une soif de tranquillité inextinguible comme s'il eût été très âgé, soudain, détaché des grands appétits.

En ce matin de juin, radieux, il venait d'entreprendre le chapitre consacré à sa prise de conscience du nanisme et rédigeait ses mémoires avec prudence, soucieux d'expliquer au lecteur ce que peut éprouver un enfant qui se découvre différent.

Il se rappelait sa stupeur le jour où « il avait su » quelle anomalie le coupait à tout jamais des autres.

Des larmes lui venaient rétrospectivement, larmes qu'il n'avait pas versées au moment de la cruelle révélation.

Son impalpable chagrin fut troublé par un bruit de moteur en provenance de l'esplanade du château. Il sut tout de suite qu'il ne s'agissait pas du véhicule d'un fournisseur, à cause du grondement particulier de l'auto. Il se souleva de son siège et eut le temps d'apercevoir une ancienne Jaguar sport, type E, de couleur gris métallisé.

Elle sortit de son champ de vision pour aller stopper à proximité du perron.

Sir David fut irrité à la perspective d'une visite qui allait interrompre son travail. Il déposa le stylo et glissa ses feuillets dans le sous-main.

Le chat, blotti à l'intérieur de son blouson, se prit à ronronner. Ce fut comme une étrange caresse, prometteuse de vie.

Tom avait une manière particulière de frapper à la porte : il donnait un coup de poing dans le panneau et ouvrait aussitôt avec une désinvolture qui déroutait chaque fois son maître.

– Oui ? demanda-t-il.

– Miss Lambeth est ici.

Il fallut quelques instants au nain pour réaliser. Jessie était sortie de sa vie sans y avoir vraiment pénétré. Il adressa un geste maussade au Noir, lequel s'effaça en murmurant :

– Si vous voulez bien entrer, miss.

La jeune fille parut.

– Vous possédez le seul valet d'Angleterre qui n'use pas de la troisième personne, fit-elle en riant.

– Je sais.

Il ajouta :

– Je ne me lève pas pour vous accueillir car je suis plus grand assis que debout.

Sa visiteuse paraissait changée. Elle avait coupé ses cheveux très court et portait un jean décoré de rivets brillants, ainsi qu'une veste de vison bleu. Il considéra son visage hâlé.

– Vous venez de la montagne ?

– Des Bahamas : Nassau.

– Que souhaitez-vous boire ?

– Du café fort.

Il adressa un signe au domestique qui attendait près de la porte. Lacase s'éclipsa. Le chaton passa la tête par l'échancrure du vêtement de sir David.

– Curieux, murmura Jessie, voilà qui ne vous ressemble pas. Je peux m'asseoir ?

– Pardonnez-moi, votre venue me trouble.

Elle choisit le siège placé de l'autre côté du bureau et tira sur la fermeture Eclair de sa fourrure, découvrant un pull rouge qui tranchait sur le bleu du vison.

– Où en êtes-vous ? interrogea-t-elle. La campagne, le château ancestral, c'est une parenthèse ou une vocation ?

– Une manière d'accepter la vie, dit-il.

– Une bibliothèque rébarbative et un chaton vous suffisent ?

– Ils me comblent. Il y a également la forêt : j'aime les sous-bois ; et puis les oiseaux, surtout les oiseaux.

Il leva le doigt :

– Vous les entendez ? Le retour du printemps les rend fous.

– Vous savez que ce sont d'anciens reptiles ?

– Ce qui importe, ce n'est pas ce que l'on a été mais ce que l'on devient, Jessie.

Ils connurent une période assez longue de silence qui ressemblait à une sorte d'offrande mutuelle.

– J'ai appris les déboires de votre nurse, c'est une bien douloureuse tragédie, reprit la jeune fille. Elle a dû et doit encore vous faire souffrir ?

– Je l'ignore.

– Comment cela, David ?

Il frotta ses joues imberbes en rêvassant.

– Voyez-vous, on croit avoir une vie à gérer, et puis on découvre un jour que c'est elle qui vous dirige. Le mouton, vous l'aurez remarqué, précède son gardien, mais en réalité c'est une manière de le suivre. Victoria était tout pour moi, seulement son existence a bifurqué par rapport à la mienne et ce qui nous unissait nous sépare à présent.

– C'est triste, murmura-t-elle.

– Non : terrible, mais irréversible !

– Vous espérez l'oublier ?

– Je ne l'oublierai jamais. Elle aura été l'instant culminant de ma pauvre existence ; cependant, elle est le symbole d'une période à tout jamais éteinte.

L'expression de la jeune fille se fit implorante.

– David, murmura-t-elle, pensez-vous qu'il puisse y avoir une place pour moi dans votre vie ? Je vous aime profondément, totalement, mon obstination vous le prouve. Laissez-moi me glisser dans votre ombre.

– Elle est trop courte, ricana le nain.

– Je me cloîtrerai dans une pièce de ce château pour y attendre votre bon plaisir ; je serai votre esclave, le mot n'est pas trop fort. Vous pourrez me chasser à tout moment. Il est impossible, David, impossible que ma passion pour vous ne recueille que rebuffades de votre part.

Le Noir réapparut, lesté d'un plateau. L'odeur vigoureuse du café embauma la bibliothèque.

– Oh ! Tom, l'interpella sir David, je voudrais votre avis. Miss Lambeth qui, depuis pas mal de temps, me poursuit de ses assiduités, me supplie de la laisser vivre près de moi. Vous n'ignorez pas la confiance que je place en vous, alors que dois-je penser de cette proposition ?

Avant de répondre, Lacase servit le café à gestes professionnels.

– Combien de sucres ? questionna-t-il.

– Aucun, balbutia Jessie, devenue blême.

Il lui tendit la soucoupe. La main de la jeune fille tremblait si fort que la cuiller tomba sur le tapis.

Comme elle n'en avait pas besoin, il la ramassa et la déposa sur le plateau.

– Alors, Tom ? insista son maître.

Le valet regarda Jessie Lambeth avec une insistance cruelle de maquignon. Elle ne lui déroba pas ses yeux.

– Je crois, dit-il, qu'une telle persévérance mérite d'être reconnue. Si la question mariage se posait, je m'abstiendrais de vous conseiller ; mais vous ne risquez rien à faire l'expérience.

La visiteuse lui adressa un hochement de tête pour exprimer sa gratitude. Elle était crispée et son regard devenait brillant.

Afin de dérober son émotion, elle se mit à boire son café brûlant à petites gorgées douloureuses.

Sir David restait perdu dans ses rêveries disparates. Il revoyait, par flashes, ses folles étreintes avec la nurse, leurs aimables forfaits à l'abri du fameux landau, et bien des scènes de meurtres qui tant les amusèrent. Les gens assassinés trépassaient sottement ; la mort les prenait invariablement au dépourvu. Ils ne savaient pas mieux mourir qu'ils ne savaient vivre.

– Si Tom l'a décidé, essayons, soupira-t-il. Il va vous faire visiter le second étage de Green Castle et vous choisirez une chambre à votre convenance.

Jessie se leva, rose d'émotion. Elle s'apprêtait à suivre le domestique, mais se ravisa.

– Oh ! J'ai quelque chose à vous remettre, fit-elle en sortant une enveloppe de sa veste.

– Qu'est-ce ? demanda le nain.

– La preuve que vous pouvez avoir confiance en moi.

Elle quitta la pièce rapidement.

Sir David hésita un moment avant d'ouvrir la lettre : elle l'intimidait.

Puis il s'y décida avec brusquerie.

L'enveloppe contenait un billet de banque de deux mille pesetas taché de sang.

ÉGALEMENT CHEZ POCKET
LITTÉRATURE « GÉNÉRALE »

Le bouddhisme du Bouddha
Immortalité et réincarnation
L'Inde où j'ai vécu
Journal
 tome 1
 tome 2
Le Lama aux cinq sagesses
Magie d'amour et magie noire
Mystiques et magiciens du Tibet
La puissance du néant
Le sortilège du mystère
Sous une nuée d'orages
Voyage d'une Parisienne à Lhassa

Deniau Jean-François
La Désirade
L'Empire nocturne
Le secret du roi des serpents
Un héros très discret
Mémoires de 7 vies

Fernandez Dominique
Le promeneur amoureux

Fitzgerald Scott
Un diamant gros comme le Ritz

Forester Cecil Scott
Aspirant de marine
Lieutenant de marine
Seul maître à bord
Trésor de guerre
Retour à bon port
Le vaisseau de ligne
Pavillon haut
Le seigneur de la mer
Lord Hornblower
Mission aux Antilles

France Anatole
Crainquebille
L'île des pingouins

Franck Dan/Vautrin Jean
La dame de Berlin
Le temps des cerises
Les noces de Guernica

Genevoix Maurice
Beau François
Bestiaire enchanté
Bestiaire sans oubli
La forêt perdue
Le jardin dans l'île
La Loire, Agnès et les garçons
Le roman de Renard
Tendre bestiaire

Giroud Françoise
Alma Mahler
Jenny Marx

Grèce Michel de
Le dernier sultan
L'envers du soleil – Louis XIV
La femme sacrée
Le palais des larmes
La Bouboulina

Hermary-Vieille Catherine
Un amour fou
Lola

Inoué Yasushi
Le geste de Sanada

Jacq Christian
L'affaire Toutankhamon
Champollion l'Égyptien
Maître Hiram et le roi Salomon
Pour l'amour de Philae
Le juge d'Égypte
 1. La pyramide assassinée
 2. La loi du désert
 3. La justice du Vizir
La reine soleil
Barrage sur le Nil
Le moine et le vénérable
Ramsès
 1. Le fils de la lumière
 2. Le temple des millions d'années
 3. La bataille de Kadesh
 4. La dame d'Abou Simbel

Joyce James
Les gens de Dublin

Kafka Franz
Le château
Le procès

Kazantzaki Nikos
Alexis Zorba
Le Christ recrucifié
La dernière tentation du Christ
Lettre au Greco
Le pauvre d'Assise

Kessel Joseph
Les amants du Tage
L'armée des ombres
Le coup de grâce
Fortune carrée
Pour l'honneur

Lainé Pascal
Elena

Lapierre Dominique
La cité de la joie

Lapierre Dominique
et **Collins Larry**
Cette nuit la liberté
Le cinquième cavalier
Ô Jérusalem
... ou tu porteras mon deuil
Paris brûle-t-il ?

Lawrence D.H.
L'amant de Lady Chatterley

Léautaud Paul
Le petit ouvrage inachevé

Levi Primo
Si c'est un homme

Lewis Roy
Le dernier roi socialiste
Pourquoi j'ai mangé mon père

Loti Pierre
Pêcheur d'Islande

Mauriac François
Le romancier et ses personnages
Le sagouin

Messina Anna
La maison dans l'impasse

Michener James A.
Alaska
1. La citadelle de glace
2. La ceinture de feu
Caraïbes
tome 1
tome 2
Hawaii
tome 1
tome 2
Mexique

Mimouni Rachid
De la barbarie en général et de l'intégrisme en particulier
Le fleuve détourné
Une peine à vivre
Tombéza

Monteilhet Hubert
Néropolis

Morgièvre Richard
Fausto

Nakagami Kenji
La mer aux arbres morts
Mille ans de plaisir

Nasr Eddin Hodja
Sublimes paroles et idioties

Nin Anaïs
Henry et June (Carnets secrets)

Perec Georges
Les choses

Queffelec Yann
La femme sous l'horizon
Le maître des chimères
Prends garde au loup

Radiguet Raymond
Le diable au corps

Ramuz C.F.
La pensée remonte les fleuves

Rey Françoise
La femme de papier
La rencontre
Nuits d'encre
Marcel facteur

Rouanet Marie
Nous les filles

Sagan Françoise
Aimez-vous Brahms..
... et toute ma sympathie
Bonjour tristesse
La chamade
Le chien couchant
Dans un mois, dans un an
Les faux-fuyants
Le garde du cœur
La laisse
Les merveilleux nuages
Musiques de scènes
Républiques
Sarah Bernhardt
Un certain sourire
Un orage immobile
Un piano dans l'herbe
Les violons parfois

Salinger Jerome-David
L'attrape-cœur
Nouvelles

Schreiner Olive
La nuit africaine

Stoker Bram
Dracula

Tartt Donna
Le maître des illusions

Troyat Henri
Faux jour
La fosse commune
Grandeur nature
Le mort saisit le vif
Les semailles et les moissons
1. Les semailles et les moissons
2. Amélie
3. La Grive
4. Tendre et violente Elisabeth
5. La rencontre

La tête sur les épaules

Vialatte Alexandre
Antiquité du grand chosier
Badonce et les créatures
Les bananes de Königsberg
Les champignons du détroit de Behring
Chronique des grands micmacs
Dernières nouvelles de l'homme
L'éléphant est irréfutable
L'éloge du homard et autres insectes utiles
Et c'est ainsi qu'Allah est grand
La porte de Bath Rabbim

Wallace Lewis
Ben-Hur

Waltari Mika
Les amants de Byzance
Jean le Pérégrin

Cet ouvrage a été réalisé par la
SOCIÉTÉ NOUVELLE FIRMIN-DIDOT
Mesnil-sur-l'Estrée
pour le compte des Éditions Pocket
en décembre 1997

POCKET - 12, avenue d'Italie - 75627 PARIS CEDEX 13
Tél. : 01-44-16-05-00

Imprimé en France
Dépôt légal : juin 1996
N° d'impression : 40957